Tobias Singelnstein · Peer Stolle

Die Sicherheitsgesellschaft

Tobias Singelnstein · Peer Stolle

Die Sicherheitsgesellschaft

Soziale Kontrolle im 21. Jahrhundert

3., vollständig überarbeitete Auflage

VS VERLAG

Bibliografische Information der Deutschen Nationalbibliothek
Die Deutsche Nationalbibliothek verzeichnet diese Publikation in der Deutschen Nationalbibliografie; detaillierte bibliografische Daten sind im Internet über <http://dnb.d-nb.de> abrufbar.

1. Auflage 2006
2. Auflage 2008
3. Auflage 2012

Lektorat: Katrin Emmerich

VS Verlag für Sozialwissenschaften ist eine Marke von Springer Fachmedien.
Springer Fachmedien ist Teil der Fachverlagsgruppe Springer Science+Business Media.
www.vs-verlag.de

Umschlaggestaltung: KünkelLopka Medienentwicklung, Heidelberg

ISBN 978-3-531-17531-7

Inhalt

Vorwort zur 3. Auflage

Wie die beiden vorangegangenen Auflagen soll auch diese 3. Auflage der *Sicherheitsgesellschaft* sowohl eine kritische Einführung für Studierende und politisch, soziologisch oder juristisch Interessierte bieten, als auch Anregungen für eine tiefer gehende Beschäftigung mit der Thematik liefern. Zu diesem Zweck werden verschiedene Perspektiven auf das Feld der sozialen Kontrolle dargestellt und für eine Analyse fruchtbar gemacht. Der Schwerpunkt liegt dabei auf den grundlegenden Veränderungen der vergangenen zwei bis drei Jahrzehnte und den dieser Entwicklung zugrundeliegenden gesellschaftlichen Bedingungen.

Wenngleich die diesbezüglichen Diskussionen zugenommen haben, so bleibt doch die von *Zedner* (2007) aufgeworfene Frage aktuell, ob sich die Kriminologie selbst ins Abseits führt, weil sie diese grundlegenden Neuerungen nicht genügend zur Kenntnis nimmt. Dies gilt insbesondere für die deutschsprachige Kriminologie. Während sich in der angloamerikanischen Kriminologie eine breite Debatte um den Wandel entsponnen hat, wird dem in der deutschen wissenschaftlichen Diskussion nur am Rande Beachtung geschenkt, was neben der Kriminologie etwa auch für Rechtssoziologie und Strafrechtswissenschaft gilt. Dies betrifft die veränderten gesellschaftlichen Bedingungen sozialer Kontrolle ebenso wie deren neue Formen. Wie aktuell diese Fragen sind, führen gegenwärtig etwa die Diskussion über die Zukunft der Sicherungsverwahrung nach den Urteilen des Europäischen Gerichtshofs für Menschenrechte und des Bundesverfassungsgerichts, die umfassende Erhebung von Telekommunikationsdaten von Handynutzern durch sächsische Behörden anlässlich von Demonstrationen gegen einen Nazi-Aufmarsch in Dresden im Februar 2011 oder die aktuelle Verschärfung des § 113 Strafgesetzbuch vor Augen.

Vor diesem Hintergrund freuen wir uns besonders, eine 3. Auflage der *Sicherheitsgesellschaft* vorlegen zu können. Wir haben das Buch umfassend aktualisiert und sprachlich überarbeitet. Insbesondere in den Kapiteln 2, 3, 4 und 6 haben wir darüber hinaus inhaltliche Erweiterungen vorgenommen, um die Entwicklungen seit dem Erscheinen der 2. Auflage zu berücksichtigen.

Unser Dank gilt wiederum all denen, die unsere Arbeit mit ihren Rückmeldungen, Besprechungen und Anregungen aufgegriffen haben.

Berlin, im September 2011 *Tobias Singelnstein, Peer Stolle*

Vorwort zur 1. Auflage

Die vorliegende Arbeit ist aus Diskussionen entstanden, die wir untereinander wie mit anderen kritischen Beobachterinnen und Beobachtern über die gegenwärtigen Entwicklungen des Strafrechts, der Kriminal- und Sicherheitspolitik geführt haben. Die Vielzahl von sich teilweise widersprechenden Erklärungsmustern, die Heterogenität und Vielschichtigkeit der zu beobachtenden Phänomene und der als Ursachen ausgemachten Bedingungen haben bei uns das Bedürfnis entstehen lassen, die Entwicklungen und diesbezügliche kritische Analysen im Überblick darzustellen und zusammenzufassen. Dabei ist schnell deutlich geworden, dass es für ein tiefer gehendes Verständnis notwendig ist, nicht nur Prozesse im Bereich von Strafrecht und Kriminalpolitik zu untersuchen, sondern Sozialkontrolle insgesamt in den Blick zu nehmen. Dem folgend ist in stetiger Diskussionen und Austausch in vielen Monaten dieses Buch gewachsen, ohne dass dies von Beginn an geplant gewesen wäre. Es versucht, den gegenwärtigen Stand sozialer Kontrolle aus kritischer Perspektive im Überblick darzustellen und versteht sich insofern nicht als fertiges Konzept, sondern vielmehr als Angebot und Beitrag zur Diskussion. In diesem Sinne hoffen wir, dass die Arbeit sowohl im wissenschaftlichen Bereich als auch bei politisch oder allgemein am Thema Interessierten Beachtung findet und sind auf Rückmeldungen gespannt.

Danken möchten wir an dieser Stelle *Silke van Dyk*, *Volker Eick*, *Miriam Lang*, *Birgit Menzel*, *Robert Pelzer*, *Norbert Pütter*, *Jens Puschke*, *Nadine Romanowsky*, *Iris Rothbarth* und *Ute Schröder*, die mit ihren kritischen Anmerkungen und Anregungen zum Entstehen dieses Buches beigetragen haben, sowie *Frank Noll*, *Steffen Sibler* und *Julia Schallenberg* für ihre wertvolle Hilfe und unseren weiteren Freundinnen und Freunden, die uns in der Zeit der Erstellung ertragen und unterstützt haben. *Frank Engelhardt* danken wir für die hervorragende Betreuung von Seiten des Verlages. Ganz besonderer Dank gebührt unseren wissenschaftlichen Lehrern *Ulrich Eisenberg* und *Roland Hefendehl*, die uns nicht nur anlässlich dieser Arbeit sondern stets mit wertvollem Rat und Fürsorge umfassend unterstützt haben und dies hoffentlich weiter tun werden.

Berlin, im Januar 2006

Tobias Singelnstein, Peer Stolle

1 Einführung

In den vergangenen Jahrzehnten war ein grundlegender Wandel sozialer Kontrolle zu beobachten, der bis heute seinen Abschluss nicht gefunden hat. Dabei verändert sich – mit teilweise deutlichen Unterschieden zwischen den USA, Großbritannien und Kontinentaleuropa[1] – das Verständnis von Devianz ebenso wie die Mechanismen, Techniken und Institutionen sozialer Kontrolle. Die vorliegende Arbeit will zum einen diese Entwicklung und den Stand sozialer Kontrolle am Beginn des 21. Jahrhunderts skizzieren.[2] Zum anderen sollen Eckpunkte für eine Kritik der gegenwärtigen Formation sozialer Kontrolle aufgezeigt werden. Dabei legen wir ein besonderes Augenmerk darauf, dass soziale Kontrolle sowohl von ihrem Gegenstand her als auch in ihrer konkreten Ausprägung nur vor dem Hintergrund der jeweils bestehenden gesellschaftlichen Bedingungen verstanden werden kann.

1.1 Soziale Kontrolle: Begriff und Erscheinungsformen

Sozialkontrolle als Begriff umfasst sowohl staatliche als auch private Mechanismen und Techniken, mit denen eine Gesellschaft oder eine soziale Gruppe versucht, ihre Mitglieder dazu anzuhalten, den von ihr aufgestellten Normen als Verhaltensanforderungen Folge zu leisten. Sie reicht von der Sozialisation als Vermittlungsinstanz über Familie, Schule und soziales Umfeld bis hin zur staatlichen Strafverfolgung und umfasst dementsprechend sehr unterschiedliche Institutionen und Mechanismen.[3] Dabei können jeweils zwei Ebenen unterschieden werden: eine *Ebene der Normgenese*, auf der Verhaltensanforderungen aufgestellt werden, und eine *Durchsetzungsebene*, auf der die Befolgung sozialer Normen gewährleistet werden soll. Die Reaktion auf abweichendes Verhalten macht daher nur einen Teilbereich sozialer Kontrolle aus.

1 Dazu *Wacquant* 2009, 44 ff.

2 Zum Mangel an umfassenden Analysen siehe *Groenemeyer* 2003, 226; *Kaiser* 2005, 1355 f.

3 Siehe allgemein *Eisenberg* 2005, § 1, Rn. 5 ff. Zur Entwicklung von Begriffen und Konzepten *Nogala* 2000; *Peters* 2009, 136 ff.; *Scheerer* 2000.

Weiterhin lässt sich Sozialkontrolle nach den jeweiligen Akteuren sowie dem Charakter der einzuhaltenden Verhaltensanforderungen differenzieren.[4] *Formelle* soziale Normen werden in einem förmlichen Verfahren festgelegt und niedergeschrieben, beispielsweise in Gesetzen, während *informelle* Normen auf Brauch, Sitte, Tradition und Moral zurückgehen. Soziale Kontrolle kann aber auch nach ihrem Träger unterschieden werden. *Staatliche* Sozialkontrolle manifestiert sich vor allem in gesetzlich festgeschriebenen Anforderungen, die durch öffentliche Träger durchgesetzt werden, wie Polizei, Schule und Justiz. *Kommerzielle* Sicherheitsproduzenten, wie beispielsweise Sicherheitsfirmen und private Wachdienste, richten ihr Arbeit dagegen nicht vordergründig an gesetzlich vorgeschriebenen Verhaltensanforderungen aus, sondern setzen vor allem die Ordnungs- und Wertvorstellungen ihrer Auftraggeber um. Der staatliche und der kommerzielle Bereich können zusammengefasst als *professionelle* Sozialkontrolle bezeichnet werden.

Private Sozialkontrolle wird dagegen durch jeden Einzelnen bzw. durch kleine soziale Einheiten – wie Familie, peer-group etc. – ausgeübt. Dies betrifft einerseits den sozialen Nahraum, wo sie in Form psychischer Mittel, wie Kritik, Spott, Missbilligung, Kontaktabbruch, oder auch als physische Gewalt auftreten kann.[5] Andererseits wird jeder Einzelne aber auch über diesen Nahraum hinaus zunehmend dazu angehalten, kontrollierend tätig zu werden. Neben diesen akteurs- bzw. institutionenorientierten Formen gibt es Mechanismen *struktureller* Sozialkontrolle, die sich beispielsweise in ökonomischen Verwertungszwängen manifestieren.

1.2 Soziale Kontrolle und Gesellschaft

Soziale Kontrolle ist Ausdruck der jeweils herrschenden gesellschaftlichen Bedingungen. Diese bilden die Grundlage für die Entwicklung von Sozialkontrolle, wie wir im Folgenden für die vergangenen vierzig Jahre aufzeigen wollen. Die gesellschaftliche Bedingtheit sozialer Kontrolle lässt sich aber auch für andere Epochen und Kulturen nachzeichnen, in denen sowohl sehr unterschiedliche gesellschaftliche Bedingungen als auch verschiedene Vorstellungen nicht nur von Abweichung und sozialer Kontrolle, sondern auch von Sicherheit und Herrschaft als institutionalisierter Form von Macht bestanden.[6]

Beispielhaft nachvollziehbar ist dieser Zusammenhang an der historischen Entwicklung des Strafrechts. Bis in das hohe Mittelalter hinein fand bei Verlet-

4 Siehe *Menzel/Wehrheim* 2010, 509 f.
5 Vgl. *P.-A. Albrecht* 2010, 153 f.
6 Siehe *Christie* 2005, 14 f., 26; *Groenemeyer* 2003a, 25 ff.

zungen gesellschaftlicher Normen[7] ein Privat-„Strafrecht“ Anwendung, das sich mit den segmentären Gesellschaften entwickelt hatte und auf diese kleinen Gemeinschaften mit ihren engen Sozialbeziehungen ausgerichtet war. Der Schwerpunkt der Reaktion auf Rechtsverletzungen lag hier in dem Ausgleich des entstandenen Schadens sowie einer Buße mit Friedensfunktion, die regelmäßig ebenfalls in Zahlungen bestand. Der Begriff der Strafe hingegen tauchte erst um das Jahr 1200 auf. In dieser Zeit, die durch vielfältige gesellschaftliche Konflikte und Umbrüche geprägt war, ist das uns bekannte öffentliche Strafrecht entstanden. Damals entwickelten sich Städte mit einer schnell wachsenden Bevölkerung, wodurch entsprechende Wanderungsbewegungen ausgelöst wurden. Zur Lösung der daraufhin zu Tage getretenen sozialen Konflikte entwickelte sich eine staatliche Ordnung als Zentralmacht, die angesichts ihrer Sanktionsfähigkeit das Interesse vieler gesellschaftlicher Gruppen weckte. Die Kirche ging gegen Ketzer vor, der König gegen den streitenden Adel und die Städte gegen die sich neu herausbildenden Randgruppen.[8] So entwickelte sich mit der Entstehung des Staates, der eine allgemeine Ordnung vertrat und eine territoriale Herrschaft aufbaute, das öffentliche Strafrecht von einem subsidiären Instrumentarium zu einem umfassenden System gesellschaftlicher Sozialkontrolle.[9] Dabei unterlagen die eingesetzten Mechanismen und Techniken einem fundamentalen Wandel von der Körper- über die Seelenstrafe hin zur Disziplinierung und dem heute wieder aktuellen Ausschluss.

Zugleich haben die gesellschaftlichen Bedingungen auch Einfluss auf das jeweils herrschende Bild von Abweichung. So entwickeln sich Formen der Kriminalistik beispielsweise im Bereich der Überwachung, Identifizierung, Datenerfassung und -sammlung vor dem Hintergrund der gesellschaftlichen Bedingungen und des technischen Fortschritts und bringen je spezifische Formen von Abweichung hervor, die sie erkennen und erfassen können. Als Sinnbild dessen kann der Wiederholungstäter gelten, der erst mit der Möglichkeit der Reidentifizierung entstehen konnte.

Zusammengenommen wird damit deutlich, dass eine Betrachtung sozialer Kontrolle immer die jeweils bestehenden gesellschaftlichen Bedingungen einbeziehen muss, die den Rahmen für die Entwicklung sozialer Kontrolle darstellen. So wurden zum Beispiel in den 1970er Jahren von den sozialliberalen Regierungen der westlichen Staaten umfangreiche Liberalisierungsmaßnahmen im Bereich des Strafrechts vorgenommen, obwohl gleichzeitig ein erheblicher Anstieg

---

7 Solche waren in vorstaatlichen Gesellschaften nur individuelle Rechte, vgl. *Wesel* 1997, 78 f.

8 *Wesel* 1997, 62, 78 f., 333 f. Dieses Privatstrafrecht teilte sich später in besagtes öffentliches Strafrecht und in das privatrechtliche Deliktsrecht mit Ausgleichsfunktion.

9 *Frehsee* 2003, 18 weist daraufhin, dass das öffentliche Strafrecht nur in diesen Anfängen tatsächlich subsidiär war.

der Zahlen registrierter Kriminalität zu verzeichnen war. Die seit Mitte der 1990er Jahre festzustellende Stagnation der Deliktszahlen hat demgegenüber zu keiner Revision sozialer Kontrolle geführt.[10] Vielmehr sind seit Beginn der 1990er Jahre beispielsweise in Deutschland fast ausschließlich Verschärfungen des Strafrechts zu konstatieren. Zugleich erleben wir derzeit einen grundlegenden Wandel des Systems staatlicher Sozialkontrolle, obwohl sich selbst den offiziellen Statistiken zufolge die Problemlage kaum verändert hat. Weder wird hier eine grundsätzliche Veränderung der Deliktsformen angezeigt, noch lässt sich ein massiver Anstieg erfasster Kriminalität konstatieren. Im Gegenteil: Etwa seit Mitte der 1990er Jahre ist die Gesamthäufigkeitszahl polizeilich erfasster Verdachtsfälle in den einzelnen Jahren nur leicht gestiegen oder gar gesunken.[11]

1.3 Gang der Untersuchung und Begrifflichkeiten

Die gegenwärtige Entwicklung sozialer Kontrolle vollzieht sich vor dem Hintergrund umfassender *gesellschaftlicher Transformationsprozesse*, die in den vergangenen Jahrzehnten zunächst den angloamerikanischen Raum und später auch Kontinentaleuropa erfasst haben. Die ökonomische Entwicklung, der Umbau des Sozial- und Wohlfahrtsstaates, der Einfluss neoliberaler Konzepte, die das Primat der Ökonomie auf sämtliche gesellschaftliche Bereiche übertragen, das Erstarken neokonservativer und fundamentalistischer Ideologien als „Antwort auf Werteverfall und Beliebigkeit" und der Anstieg persönlich-sozialer Risiken sind einige der Umstände, die diese Veränderungen charakterisieren. Im Folgenden skizzieren wir zunächst in groben Zügen diese *Transformationsprozesse* (unten 2), in deren Folge sich die *gesellschaftlichen Bedingungen* für soziale Kontrolle grundlegend verändert haben (dazu 3). Davon ausgehend werden wir die gegenwärtige Formation sozialer Kontrolle beschreiben und analysieren (unten 4).

Ausgangspunkt unserer Überlegungen ist die Formation wohlfahrtsstaatlicher Sozialkontrolle, die seit Ende des 20. Jahrhunderts verstärkt in die Krise geraten ist. Dies hat seine Ursache einerseits in gewandelten *gesellschaftlichen Strukturen* (unten 3.1) und veränderten gesellschaftlichen Diskursen und Vorstellungen (siehe 3.2), die eine Anpassung und Weiterentwicklung sozialer Kontrolle bewirkt haben. Andererseits ist soziale Kontrolle ein Feld gesellschaftlicher Auseinandersetzungen und damit auch Ergebnis des Wirkens von Ideologien und Akteuren, die innerhalb des durch die gesellschaftlichen Bedingungen gesteckten Rahmens Einfluss ausüben und die wir als *Protagonisten* bezeichnen (3.3).

10 Vgl. *Garland* 2001, 95 f.
11 Siehe *PSB* 2006, 24 f.

Diese veränderten Vorgaben haben zu einem erheblichen Wandel sozialer Kontrolle geführt, der sich einerseits durch veränderte *Mechanismen* (dazu 4.1) und einen Umbau im Arsenal der *Techniken* auszeichnet (dazu 4.2). Techniken der Selbstführung, der Kontrolle sowie des Ausschlusses gewinnen an Bedeutung, greifen komplementär ineinander und ergänzen sich. Andererseits ist eine Transformation der *Institutionen* sozialer Kontrolle zu konstatieren, die sich entsprechend den veränderten gesellschaftlichen Bedingungen vollzieht (unten 4.3). Als analytischen Rahmen für die gegenwärtige Formation sozialer Kontrolle mit ihren vielfältigen und teilweise auch divergierenden Mechanismen und Institutionen schlagen wir den Begriff der *Sicherheitsgesellschaft* vor, in der Verunsicherung einen zentralen Stellenwert erlangt hat und die sich dadurch auszeichnet, dass das Streben nach umfassender Sicherheit anderen Zielvorgaben übergeordnet und zum Wert an sich wird (unten 4.4).

Anschließend versuchen wir, eine *alternative Perspektive* auf Sozialkontrolle (unten 5) zu entwickeln. Dafür beziehen wir uns auf zentrale kritische Theorien von sozialer Kontrolle, Kriminalitätskontrolle und Abweichung, aus denen wir Kriterien für eine Kritik der Sicherheitsgesellschaft extrahieren. Darauf aufbauend unternehmen wir schließlich einen *rechts- und gesellschaftspolitischen Ausblick*, in dem Konsequenzen aus der vorgenommenen Analyse und Kritik aufgezeigt werden (unten 6).

1.4 Ausgangspunkte und Zielrichtung

Die Arbeit stellt den Versuch dar, im Zusammenhang mit der seit den 1990er Jahren verstärkt geführten Diskussion über die Entwicklung von Sozialkontrolle vor dem Hintergrund gesellschaftlicher Transformationen den Stand und die Perspektive gegenwärtiger Sozialkontrolle zu skizzieren. Dabei beziehen wir uns in besonderem Maße auf die Arbeiten des britischen Kriminologen *David Garland*,[12] der Veränderungen im angloamerikanischen Strafrechtssystem vor dem Hintergrund gesellschaftlicher Transformationsprozesse analysiert hat, auf Ansätze im Anschluss an das Werk von *Michel Foucault* sowie auf die Arbeiten, die *Aldo Legnaro*, *Michael Lindenberg* und *Henning Schmidt-Semisch*[13] unter dem Stichwort Sicherheitsgesellschaft vorgelegt haben.

Der Anspruch, einen solch großen Bogen zu schlagen, bringt es einerseits mit sich, dass die Analysen teilweise skizzenhaft bleiben und nicht mit Detailreichtum aufwarten. Andererseits beziehen wir dabei verschiedene analytische Ansätze, die von unterschiedlichen Prämissen ausgehen, divergierende Perspek-

12 *Garland* 1996; 2001. Ähnlich auch *Baratta* 1993; *Scheerer* 1993.
13 *Legnaro* 1997; *Lindenberg/Schmidt-Semisch* 2000.

tiven entwerfen oder sich auf die Untersuchung von Teilbereichen konzentrieren. Dem entsprechend beschränken wir unsere Betrachtung nicht auf eine Analyse von Sozialkontrolle unter den Bedingungen von Neoliberalismus, Postmoderne, Risikogesellschaft oder Globalisierung, noch nehmen wir ausschließlich eine konflikttheoretische, bürgerrechtliche oder am Ansatz der Gouvernementalität orientierte Perspektive ein. Stattdessen bemühen wir uns, unterschiedliche Aspekte dieser Herangehensweisen aufzugreifen, auch wenn dies auf Kosten der theoretischen Stringenz gehen mag, um verschiedene Blickwinkel auf die Thematik zusammenzubringen und so eine die kritische Diskussion zusammenfassende Beschreibung zu liefern, die zur weiteren wissenschaftlichen sowie rechts- und gesellschaftspolitischen Auseinandersetzung beitragen kann.

2 Gesellschaft im Wandel

Sowohl Gegenstand und Zweck von Sozialkontrolle als auch die dazu eingesetzten Mechanismen und Techniken sind nicht statisch, sondern hängen von den soziokulturellen, ökonomischen und politischen Strukturen und Bedingungen einer Gesellschaft ab.[14] Ein Wandel dieser Rahmenbedingungen zieht auch Veränderungen im Bereich sozialer Kontrolle nach sich. Zum Verständnis der gegenwärtigen Entwicklungen von Sozialkontrolle ist es somit notwendig, sich mit den gesellschaftlichen Transformationsprozessen auseinanderzusetzen, die seit der zweiten Hälfte des 20. Jahrhunderts zu beobachten sind. Diese bilden die Grundlage für einen erheblichen Wandel der gesellschaftlichen Bedingungen sozialer Kontrolle (dazu unten 3).

Die zurückliegenden Jahrzehnte waren in den westlichen Industriestaaten von tief greifenden ökonomischen, politischen und soziokulturellen Transformationsprozessen geprägt. Diese Entwicklung wird in der sozial- und wirtschaftswissenschaftlichen Diskussion aus unterschiedlichen Blickwinkeln und mit verschiedenen Begriffen beschrieben. Wir konzentrieren uns im Folgenden auf zwei Ansätze, anhand derer wir diesen Wandel kursorisch darstellen: Mittels der Regulationsschule beschreiben wir die Veränderung des ökonomischen Akkumulationsregimes und der dazugehörigen Regulationsform als Übergang vom Fordismus zum Postfordismus.[15] Die parallel dazu verlaufenden soziokulturellen Veränderungen diskutieren wir unter dem Stichwort einer sich herausbildenden Post- bzw. Spätmoderne.

2.1 Ökonomische Umbrüche

Die Veränderungen des Akkumulationsregimes seit den 1970er Jahren und der dazugehörigen politischen Regulationsweise werden von der Regulationsschule

14 Siehe *Rusche/Kirchheimer* 1981; *Sack* 2010, 85 f. sowie die bei *Groenemeyer* 2003a, 19 f. genannten Ansätze. *Scheerer* 1993, 80 f. verweist auf den Paradigmenwechsel des Strafrechts im Übergang vom Nachtwächter- zum Interventionsstaat in der zweiten Hälfte des 19. Jahrhunderts.

15 Vgl. *Hirsch/Roth* 1986.

als Übergang vom Fordismus zum Postfordismus beschrieben.[16] Unter Fordismus wird eine Form der Produktionsorganisation verstanden, die sich vorwiegend durch eine hoch rationalisierte Massenproduktion, staatliche Regulierung und ein korporatives Integrationsmodell auszeichnet. Benannt ist sie nach dem US-amerikanischen Automobilhersteller *Henry Ford*, der 1909 als erster die Fließbandproduktion in seinen Fabriken einführte, die zwischen 1920 und 1970 zum führenden Produktionsmodell in weiten Teilen der industrialisierten Welt wurde. Die Arbeitsorganisation in diesen Betrieben zeichnete sich durch eine Zerlegung der Produktion in einzelne Teilschritte, eine umfassende Arbeitsteilung und eine Dequalifizierung der Fabrikarbeiter aus, die rigide überwacht wurden und bedingt durch das Fließband vorwiegend stupide Arbeitsvorgänge zu erledigen hatten.

Durch die starke Rationalisierung der Produktion und die hohe Arbeitsproduktivität gestattete der Fordismus Lohnsteigerungen, die zu einem Massenkonsum führten, der es den Fabrikarbeitern ermöglichte, ihre eigenen Produkte zu erwerben.[17] Parallel dazu setzten sich die Lehren von *John Maynard Keynes* durch, der gegen Wirtschaftskrisen und Unterbeschäftigung einen stark lenkenden Eingriff des Staates in die Marktabläufe propagierte, um so eine Vollbeschäftigung zu garantieren. Dies führte zu einer staatlichen Regulierung nicht nur der Produktion, sondern weiter Teile der Gesellschaft, die sich in der Realität des Sozial- und Wohlfahrtsstaates niederschlug. Das vor allem in (West-)Deutschland sehr ausgeprägte Modell des Korporatismus im Rahmen der Sozialpartnerschaft zwischen Staat, Gewerkschaften und Unternehmerverbänden gewährleistete dabei einen gewissen sozialen Ausgleich.[18] Der keynesianische Wohlfahrtsstaat war demnach in seiner Blütezeit vornehmlich darauf bedacht, die Nachfrage im Interesse der Vollbeschäftigung zu regeln, soziale Teilhabe über normierten Massenkonsum auszuweiten[19] und – zumindest in Kontinentaleuropa – bestimmte Bereiche zu dekommodifizieren[20], beispielsweise durch Frühverrentung und die Gewährung von passiven Leistungen ohne Aktivierungsmaxime.

Diese Akkumulationsform hatte sich Anfang der 1970er Jahre weitgehend erschöpft. Das in dieser Zeit vor allem im Bereich der Mikroelektronik stattfindende „technologische Erdbeben" führte nicht nur zu Veränderungen im Alltags-

16 Vgl. *Hirsch/Roth* 1986. Unter Akkumulationsregime ist danach die Organisation der Produktion und der Kapitalflüsse zu verstehen, einschließlich der Staatsquote und des Modus der Entlohnung. Mit Regulationsweise wird derjenige Komplex von Institutionen und Normen bezeichnet, der das Akkumulationsregime stützt. Dazu gehören staatliche Institutionen, Apparate, soziale Netzwerke, Formen des Konsums und des Lebensstils und andere gesellschaftliche Normen.

17 *Hirsch/Roth* 1986, 50 f.

18 *Buckel/Kannankulam* 2002, 36 f.; *Hirsch/Roth* 1986, 66 f., 71 f.

19 *Jessop* 1994, 57.

20 Kommodifizierung bedeutet In-Wert-Setzung und beschreibt den Prozess der Warenwerdung.

leben und Konsumverhalten[21], sondern wirkte sich auch auf die Produktionsorganisation und -form aus. Die herkömmliche, am Fließband orientierte Produktionsweise wich zunehmend einer automatisierten Form, die zunächst zu Arbeitserleichterungen, später aber zu Arbeitskrafteinsparungen führte. Zugleich wurde es möglich, eine weltweite Arbeitsteilung in neuem Maßstab zu etablieren.[22] Parallel dazu führte die Ölkrise von 1973 zu einem Absinken der Profit- und Wachstumsraten. Das Idealbild umfassender staatlicher Regulierung war durch die Wirklichkeit in Frage gestellt.[23] Dies setzte einen umfassenden Transformationsprozess zunächst in den USA und später in Westeuropa in Gang, der nach der Wiedervereinigung endgültig auch Deutschland erreichte.[24] Produktions- und Arbeitsverhältnisse wurden flexibilisiert und dereguliert, das fordistische Modell ersetzt durch eine Automatisierung und Technologisierung der Produktionsabläufe bei Umstellung der Arbeitsorganisation auf Gruppenarbeit[25] und Eigenverantwortung der Beschäftigten.[26]

Die Einführung von kapital- und technologieintensiven Produktionsformen setzte Arbeitskräfte frei, während globalisierte Produktionsnetzwerke und Märkte „ineffiziente" nationale Industriezweige unter Druck setzten. In diesem Rahmen verlor das Normalarbeitsverhältnis, das sich für den männlichen, weißen Arbeitnehmer durch eine weitgehende Arbeitsplatzsicherheit, steigenden Lohn und eine 35-40 Stunden-Woche ausgezeichnet hatte, an Bedeutung. Stattdessen nahmen prekäre, das heißt unsichere, ungeschützte und regelmäßig erheblich schlechter bezahlte Arbeitsverhältnisse quantitativ zu. Gleichzeitig veränderten sich die Anforderungen des flexiblen, neoliberal geprägten Kapitalismus auch insgesamt. Statt einer homogenen, normalisierten Masse rückt zunehmend der flexible, kreative, individualisierte Arbeitnehmer in den Mittelpunkt.[27] Das zu Zeiten des fordistischen Wohlfahrtsstaates propagierte Versprechen, bei einem temporären Ausschluss vom Arbeitsmarkt wieder integriert zu werden, jedenfalls aber sozial abgesichert zu sein, wurde aufgehoben. Stattdessen kann der Verlust des Arbeitsplatzes heute dazu führen, dauerhaft von der Möglichkeit sozialer Reproduktion durch Erwerbsarbeit ausgeschlossen zu werden oder dazu gezwungen zu sein, die Arbeitskraft zu deutlich verschlechterten Bedingungen am Arbeitsmarkt anbieten zu müssen.[28] Dies wird durch den Staat im Wege von Workfare-Maßnahmen weiter forciert.

---

21 *Hobsbawn* 1999, 334.
22 *Kern/Schumann* 1984; *Piore/Sabel* 1984.
23 *Röttger* 1997, 31.
24 Siehe zur pfadabhängigen Entwicklung *Pierson* 2001.
25 Zu Konzepten und Folgen von Gruppenarbeit vgl. *Minssen* 1995, 338 ff.
26 Vgl. dazu *Hirsch/Roth* 1986, 106 ff.; *Sennett* 1999, 64, 71 ff.
27 *Fisahn* 2008, 365 f.
28 Siehe *Kronauer* 2010.

Infolgedessen vertiefen sich soziale, ethnische und geschlechtsspezifische Spaltungsprozesse auf verschiedenen gesellschaftlichen Ebenen, wie sich an einer auseinanderdriftenden Lohnskala und zunehmender Ungleichheit zwischen einzelnen Regionen wie auch im Weltmaßstab zeigt.[29] So mussten in Deutschland etwa die Arbeitnehmer im ersten Jahrzehnt des 21. Jahrhunderts Reallohnverluste hinnehmen, die vor allem die unteren Einkommensklassen betrafen. Gleichzeitig haben Einkommen und Vermögen der Oberschichten überdurchschnittlich zugenommen. Während somit zwischen 2000 und 2009 die Reichen reicher und die Ärmeren nicht nur mehr sondern auch ärmer geworden sind, ist bei den Mittelschichten dem entsprechend ein Schrumpfen zu beobachten.[30]

2.2 Staatlichkeit im Wandel

Parallel zu den ökonomischen Transformationsprozessen haben sich auch die Rolle und die Politik der westlichen Staaten verändert.[31] Dies äußert sich unter anderem in bis heute fortdauernden Prozessen einer wirtschaftlichen Liberalisierung, die zunächst maßgeblich von den in den 1980er Jahren an die Macht gelangten konservativen Regierungen in den USA und Großbritannien umgesetzt wurde und mit zeitlicher Verzögerung und in unterschiedlicher Ausprägung auch in Kontinentaleuropa Eingang in die staatliche Politik fand. Insbesondere in den USA griffen entscheidende Teile der Politik auf neoliberale Wirtschaftskonzepte zurück, die in der Chicagoer Schule um *Milton Friedman* entwickelt worden waren und in Chile unter Pinochet erstmals umgesetzt wurden. Diese Konzepte basieren im Wesentlichen auf drei Grundprinzipien: der Autonomie des Individuums; der Annahme, dass der Markt die effizienteste und daher ideale Form der Verteilung von Gütern und zur Lösung von sozialen Problemen darstellt; sowie dem Verständnis, dass der Staat ein potentielles Hindernis für individuelle Freiheiten und Markteffizienz darstellt.[32] Die Gewährung von staatlichen Transferleistungen für Bedürftige oder die Regulierung von Arbeitsbedingungen zum Schutz der abhängig Beschäftigten würden zu einer Verzerrung der Wettbewerbsbedingungen führen, da sie diejenigen benachteiligen würden, die nicht davon profitieren.

Die neoliberalen Konzepte wurden zwar in keinem Land originalgetreu umgesetzt. Sie haben jedoch bis heute wesentlichen Einfluss auf das Regierungshandeln in vielen Staaten. Der Wettbewerbsstaat strebt vor allem danach, gute

29 *Castel* 2005; *Garland* 2001, 79 ff.; *Hansen* 1999, 234 f.
30 *Goebel/Gornig/Häußermann* 2010.
31 *Kannankulam* 2008, 414 f.
32 *Hackworth* 2005, 17.

Bedingungen für ökonomische Prozesse zu schaffen.[33] Paradigmatisch dafür stehen der Wechsel von einer eher nachfrage- zu einer angebotsorientierten Wirtschafts- und Sozialpolitik und der Umbau des Sozial- und Wohlfahrtsstaates in den Industrieländern. Im Zuge dessen wurden in den vergangenen Jahren nicht nur in Deutschland beispielsweise die Anspruchsvoraussetzungen für staatliche Transferleistungen verschärft und die Bezugszeiten minimiert, die staatliche Organisation von Renten- und Krankenversicherung teilweise privatisiert, marktwirtschaftliche Strukturelemente in das Sozialsystem integriert,[34] Workfare-Projekte eingeführt und der Niedriglohnsektor ausgeweitet.[35] Weiterhin wurden zahlreiche vormals der staatlichen Verwaltung unterworfenen Bereiche – wie beispielsweise die Wasser-, Energie- und Gesundheitsversorgung, Rente und Bildung – für die Kapitalverwertung durch Privatisierung und Kommodifizierung geöffnet und staatliche Regulierungskompetenzen weitgehend dem Markt übergeben. Durch diese Entwicklung haben sich für zahlreiche Menschen die Lebensbedingungen deutlich verschlechtert. Zugleich entzieht sich die globalisierte Wirtschaft an entscheidenden Punkten einer Regulierung durch die nach wie vor nationalstaatlich geprägte Politik.

Die seit 2008 manifest gewordene globale Finanz- und Wirtschaftskrise hat diese politischen Entwicklungen zwar punktuell verlangsamt und die seit Ende der 1990er Jahre zu beobachtende Krise der neoliberalen Hegemonie verstärkt.[36] Sie verschärft aber zugleich auch die soziale Spreizung der Gesellschaft. Während partiell eine vorsichtige Deregulierung der Finanzmärkte in Angriff genommen wird, Privatisierungsprojekte zurückgestellt werden und rein neoliberale Konzepte an Zustimmung verloren haben, findet parallel – vermittelt durch die „Rettungsschirme" für die Finanzwirtschaft, „Finanzhilfen" für angeschlagene europäische Staaten wie Griechenland und schließlich für die Stabilität des Euro – eine Umverteilung der finanziellen Ressourcen statt, in dessen Folge soziale Sicherungssysteme weiter abgebaut werden. So belasten insbesondere die „Sparpakete" der Bundesregierung aus dem Jahr 2010 einseitig untere und mittlere Einkommen.

Der Sozial- und Wohlfahrtsstaat fordistischer Prägung, dessen Leistungen und Versprechungen allerdings ohnehin nur für einen Teil der Bevölkerung galten, erscheint angesichts dessen heute als Ausnahme, die in einer spezifischen Situation entstanden ist und deren Grundlagen derzeit verschwinden.

---

33 *Hebberecht* 2010, 138 f.; *Marti* 2008, 293, 303 f.

34 Zum Umbau der Sozialversicherung detailliert *Lenze* 2010.

35 Zusammenfassend *Butterwegge* 2006, 116 ff., 159 ff.; *Lessenich* 2008; *Albrecht* 2010a, 147 f.

36 Siehe *Buckel/Fischer-Lescano/Oberndorfer* 2010, 379 ff.

2.3 Soziokulturelle Veränderungen

Mit diesem ökonomischen und politischen Wandel gehen seit Ende der 1960er Jahre soziale und kulturelle Umwälzungen einher, die als Übergang von der Moderne zur Spät- oder Postmoderne beschrieben werden.[37] Während die Moderne durch eine Säkularisierung der Gesellschaft geprägt war, die sich im europäischen Kontext ideengeschichtlich vor allem in der Aufklärung manifestierte und zu einem rationalen und humanen Menschen- und Gesellschaftsbild führte, stellt die Postmoderne Hybridität, Differenz, die Aufgabe traditioneller Bindungen und eines allgemeinen Gemeinschaftsgefühls in den Vordergrund. Die mit dem Wohlfahrtsstaat fordistischer Prägung entstandene Massengesellschaft, die von einer Homogenisierung der Lebensstile bei gleichzeitiger Individualisierung und Privatisierung des Alltagslebens geprägt war,[38] erfährt eine umfassende Pluralisierung und Ausdifferenzierung der Lebensstile und Wertvorstellungen.

Besonders deutlich zeigt sich dieser Wandel in den Beziehungsstrukturen zwischen den Geschlechtern und den Generationen. So hat beispielsweise die bürgerliche Kleinfamilie, die im Zuge der soziokulturellen Einbindung der Arbeiterklasse in die bürgerliche Gesellschaft zum Standardmodell der westlichen Gesellschaften geworden war, erheblich an Bedeutung eingebüßt, wie ein starker Anstieg der Scheidungsraten und der von Alleinstehenden geführten Haushalte zeigt. Diese Krise der Familie ging Hand in Hand mit Veränderungen der herrschenden gesellschaftlichen Standards bezüglich des Sexualverhaltens, der Partnerschaft und des Kinderwunsches. Paradigmatisch dafür stehen die (sexuelle) Emanzipation der Frau und eine zunehmende gesellschaftliche Akzeptanz von Homosexualität. Gleichzeitig haben sich die Konsum- und Erlebnismuster verändert und wurden zu einem Ausdruck wachsenden Distinktionsbewusstseins. Massenmedien, insbesondere Fernsehen und Internet, bestimmen in einem deutlich stärkeren Maße, wie wir die soziale Welt wahrnehmen. Informationstechnologien verändern die sozialen Beziehungen zwischen den Menschen und führen zu einem sozialen Desintegrationsschub[39] sowie zu einer hochgradigen Individualisierung. *Hobsbawn* bezeichnet die kulturelle Revolution des späten 20. Jahrhunderts vor diesem Hintergrund auch als „Triumph des Individuums über die Gesellschaft".[40]

---

37 Vgl. *Morel u. a.* 2007, 285 ff. mit weiteren Nachweisen, die in ihrem Überblick die verschiedenen Facetten und Perspektiven des Begriffs darstellen. Zur Rezeption im Zusammenhang mit sozialer Kontrolle *Kaiser* 2005, 1361 f.

38 *Hirsch/Roth* 1986, 56 f.; *Kannankulam* 2008, 415 f.

39 *Bauman* 2008, 88; *Hirsch/Roth* 1986, 119.

40 *Hobsbawn* 1999, 403 ff., 420.

Neben der Individualisierung und dem Bedeutungsverlust sozialer Institutionen wie der Familie und sozialer Netzwerke verstärkt der ökonomische Zwang zur Flexibilität und Mobilität bei der Arbeitskraftverwertung die soziale Desintegration.[41] In Verbindung mit der Umgestaltung der Wirtschafts- und Arbeitsbeziehungen und dem Umbau der sozialen Sicherungssysteme führt dies zu einer erheblichen sozialen Ausdifferenzierung der Gesellschaft, in deren Folge die wirtschaftlichen und politischen Eliten in ihrer sozialen Herkunft homogener werden, während andererseits die Herausbildung einer neuen Unterschicht konstatiert wird.

Das Bewusstsein um die Prekarität der eigenen Existenz zieht eine gesellschaftliche Verunsicherung nach sich, von der nicht ausschließlich die ökonomisch Ausgeschlossenen betroffen sind, sondern auch diejenigen, die vom sozialen Ausschluss nur bedroht werden oder sich bedroht fühlen.[42] Diese Angst ist vor allem bei den Mittelschichten ausgeprägt und führt zu einem Abgrenzungsbedürfnis von den Unterschichten. Die Mittelschicht wähnt sich in einem Boot mit den Eliten und entwickelt angesichts ihres Schrumpfens Statuspanik als Angst vor dem sozialen Abstieg.[43] Aber gerade auch bei den Besserverdienenden haben Abgrenzungs- und Abwertungstendenzen gegenüber schwachen gesellschaftlichen Gruppen seit 2009 zugenommen. Insgesamt ist infolge der Finanzkrise der Anteil derjenigen, die sich von der wirtschaftlichen Entwicklung bedroht und unter Druck gesetzt fühlen nochmals angestiegen.[44] Infolgedessen wird Sicherheit nicht mehr vorwiegend als kollektives Anliegen, sondern immer mehr als ein der Eigenverantwortung obliegender Bereich, als persönliche Sicherheit begriffen.[45] Soziale und solidarische Orientierungen nehmen zugunsten der vehementen Verfolgung eigener Ziele ab.

Im Zuge dieser von Verunsicherung, Individualisierung und Pluralisierung geprägten Entwicklung erleben traditionalistische und wertkonservative Politik- und Gesellschaftsmodelle eine Renaissance.[46] So ist insbesondere ein als Angriff gegen die Moderne konzipierter Fundamentalismus entstanden, der sich nicht nur in einem radikalen Islamismus manifestiert, sondern auch in wieder erstarkenden nationalistischen und rechtsextremen Weltbildern und – vor allem in den USA – in christlich-wertkonservativen Bewegungen.[47]

---

41 *Bauman* 2008, 102 ff.; *Fisahn* 2008, 365 f.

42 Siehe *Bauman* 2005, 20 f.

43 *Goebel/Gornig/Häußermann* 2010, 8.

44 Siehe dazu die Ergebnisse der Langzeituntersuchung „Gruppenbezogene Menschenfeindlichkeit" aus 2010, http://www.uni-bielefeld.de/ikg/projekte/GMF/index.htm.

45 *Castel* 2005; *Lindenberg/Schmidt-Semisch* 2000, 206 f.

46 Vgl. *Garland* 2001, 82 ff.; *Kaiser* 2005, 1361 f.; *Morel u. a.* 2007, 285 ff.

47 Siehe dazu unter anderem *Hardt/Negri* 2002, 159 ff.

Vor diesem Hintergrund wird ein Wandel moderner Subjektivierungsweisen seit dem Ende der 1970er Jahre konstatiert. Unter Subjektivierungsweisen wird die Praxis der Selbstdeutung der Subjekte auf der Grundlage der prägenden, jeweils gültigen Vorstellungen über die Welt verstanden, die die Basis für die daraus folgenden Verhaltensweisen des Einzelnen bilden.[48] In diesem Sinne schreiben sich die Tendenzen der Verunsicherung, der Ökonomisierung und der Responsibilisierung als Leitlinien in das Verhalten der Einzelnen ein, so dass sich immer stärker ein „unternehmerisches Selbst" durchsetzt.[49] Wir haben es danach heute mit Subjektivierungsweisen zu tun, die ein aktives, eigenverantwortliches, zur Selbstführung fähiges Subjekt mit eigenen Interessen hervorbringen, welches sich in diesem Sinne versteht und entsprechend handelt.[50]

2.4 Zusammenfassung

Unabhängig davon, unter welchen theoretischen Vorzeichen die beschriebenen Veränderungen verstanden und analysiert werden,[51] lässt sich zusammenfassend konstatieren, dass in den westlichen Gesellschaften in den vergangenen Jahrzehnten weit reichende Transformationsprozesse stattgefunden haben. Die Globalisierung und Internationalisierung der Produktions- und Marktbeziehungen, die Flexibilisierung der Arbeits- und Sozialverhältnisse, die Privatisierung staatlicher Aufgaben, der Umbau des Wohlfahrtsstaates und tiefgreifende soziokulturellen Veränderungen haben zu einer stärkeren Ausdifferenzierung der sozialen Lagen und einer zunehmenden sozialen Desintegration und Verunsicherung geführt. Diese Prozesse sind nicht alleine struktureller Art, sondern werden auch von Akteuren und Ideologien beeinflusst, wie zum Beispiel neoliberalen Konzepten und einem moralisch-religiösen Konservatismus. Diese Prozesse sind nicht abgeschlossen und finden in den verschiedenen Ländern und Regionen in unterschiedlicher Intensität statt.[52] Die Wirtschafts- und Finanzkrise der vergangenen Jahre hat dabei nur punktuell zu leichten Veränderungen geführt, während sie zugleich die soziale Spaltung der Gesellschaften vertieft.

48 Siehe *Schneider/Hirseland* 2005, 264 f.
49 Siehe *Bührmann* 2005, Abs. 1 ff.; *Rose* 2000, 89 ff.
50 *Pieper/Guitiérez Rodríguez* 2003, 8; *Legnaro* 2010, 62.
51 Vgl. zu den verschiedenen Perspektiven und Begriffen den Überblick bei *J. Clarke* 2004, 12 ff.
52 Soweit im Fortgang nichts anderes vermerkt ist, bezieht sich die Darstellung auf Deutschland, wenngleich die Entwicklung in anderen kontinentaleuropäischen Staaten ähnlich verläuft.

3 Wandel der gesellschaftlichen Bedingungen sozialer Kontrolle

Die skizzierten ökonomischen, sozialen, kulturellen und politischen Veränderungen haben zu einem Wandel der gesellschaftlichen Bedingungen für soziale Kontrolle geführt. Der *wohlfahrtsstaatlichen Sozialkontrolle* (s. dazu unten 3.1) wurden infolge der Transformationen zum Teil die Grundlagen entzogen. Die daraus sich entwickelnden *neueren Formen sozialer Kontrolle* sind nicht nur ein Produkt der veränderten ökonomischen und sozialen Strukturen (dazu 3.2). Von Bedeutung sind in diesem Zusammenhang auch neue Sicherheitsdiskurse und eine verbreitete gesellschaftliche Verunsicherung (dazu 3.3) sowie das Wirken unterschiedlicher Protagonisten (dazu 3.4).

3.1 Sozialkontrolle im Wohlfahrtsstaat

In den wirtschaftlich aufstrebenden westeuropäischen Sozial- und Wohlfahrtsstaaten der zweiten Hälfte des 20. Jahrhunderts stand Sozialkontrolle ganz im Zeichen der normalisierenden Disziplinierung. Verlangt wurde eine äußerliche Anpassung an einen umfassenden Bestand allgemeingültiger Normen, die den Anforderungen der fordistischen, normierten Arbeits- und Lebenswelt entsprach.[53] Diese Regeln wurden wesentlich durch Sozialisation mit dem Ziel der Verinnerlichung vermittelt, wobei der Integration in soziale Gruppen und in den sozialen Nahraum herausragende Bedeutung zukam. Auf Kriminalität oder Abweichungen von gesellschaftlichen Normen wurde – so zumindest der formulierte Anspruch – mit Unterstützung und Angeboten zur Reintegration reagiert.[54] Die Ursachen für Devianz und Delinquenz wurden nur zum Teil im Individuum selbst verortet. Ebenso wurde den gesellschaftlichen Verhältnissen Bedeutung zugemessen.

Dies entsprach der im fordistischen Wohlfahrtsstaat vorherrschenden Annahme, dass soziale Probleme wie Armut, Krankheit und Arbeitslosigkeit auf soziale Ursachen zurückzuführen seien, die mit entsprechenden Techniken ermit-

53 *Fisahn* 2008, 364 f.
54 Zum Strafrecht *Kunz* 2010, 13 ff.

telt und neutralisiert werden könnten. Grundlage dieser Vorstellung war der in der Moderne verwurzelte Fortschrittsglaube, nach dem die materiellen Errungenschaften der Gesellschaft stetig wachsen und durch eine entsprechende Verteilung zum Wohl aller eingesetzt werden können. Kurzfristige Schwierigkeiten oder Exklusionen, beispielsweise im Fall von Berufsunfähigkeit, Krankheit oder Arbeitslosigkeit, wurden entweder mittels kollektiver Sicherungssysteme oder durch Behebung des persönlichen oder sozialstrukturellen „Defizits" gelöst. Auf „Schwäche" wurde im Normalfall mit „Fürsorge" reagiert.[55]

Diesem Paradigma folgte auch das System sozialer Kontrolle. Verhaltensanforderungen wurden als formelle oder informelle Normen formuliert, die allgegenwärtig Gültigkeit besaßen und deren Nichteinhaltung sanktioniert wurde. Ihre Durchsetzung oblag privaten und öffentlichen Institutionen, deren Techniken vorwiegend auf Integration ausgerichtet waren. Dies zeigt sich auch in der strafrechtlichen Sozialkontrolle, die von *Garland* für die USA treffend als „Penal-Welfarism", als „strafende Wohlfahrt", bezeichnet worden ist.[56] Deren Charakteristika finden sich – wenn auch mit Abstrichen – in kontinentaleuropäischen Strafrechtssystemen wieder. Zwar wird sich hier in Abgrenzung zum angloamerikanischen Strafrecht oft auf ein „alteuropäisches Prinzipiendenken" in der Tradition der Aufklärung[57] als Charakteristikum bezogen, das sich durch die Transformation der Stellung des Beschuldigten vom Objekt der Inquisition zum Subjekt des Verfahrens auszeichnet.[58] Gleichwohl kann insofern nicht von einem tatsächlichen Gegensatz vor allem zu dem Strafrechtssystem in den USA ausgegangen werden, da sich die wesentlichen Strukturmerkmale in beiden Strafrechtsordnungen wieder finden, wenngleich divergierende gesellschaftliche Bedingungen dazu führen, dass die Entwicklungen in den westlichen Industriegesellschaften nicht identisch und zeitlich parallel stattfinden.[59] So wurde beispielsweise das Prinzip der Resozialisierung in der BRD erst zu einer Zeit gesetzlich verankert, als es in den USA und anderswo bereits wieder in Misskredit geraten war und durch das Prinzip des „just desert" abgelöst wurde.[60]

Von sozialen Normen abweichende Verhaltensweisen werden in dieser Perspektive auf mangelnde Integrationsfähigkeiten oder -möglichkeiten der Individuen zurückgeführt, die durch persönliche oder sozialstrukturelle Defizite ausge-

55 Vgl. *Cremer-Schäfer/Steinert* 1998, 57 ff.

56 *Garland* 2001, 27 ff.

57 Vgl. *P.-A. Albrecht* 2006. Zur Bedeutung der Aufklärung für das Strafrecht *Cattaneo* 1998.

58 Vgl. *Kaiser* 2005, 1357; *Lüderssen* 1995, 877 f.

59 Unterschiede lassen sich vor allem in der Praxis der „indeterminate sanctions" auf der einen Seite und dem strafbegrenzenden Schuldprinzip auf der anderen Seite ausmachen.

60 *Cavadino/Dignan* 2006, 102 f. – Nach diesem Konzept bestimmt allein die Deliktsschwere die Strafart und -höhe. Auf die sozialen Hintergründe des Tatgeschehens und die Sozialisierungsbedürftigkeit des Täters wird keine Rücksicht genommen, vgl. dazu *Kunz* 2004, 349 ff.

löst würden. Dies spiegelt sich bereits in den für den Penal-Welfarism charakteristischen kriminologischen Theorien über Kriminalität[61] und in den in dieser Zeit im Erwachsenen- und Jugendstrafrecht zur Verfügung stehenden Interventionsmitteln wider. Resozialisierung und individuelle Behandlung waren die maßgebenden Leitlinien für das staatliche Strafen als Form der Disziplinierung. Im Strafvollzug waren – zumindest der Theorie nach[62] – Behandlungsprogramme, Einrichtungen für Jugendliche, offener Vollzug, Bewährung und bedingte Entlassung wichtige Instrumente. Strafe war vor diesem Hintergrund kein Selbstzweck mehr, sondern wurde noch stärker mit einer gesellschaftlichen Nützlichkeit begründet: zur Abschreckung potentieller und zur Behandlung überführter Delinquenten, zur Stärkung des Normvertrauens oder auch zur Sicherung der Gesellschaft vor dem Täter.[63] Die absoluten Strafzwecke der Vergeltung, der Rache und der Sühne wurden zugunsten der relativen Strafzwecke der General- und Spezialprävention weiter zurückgedrängt.[64]

Die Bedeutung, die die so genannte „Resozialisierung“ des Täters auf diesem Weg im Strafrechtssystem eingenommen hat, wird besonders deutlich an § 2 Strafvollzugsgesetz, der in der Mehrzahl der Bundesländer auch heute noch gilt[65]. Danach besteht das alleinige *Ziel* der Freiheitsentziehung in der Resozialisierung des Täters, während der Schutz der Gesellschaft nur als (untergeordnete) *Aufgabe* des Strafvollzuges angesehen wird.[66] Durch eine Einwirkung auf den Täter soll erreicht werden, dass er sein zukünftiges Leben in sozialer Verantwortung ohne Straftaten gestalten kann. Das Bundesverfassungsgericht hat das Resozialisierungsgebot sogar aus der Verfassung abgeleitet: „Von der Gemeinschaft aus betrachtet verlangt das Sozialstaatsprinzip staatliche Vor- und Fürsorge für Gruppen der Gesellschaft, die aufgrund persönlicher Schwäche oder Schuld, Unfähigkeit oder gesellschaftlicher Benachteiligung in ihrer persönlichen und sozialen Entfaltung behindert sind; dazu gehören auch die Gefangenen und Entlassenen.“[67]

---

61 Siehe den Überblick bei *Eifler* 2002; *Kunz* 2011, 103 ff.

62 Zur defizitären Praxis *Kunz* 2010, 16; *Albrecht* 2010a, 44, 62.

63 Letzteres gilt nur für die Freiheitsstrafe. – Vgl. zu Strafzwecken *P.-A. Albrecht* 2010, 43 ff.

64 Vgl. *Roxin* 2006, § 3.

65 Zu den Veränderungen in den vergangenen Jahren siehe unten 4.2.3. Zu älteren Bestrebungen, Schutz und Resozialisierung gleichzustellen, vgl. *Stolle/Brandt* 2004.

66 Zum (bisherigen) Verhältnis zwischen Aufgabe und Ziel *Callies/Müller-Dietz* 2008, § 2, Rn. 1 f.

67 BVerfGE 35, 202 ff. (236).

3.2 Veränderte gesellschaftliche Strukturen

Die Gründe für die Krise der bisherigen Formation sozialer Kontrolle und für die Herausbildung neuer Formen sind zunächst in den ökonomischen, sozialen und kulturellen Transformationsprozessen zu suchen, die neue Anforderungen und Möglichkeiten sozialer Kontrolle entstehen ließen.

3.2.1 Krise der alten Strukturen

Im Zuge der eingangs beschriebenen gesellschaftlichen Veränderungen wurde der den fordistischen Wohlfahrtsstaat tragende Sozialkompromiss seitens der Unternehmer de facto aufgekündigt. Gleichzeitig brachte der Wandel eine weitergehende Vereinzelung sowie eine Ökonomisierung der Sozialbeziehungen mit sich.[68] Dies bedeutete zusammengenommen einen Rückzug der Strukturen, auf die sich Sozialkontrolle mittels Integration und Disziplinierung bislang gestützt hatte.[69] Betroffen davon waren und sind sowohl die Institutionen der Fabrik, der Schule und der Anstalt, als auch der Arbeitsmarkt an sich und die integrierenden formellen und informellen sozialen Strukturen. Infolgedessen konnte soziale Kontrolle weniger auf eine wohlfahrtsstaatliche Integration mittels Disziplinierung, Behandlung und Resozialisierung setzen.

Diese Rückzugstendenz des Integrationsansatzes wurde im Bereich der strafenden Disziplinierung dadurch verstärkt, dass sich bereits in der kriminalpolitischen Debatte der 1970er Jahre die Erkenntnis von der Ubiquität[70] von Delinquenz durchgesetzt hatte. Dieser Befund galt zwar zunächst nur für Jugendliche und Heranwachsende.[71] Er wurde später aber auch für Erwachsene ermittelt – und zwar sowohl für Bereiche von Kriminalität, die im Zusammenhang mit der Berufsausübung begangen werden (Steuerhinterziehung, Betrug in seinen verschiedenen Schattierungen, Veruntreuung etc.), als auch für Bagatellstraftaten im Eigentums- und Vermögensbereich, wie Ladendiebstahl und Beförderungserschleichung.[72]

68 Dazu unten 3.2.2.

69 Vgl. *Rehbinder* 2009, 83 f.

70 Mit Ubiquität wird die Allgegenwart von Abweichung beschrieben. Abweichende Handlungen an sich sind danach quer zu allen Schichten in der gesamten Gesellschaft verbreitet. Davon zu unterscheiden ist der Befund aus Dunkelfeldbefragungen, dass die Kriminalitätsbelastung der unterschiedlichen Bevölkerungsgruppen nicht gleichmäßig sein soll, dazu *Kunz* 2011, 264 ff.

71 Vgl. *Kreuzer* 1993, 185; zu Rechtfertigungen und Verharmlosungen *Sessar* 1997, 3.

72 *Rössner* 1993, 50. – Zwar haben kriminologische Forschungen in den vergangenen Jahren immer wieder auf so genannte „Mehrfach- und Intensivtäter" hingewiesen (vgl. *Kaiser* 1996, § 51, Rn. 12; *Sessar* 1997, 3). Die Existenz einer derartigen „Tätergruppe" kann aber nur die Fra-

Zugleich zeigten sich immer deutlichere empirische Zweifel daran, dass das Strafrecht die mit ihm offiziell verfolgten Zwecke – General- und Spezialprävention – tatsächlich erfüllen kann.[73] Studien über die positive Spezialprävention der Strafe, also die Besserung und Behandlung des „Täters“ durch Strafe, waren ernüchternd. Eine Untersuchung von *Martinson* legte den Schluss nahe, dass Präventionsmaßnahmen im Strafvollzug zu keinem Erfolg führen („don't work“).[74] Ebenso stellten fast alle Studien umso höhere Rückfallquoten fest, je intensiver und höher die verhängte Strafe war.[75] Insofern schien es erfolgversprechender, weniger intensive Strafen zu verhängen oder ganz auf Strafe zu verzichten. Kriminologen sprechen vor diesem Hintergrund von einer *Austauschbarkeit der Sanktionen*, da es hinsichtlich der positiven spezialpräventiven Wirkung letztendlich irrelevant ist, mit welcher Sanktion auf Delinquenz reagiert wird.[76] Bei Jugendlichen wirkt eine formelle Sanktionierung empirischen Untersuchungen zufolge sogar eher kontraproduktiv.[77] Wenngleich die Ergebnisse empirischer Forschung heute ein etwas differenziertes Bild hinsichtlich der Wirksamkeit einzelner Maßnahmen der positiven Spezialprävention nahelegen[78], so ist deren Wirksamkeit im Allgemeinen gleichwohl bis heute nicht belegt. Dass dies gelingen mag, erscheint auch zweifelhaft. Dem steht nicht nur die Praxis in den Anstalten entgegen. Auch vom Konzept her liegt es bereits wenig nahe, dass Einsperren Resozialisierung bewirken soll.[79]

Auch bezüglich der Abschreckung durch Strafe (negative Generalprävention) gelang der empirische Nachweis der Wirksamkeit nicht. Nicht nur, dass der Umfang abweichenden Verhaltens seit der flächendeckenden Institutionalisierung des Strafrechts nicht abgenommen hat. Empirische Untersuchungen haben auch ergeben, dass der Schwere einer drohenden Strafe für die Frage, ob jemand eine Straftat begehen wird oder nicht, keine Bedeutung zukommt. Lediglich der Entdeckungs- und Bestrafungswahrscheinlichkeit – und nicht der Strafschwere – kommt eine, wenn auch geringe, abschreckende Wirkung bei leichteren Delikten

---

ge aufwerfen, warum bestimmte Personen gehäuft strafrechtlich erfasst werden. Sie spricht nicht gegen die Erkenntnis, dass Delinquenz ubiquitär ist.

73 Zusammenfassend *P.-A. Albrecht* 2010, 51 ff.; *Stolle* 2006.

74 Vgl. nur *Martinson* 1974, 22 ff.

75 Siehe den *PSB* 2006, 648 ff. zu den Zahlen der Rückfallstatistik sowie *Jehle/Heinz/Sutterer* 2003, 51 ff. Danach betrug die Rückfallquote im Untersuchungszeitraum bei Freiheitsstrafe ohne Bewährung 56,4 %, mit Bewährung 44,7 %, bei Jugendstrafe ohne Bewährung 77,8 %, mit Bewährung 59,6 %, bei Geldstrafe 30,2 %.

76 *Eisenberg* 2005, § 42, Rn. 11; *Streng* 2002, Rn. 278. Siehe auch *Trotha* 1979, 119, der deswegen aus „human-emanzipativen“ Gründen die Anwendung seichter Sanktionen favorisiert.

77 Vgl. *P.-A. Albrecht* 2000, 50 ff.

78 *Meier* 2009, 30 ff.

79 Siehe dazu *Albrecht* 2010a, 44 f, 62.

zu.[80] Entscheidender für die Motivation zu normkonformem Verhalten sind danach die innere Bindung an die jeweilige Norm und die informelle Sozialkontrolle mit der der Betreffende rechnet.[81]

Diese Ergebnisse betrafen mit der negativen General- und der positiven Spezialprävention die zentralen Grundlagen des zweckorientierten Strafrechts, das vor diesem Hintergrund als Lösung für (Norm-)Konflikte in seiner bisherigen Form in Frage stand.[82] Dagegen gewannen – neben den absoluten Strafzwecken der Vergeltung und des Schuldausgleichs – die Strafzwecke der Sicherung des Täters (negative Spezialprävention) und der positiven Generalprävention an Bedeutung. Die erste Funktion lässt sich bei der unbedingten Freiheitsstrafe kaum bestreiten, ist allerdings im Wesentlichen auch auf diese Sanktionsart beschränkt. Damit verbleibt als Zweck des Strafrechts neben dem reinen Wegschließen lediglich noch das „Vertrauen in die Rechtsordnung" als positive Seite der Generalprävention, die empirisch kaum zu überprüfen ist[83] und daher in ihrer Begründung als ideologisches Konstrukt anmutet, dem eine unproportionale und instrumentalistische Strafauffassung zugrunde liegt.[84]

3.2.2 Neue Anforderungen

Über diese Krise der alten Strukturen hinaus brachten die gesellschaftlichen Transformationsprozesse auch neue Anforderungen an Mechanismen sozialer Kontrolle hervor. Insbesondere führten die ökonomischen Veränderungen und der Umbau des Sozial- und Wohlfahrtsstaates zu einem Ausschluss eines Teils der Bevölkerung aus der Lohnarbeit und der sozialen Absicherung. Gegenwärtige Sozialkontrolle ist dazu angehalten, diesen Schub sozialer Desintegration und Ausdifferenzierung aufzufangen und Sicherheitsstrategien zur Verfügung zu stellen, die gewährleisten, dass die von sozialer Teilhabe Exkludierten und sozialer Protest auf der Straße nicht zu einem unbeherrschbaren Risiko werden.[85]

Zugleich wirken sich die eingangs beschriebenen soziokulturellen Veränderungen auch auf die Grundlagen und das Verhältnis von Sozial- und Systeminte-

80 So selbst der *PSB* 2006, 685 f.

81 *Meier* 2009, 28.

82 Diese Veränderungen in den zurückliegenden Jahrzehnten – zunächst in die eine, dann in die andere Richtung – betreffen vor allem die professionellen und zum Teil auch die öffentlichen Debatten, während die strafphilosophischen Vorstellungen in der Bevölkerung bislang relativ konstant geblieben sind, siehe *Reuband* 2010, 144 f.

83 Siehe *PSB* 2006, 686.

84 Siehe den zusammenfassenden Überblick und die Kritik bei *Koriath* 2004.

85 Vgl. *Hansen* 1999, 232 f.; *Nogala* 2000a, 77 f.; in Bezug auf die USA vgl. *Wacquant* 2009.

gration aus.[86] Insbesondere die Pluralisierung der sozialen und kulturellen Lebensstile und die Individualisierung der Lebensweisen führen dazu, dass sich die Individuen nicht mehr durchgängig an einem zentralen und alle gesellschaftlichen Bereiche umfassenden Normengefüge ausrichten.[87] Stattdessen kommt es zu einer Diversifizierung der Wert- und Moralvorstellungen und zu einer höheren Akzeptanz sozialer und kultureller Abweichungen von der (ehemaligen) Dominanzkultur, die mit der Krise staatlicher und institutioneller Regelungs- und Moralbildungskompetenzen korrespondieren. Eine Ausrichtung der Individuen an festen Normen und eine präzise Unterscheidung zwischen „normal" und „anormal" sind damit nur noch bedingt möglich,[88] da über verschiedene moralische Grundsätze als Grundlage des Normensystems kein gesellschaftlicher Konsens mehr besteht. Der „atomisierte Gesellschaftskörper des flexiblen Kapitalismus"[89] entzieht somit der normierenden Disziplinierung wohlfahrtsstaatlicher Sozialkontrolle die Grundlagen und verlangt nach neuen Formen sozialer Kontrolle, die einer Flexibilisierung und Individualisierung nicht entgegenstehen.[90]

Zwar existiert ein bürgerlich-gesamtgesellschaftliches Normen- und Wertgefüge in zentralen Bereichen noch. Es wird jedoch zunehmend durch situations- und kontextabhängige Wertprioritäten ergänzt bzw. ersetzt, die keinen allgemeinen Gültigkeitsanspruch erheben, sondern nur noch für bestimmte soziale Gruppen und Zusammenhänge gelten und entsprechend den jeweiligen situativen Anforderungen gestellt und durchgesetzt werden.[91] Der Einzelne steht daher vor der Aufgabe, sich an ein Rumpfgerüst von allgemeingültigen sozialen Normen zu halten, sich aber gleichzeitig auf ständig wechselnde Verhaltensanforderungen einstellen zu müssen, die je nach Situation und Subgruppe differieren und an Umfang und Diversifikation erheblich zugenommen haben.

Darüber hinaus verändert sich Sozialkontrolle im sozialen Nahraum. In der wohlfahrtsstaatlich geprägten Gesellschaft wurde soziale Kontrolle im Wesentlichen von gemeinsamen Werten und einem umfassenden System auch informeller Normen getragen. Entsprechend wurde soziale Integration und Kontrolle insbesondere durch soziale Netzwerke und Institutionen, wie etwa Familie und Kirche hergestellt und ausgeübt. Diese Institutionen haben stark an Bedeutung verloren und damit ihre integrierende Funktion und ihre Fähigkeit zur Formulierung und

---

86 Vgl. dazu im Zusammenhang mit Sozialkontrolle *P.-A. Albrecht* 2010, 152 f.; *Böhnisch* 2010; *Schimank* 2000, 462 f. – Unter Sozialintegration verstehen wir dabei die Integration des Einzelnen in die Gesellschaft; Systemintegration ist demgegenüber der Zusammenhalt und das Funktionieren der Gesellschaft insgesamt und ihrer Teilsysteme inklusive der beteiligten Individuen.

87 Hierzu auch *Hassemer* 2005, 315 f.

88 Vgl. *Frehsee* 2003, 254 ff., 341 ff.

89 *Fisahn* 2008, 365.

90 Siehe *Kannankulam* 2008, 416 f.

91 Vgl. *Lindenberg/Schmidt-Semisch* 1995, 2.

Durchsetzung von Verhaltensanforderungen teilweise eingebüßt. Zwar führt diese Entwicklung auch zu einem Wiedererstarken traditionalistischer, religiöser und wertkonservativer Vorstellungen und Ideologien, die den Bedeutungsverlust der Institutionen aber nur teilweise kompensieren können. Der dadurch entstehende Freiraum wird durch veränderte Techniken sozialer Kontrolle gefüllt, die durch jeden Einzelnen umgesetzt oder von staatlichen Institutionen oder kommerziellen Akteuren bereitgestellt werden.[92]

Schließlich ist angesichts der Pluralisierung und Ausdifferenzierung des Normen- und Wertegefüges auch eine täterbezogene Durchsetzung von Verhaltensanforderungen durch Resozialisierung, wie sie für den fordistischen Wohlfahrtsstaat charakteristisch war, schwieriger geworden. Einerseits existiert nur noch eingeschränkt ein gesellschaftlicher Konsens darüber, was eigentlich als „normal" und was als „anormal" anzusehen ist. Dies hat zur Folge, dass Uneinigkeit darüber besteht, welcher „Fehler" beim Individuum eigentlich „korrigiert" werden soll: Ist es beispielsweise eher das soziale Umfeld und die fehlende Ausbildung bzw. Arbeitsstelle oder doch eher die Hyperaktivität oder die Anbindung an subkulturelle Gruppen? Andererseits hat sich die Erkenntnis durchgesetzt, dass potenziell jeder Normbrüche begeht. Soziale Kontrolle kann sich daher nicht mehr auf das einzelne Individuum beziehen, sondern muss als Folge dieser Einsicht entweder die Gesamtheit der Bevölkerung erfassen oder sich verstärkt an Strukturen, Lagen, Orten und Situationen ausrichten, die Devianz begünstigen oder ermöglichen.[93] Die eigentliche Normabweichung als Handlung bekommt in diesem Zusammenhang eine andere Bedeutung. Sie wird nicht mehr als Symptom für ein tiefer liegendes Problem (beim „Täter") angesehen, sondern als das eigentliche Problem, das es zu bekämpfen gilt.

3.2.3 Neue technische Möglichkeiten

Schließlich sind der technische Fortschritt und insbesondere die technologische Revolution in der Mikroelektronik für die Entwicklung sozialer Kontrolle von Bedeutung. Sie haben nicht nur Möglichkeiten geschaffen, sich vor Risiken abzusichern, sondern auch selbst verschiedene Arten von Großrisiken erzeugt. Darüber hinaus lassen sich durch die neuen Möglichkeiten der Informations- und Kommunikationstechnik ganz neue Methoden sozialer Kontrolle realisieren[94] – wenngleich ebenso auch entsprechende technische Gegenstrategien zur Verfügung gestellt werden, die Sicherheitsmaßnahmen neutralisieren können. Grenzen

92 Dazu näher unten 4.1. Ähnlich bezogen auf einen „starken Staat" *Hansen* 1999, 233 ff.

93 Vgl. *Frehsee* 2003, 360 f.

94 Beispiele finden sich bei *Schulzki-Haddouti* 2004; 2007.

des Zugriffs auf und der Verarbeitung von Informationen aufgrund räumlicher Distanz, stofflicher Barrieren, Kapazitäten und Zeitverlauf werden aufgehoben.[95] Dabei trägt die Privatisierung der Sicherheitsproduktion ihren Teil dazu bei, Innovationsschübe auszulösen,[96] die eine Ausweitung und Intensivierung der Überwachung und Ausforschung sozialer Sachverhalte durch staatliche und private Akteure nach sich ziehen. So ermöglichen moderne Formen der Datenverarbeitung heute die Verwaltung und den Umgang mit früher nicht handhabbaren Datenmengen. Staatliche Computerviren sollen in Zukunft heimlich Computer durchsuchen und das Nutzerverhalten überwachen können (so genannte „Online-Durchsuchung").[97]

Die Kommunikationstechnik macht es zum Beispiel vergleichsweise einfach möglich, Bewegungs- und Persönlichkeitsbilder zu erstellen, indem die Standortdaten von Mobilfunkgeräten abgefragt werden[98] oder das Surf-Verhalten von Internetnutzern analysiert wird. So wurden 2009 in 9.459 Strafverfahren 16.226 Anordnungen zur Abfrage von Telekommunikationsverkehrsdaten nach § 100g Strafprozessordnung erlassen.[99] Aber auch die klassische Telekommunikationsüberwachung wird angesichts des technischen Fortschritts einfacher und erfreut sich bei den Sicherheitsbehörden weiterhin großer Beliebtheit, wie die erheblichen Steigerungsraten bei den Anordnungen zeigen. Alleine zu strafprozessualen Zwecken wurden im Jahr 2009 in 5.301 Ermittlungsverfahren 20.358 Anordnungen erlassen, die zum Großteil den Mobilfunk betrafen. Im Jahr 2000 waren es hingegen „nur" 3.353 Verfahren gewesen, in denen eine Überwachung nach § 100a der Strafprozessordnung angeordnet worden war. [100] Dabei sind die Fälle, in denen die Geheimdienste sowie die Polizei zu Zwecken der Gefahrenabwehr die Telekommunikation überwachen bzw. Verkehrsdaten abfragen, noch gar nicht mitgezählt.

95 Siehe zur Bedeutung der Technik für soziale Kontrolle *Nogala* 2000, 117, der für die Zukunft auf Gentechnik und Biomechanik verweist; zum Ubiquitous Computing *Hornung* 2011, 246 ff.

96 Vgl. dazu *Lindenberg/Schmidt-Semisch* 2000, 315 ff.

97 Hierzu *Kutscha* 2007.

98 Dazu *Gercke* 2006, 155 ff.

99 Statistik des Bundesamtes für Justiz, http://www.bundesjustizamt.de/DE/Themen/Justizstatistik/Telekommunikationsueberwachung/Telekommunikationsueberwachung__node.html, abgerufen am 27.4.2011.

100 So die Zahlen der Telefonüberwachungsstatistik des Bundesjustizministeriums bzw. des Bundesamtes für Justiz, s. vorstehende Fußnote.

3.3 Sicherheitsdiskurse und gesellschaftliche Verunsicherung

Die gegenwärtige Entwicklung sozialer Kontrolle wird darüber hinaus maßgeblich von der gesellschaftlichen Wahrnehmung und Interpretation von Bedrohungen und den Anforderungen an deren Kontrolle und Abwehr bestimmt. Das Denken und Handeln der Individuen hängt von dem Wissen und Verständnis ab, das diese von der Welt haben und das in Diskursen gesellschaftlich produziert, legitimiert und transformiert wird.[101] Demnach beschreiben Diskurse nicht Realität, sondern konstituieren sie vielmehr, indem sie Wissen und Bedeutung hervorbringen, die Wahrheitswirkung entfalten. Auf diesem Wege stellen Diskurse eine symbolische soziale Ordnung sowie die Subjekte selbst her.[102] Auch auf dieser interpretativen, diskursiven Ebene lassen sich für die vergangenen Jahre erhebliche Verschiebungen ausmachen, die ein verändertes gesellschaftliches Bild von Bedrohungen, Abweichung und Kontrolle sowie daraus folgend Sicherheits- und Strafbedürfnissen hervorgebracht haben – nicht nur in den Medien oder der Kriminalpolitik, sondern in der Gesellschaft insgesamt.

3.3.1 Risikowirklichkeit und Abgrenzungsbedürfnisse

Soziale Kontrolle dient der Normalisierung und der Kontrolle von Abweichung. Die Vorstellungen und Definitionen dessen, was darunter zu verstehen ist, verändern sich jedoch stetig.[103] Gerade in den vergangenen Jahrzehnten hat sich das Bild vom Gegenstand sozialer Kontrolle erheblich gewandelt. Es geht heute weniger um die Bearbeitung von konkreten sozialen Konflikten, um die Verhinderung von Rechtsgutsverletzungen oder konkreten sozialschädlichen Abweichungen. An deren Stelle tritt zunehmend die Regulierung von *Risiken*.[104]

Mit dem Begriff und der Methode des Risikos wird die berechenbare Wahrscheinlichkeit eines Schadenseintritts umschrieben, die dadurch kalkulierbar sein soll, dass Ereignisse in einer gewissen Häufigkeit in einer bestimmten Population auftreten. Ein Risiko ist also keine konkrete schadensträchtige Situation, sondern nur eine statistische Wahrscheinlichkeit.[105] In der zweiten Hälfte des 19. Jahrhunderts wurde diese Methode auf Phänomene wie Armut, Krankheit und Arbeitsunfähigkeit angewendet. Selbige wurden als Risiken anerkannt und mit der

101 *Keller* 2008, 187 ff.

102 Siehe *Bublitz* 1999, 23 f., 31; *Singelnstein* 2009, 90 ff.; vgl. auch *Frehsee* 2003, 399 f.

103 Kriminalisierung und Rechtsanwendung lassen sich insofern als diskursive Praxen verstehen, siehe *Singelnstein* 2009, 114 ff.

104 *Groenemeyer* 2003a, 31 ff.; aus strafrechtlicher Sicht *Frehsee* 2003, 278 f.

105 Dazu *Krasmann* 2003, 108 ff.; *Schmidt-Semisch* 2004, 222 f.; zur Rolle des Risikos im Konzept abweichenden Verhaltens *Groenemeyer* 2007.

Einführung der Sozialversicherungen durch ein kollektives System abgesichert, das dem Einzelnen den Lebensunterhalt garantieren sollte.

Von dieser Entwicklung wird zunehmend auch der Bereich sozialer Kontrolle erfasst.[106] Zu Zeiten des Penal-Welfarism wurden Sachverhalte, die als Gegenstand staatlicher Sozialkontrolle klassifiziert wurden, als Rechtsgutsverletzung oder allgemein als Gefahr oder Problem umschrieben. Es ging um Bedrohungssituationen, die ohne Intervention absehbar eine Schädigung von Rechtsgütern nach sich ziehen würden und deren Ursache in der Persönlichkeit eines konkreten Individuums verortet werden konnten. Der Begriff des Risikos basiert dagegen auf der Berechnung von Wahrscheinlichkeiten. Dieser Vorstellung zufolge lassen sich bestimmte Kriterien ausmachen, die das Eintreten abweichenden Verhaltens statistisch betrachtet wahrscheinlicher werden lassen und daher als Risikofaktoren klassifiziert werden können. Das Vorliegen oder Fehlen solcher Kriterien, deren Kombination ein spezifisches statistisches Risikopotenzial ergibt, soll Aussagen darüber ermöglichen, wie wahrscheinlich abweichendes Verhalten für bestimmte Personen oder Situationen in der Zukunft ist.[107]

Hierbei handelt es sich nicht um einen Zustand, der konkreten Gefahren oder Schädigungen vorgelagert ist, sondern um eine gänzlich andere Betrachtung und Konstruktion von Bedrohungen. Während die Gefahr zwar nicht berechenbar, aber dafür vergleichsweise konkret ermittelbar ist, lässt sich das Risiko vorausberechnen, bleibt jedoch hinsichtlich seiner Schadenstendenz unbestimmt und vage. Das Risiko ist damit weder objektives Merkmal noch subjektive Meinung, sondern eine bestimmte Art und Weise, wie man konkrete Elemente einer Realität zuordnen kann, um sie real erfassbar, berechenbar und damit beeinflussbar zu machen.[108] Auf diesem Weg kann allein der Aufenthalt an einem bestimmten Ort – beispielsweise an einem so genannten Kriminalitätsschwerpunkt – oder eine Häufung situativer Faktoren – eine Konzentration von jungen Männern mit Migrationshintergrund an einem Platz – zum Gegenstand sozialer Kontrolle werden.

Mit diesem Verständnis wachsen zugleich die als kontrollbedürftig klassifizierten Sachverhalte – und zwar nicht vorwiegend aufgrund neuartiger Großrisiken, die durch den technischen Fortschritt bedingt sind. Vielmehr produziert die Risikologik selbst ständig neue Risiken.[109] Denn das Streben nach möglichst genauer Prognose, das dieser Herangehensweise inhärent ist, führt zur permanenten „Entdeckung" neuer Risikofaktoren und bringt so neue Risiken hervor. Gleichzeitig machen die pluralisierten und diversifizierten Lebenswelten das Le-

---

106 Vgl. für Großbritannien empirisch bereits *Bennett* 1994.

107 Dazu *Bauer* 2004, 50 ff.; *Krasmann* 2003a, 42 f.; *Lemke* 2000, 257.

108 Vgl. *Schmidt-Semisch* 2004, 222.

109 Vgl. *Castel* 2005, 11 f.; *Frehsee* 2003, 278 f.

ben „unübersichtlicher“ und damit auch „risikoträchtiger“. Vor diesem Hintergrund kommt der Definition, Verteilung, Bekämpfung und der Abschirmung von Risiken eine erheblich gesteigerte Bedeutung zu.[110] Diese Entwicklung wird flankiert von einer Ausweitung des Verständnisses vom Gegenstand staatlicher Sozialkontrolle, das in steigendem Maße auch reine Ordnungsvorstellungen umfasst, wie nicht angebettelt zu werden, keine Betrunkenen sehen zu müssen und nicht mit der Armut anderer konfrontiert zu werden.[111] Damit werden gerade Ausdrucksformen des Lebensstils der Unterschicht sowie zunehmende Formen sozialen Protests auf der Straße wieder verstärkt zum Gegenstand sozialer Kontrolle.[112]

In einem derart gewandelten gesellschaftlichen Klima wächst das Bedürfnis, sich gegen diejenigen abzusichern, die als „Risikoträger“ klassifiziert werden. Wer sich zur „wohlanständigen“ Mehrheit zählen kann, ist gleichwohl dem Risiko eines sozialen Abstiegs ausgesetzt und kann sich seiner Teilhabe am Wohlstand nicht auf Dauer sicher sein. Ein erster Schritt, sich der eigenen Inklusion zu versichern, ist es, die wachsende Minderheit der „Risikoträger“ – „Fremde“, „Gefährliche“ oder Arme – nicht mehr in den eigenen Reihen zu dulden.[113] Die Dichotomie zwischen Anpassung und Abweichung, Gut und Böse, Inkludierten und Exkludierten wird so zu einem zentralen Unterscheidungsmerkmal, wobei die Verunsicherung dadurch verstärkt wird, dass diese Grenzziehungen nicht statisch sind, sondern je nach Situation neu erfolgen können. Infolgedessen zielt soziale Kontrolle nicht mehr auf den hilfsbedürftigen, behandelbaren und resozialisierungsfähigen Bürger ab, sondern im Mittelpunkt steht der „gefährliche Andere“, der als „Feind der Gesellschaft“ angesehen wird, vor dem man sich schützen muss.[114] Abweichendes Verhalten wird damit nicht mehr als Symptom für ein tiefer liegendes individuelles oder sozialstrukturelles „Defizit“ angesehen, sondern zunehmend als das eigentliche Problem, das es zu bekämpfen gilt. Dabei stehen heute weniger einzelne Abweichungen im Zentrum, sondern eine abstrakte, diffuse und als bedrohlich empfundene Gesamtentwicklung.

Als Grundlage einer derart gewandelten Vorstellung von Abweichung und sozialen Problemen lassen sich nicht primär Veränderungen einer objektiven Wirklichkeit verstehen.[115] Zwar mögen sich gesellschaftliche Gefahren und Problemlagen tatsächlich verändern, sich zuspitzen oder in einigen Bereichen auch abnehmen. Dies hat jedoch nur einen sehr bedingten Einfluss auf die gesell-

110 Vgl. *Beck* 1986, 25; *Castel* 2005, 82 ff.
111 *Legnaro* 1997, 279.
112 *Menzel/Wehrheim* 2010, 519.
113 Vgl. *Stenson* 1996.
114 *Wacquant* 2009, 23 f.; siehe auch *Opitz* 2006, 52 f.
115 Siehe *Singelnstein* 2007, 119 f.

schaftliche Wahrnehmung von Bedrohungen und auf die Bedeutung, die ihnen beigemessen wird. Besonders deutlich wird dies an der Furcht vor Kriminalität, deren (vermeintlicher) Anstieg vermehrt als Begründung für staatliche Sicherheitsstrategien herangezogen wird. Dabei lässt sich ein linearer Zusammenhang zwischen Kriminalitätsfurcht und der Kriminalitätsrate nicht herstellen; vielmehr entwickeln sich beide recht unabhängig voneinander.[116] Außerdem weisen diejenigen Bevölkerungsgruppen, deren Kriminalitätsfurcht besonders ausgeprägt ist, statistisch besehen eher ein geringeres Viktimisierungsrisiko auf.

Als weiteres Beispiel kann das in den vergangenen Jahrzehnten gewandelte Verständnis von Gewalt herangezogen werden. Körperliche Gewalt – auch und vor allem unter Jugendlichen – wurde bis in die 1960er Jahre hinein als normales gesellschaftliches Phänomen angesehen, das bis zu einem gewissen Grad als sozialadäquat und damit als nicht interventionsbedürftig galt. Spätestens ab den 1970er Jahren ist eine zunehmende gesellschaftliche Sensibilisierung gegenüber unterschiedlichen Formen solcher Gewalt zu beobachten.[117] Infolgedessen sind die diesbezüglichen Zahlen in den polizeilichen Statistiken angestiegen, wobei Fälle leichterer Gewaltdelinquenz dominieren.[118] Diese Zunahme beruht einerseits auf einer zunehmenden Kriminalisierung von gewaltförmigen Handlungen – wie etwa durch das so genannte Gewaltschutzgesetz oder die Pönalisierung des bloßen Versuchs einer Körperverletzung – und andererseits auf einer verstärkten Wahrnehmung und Problematisierung solcher Phänomene sowie einer erhöhten Anzeigebereitschaft. Gerade im Hinblick auf Gewalt unter Jugendlichen – und insbesondere Gewalt in der Schule – kann davon ausgegangen werden, dass diese tatsächlich eher abgenommen hat. Gestiegen sind lediglich die Bereitschaft, solche Geschehensabläufe anzuzeigen, und die Möglichkeiten der Polizei, durch intensivierte Präventionsarbeit von Gewaltdelikten zu erfahren.[119] Das, was früher als normal angesehen wurde – eine Rauferei unter Schülern – findet heute Eingang in die Lokalpresse und dient als Begründungsvorlage für Forderungen nach privaten Sicherheitsdiensten in Schulen, einer Herabsetzung des Strafmündigkeitsalters und der Begrenzung von Einwanderung.

Vergleichbares gilt für die seit Anfang der 1990er Jahre zu beobachtenden Repressionskonjunkturen, die abwechselnd Jugenddelinquenz, „Organisierte Kriminalität“, Sexualstraftäter oder den „internationalen Terrorismus“ betreffen bzw. betrafen. Gerade bei Letzterem wird deutlich, wie sehr sich ein gesellschaftlicher Diskurs verschieben und eine neue Interpretation von Wirklichkeit

116 *Kunz* 2011, 271 ff.; *Reuband* 2009, 244; *Stolle* 2011, 19.

117 *Naplava/Walter* 2006; *PSB* 2006, 59 ff.

118 *PSB* 2006, 26 f., 73 ff.

119 So die Ergebnisse einer Längsschnittstudie, in der Jugendliche zur Delinquenz im Jugendalter befragt wurden, siehe *Boers/Walburg/Reinecke* 2006.

herstellen kann. Während die Sicherheitspolitiker und die Kommentatoren immer wieder die neue Qualität und Quantität der Bedrohung vor allem durch den religiös geprägten Terrorismus betonen, wird ausgeblendet, dass es international vernetzte und grenzüberschreitend agierende Gruppen schon in den 1970er Jahren gegeben hat und im Übrigen tödliche Bombenanschläge, bewaffnete Überfälle und Flugzeugentführungen in viel stärkerem Maße zum „Alltag" in Westeuropa gehört haben, als heute. Trotzdem ist die diskursiv hergestellte Wirklichkeit eine andere.

3.3.2 Permanente Verunsicherung

Mit der Etablierung des Risikos als einem zentralen Gegenstand sozialer Kontrolle korrespondiert eine Zunahme von gesellschaftlicher Verunsicherung. Nicht nur das Gebot permanenter Vorbeugung und Risikominimierung lässt den Einzelnen ständig gefährdeter und besorgter werden. Hinzu kommt eine allgemeine Prekarisierung durch die Auflösung sozialer Netzwerke und Institutionen, die dadurch bedingte schrittweise Individualisierung sowie die Verschlechterung der sozialen Lage eines größer werdenden Teils der Bevölkerung im globalisierten, neoliberal geprägten Kapitalismus und einer sich stetig wandelnden Welt.[120]

Nachdem im 20. Jahrhundert mit dem erreichten Stand der Produktivkräfte für einen immer größer werdenden Teil der Bevölkerung die Befriedigung materieller Bedürfnisse hinter dem Wunsch nach Sicherheit vor den durch diese Entwicklung gesteigerten Risiken zurückgetreten war,[121] wird dieser Trend jetzt umgekehrt. Die durch die gesellschaftlichen Transformationsprozesse und den Verlust sozialer, kollektiver Sicherheit bedingte Furcht vor ökonomischer Exklusion führt zu einer allgemeinen Verunsicherung. Diese lässt ein verstärktes Bedürfnis nach materieller Absicherung in den Vordergrund rücken, das indes auf sozialer Ebene immer weniger befriedigt wird bzw. werden kann.[122] Dies und die Individualisierung infolge des Bedeutungsverlusts des sozialen Umfeldes wie auch kollektiver gesellschaftlicher Strukturen führen zu Ängsten und Verunsicherungen.[123] Laut einer von der Versicherungswirtschaft seit 1991 jährlich in Auftrag gegebenen Umfrage etwa haben in der deutschen Bevölkerung die Ängste vor einer Verschlechterung der gesamtgesellschaftlichen Lage oder der persönlichen Lebenssituation in den vergangenen 20 Jahren erheblich zugenommen. Nach einem starken Anstieg in der ersten Hälfte der 1990er Jahre hatte sich die

120 *Bauman* 2008, 102 ff.; *Legnaro* 2010, 60 f.; *Schmidt-Semisch* 2004, 226.
121 Vgl. *Beck* 1986, 25.
122 *Singelnstein/Stolle* 2007, 55 f.
123 Dazu empirisch *Kräupl* 2006, 89 f.; *Kury/Obergfell-Fuchs* 2006, 1040.

Häufigkeit der Nennung „große Angst" zunächst auf hohem Niveau gehalten. In den Jahren 2003 bis 2005 sowie 2010 wurden sodann neue Höchstwerte gezählt. Über die Jahre hinweg standen dabei soziale und wirtschaftliche Sorgen im Vordergrund. Die Angst vor Straftaten findet sich hingegen erst am unteren Ende der Skala, wird aber immerhin auch von 25 bis 30 Prozent der Befragten genannt; die Angst vor „Terrorismus" im besonderen befindet sich im Mittelfeld.[124]

Gleichzeitig wird der (mögliche) Eintritt von Schädigungen angesichts des extrem gestiegenen Schutzniveaus und der Vielzahl an Wegen zur Problembewältigung als wesentlich gravierender empfunden als früher. Die Bereitschaft, Risiken als notwendigen Bestandteil des Lebens und soziale Konflikte als gesellschaftlich geschaffene Normalität anzuerkennen, ist gesunken.[125] So ist es beispielsweise nach dem derzeitigen wissenschaftlich-technischen Stand möglich, ein hohes Maß an medizinischer Diagnostik und Therapie zu gewährleisten. Damit wächst zugleich auch der Anspruch, vor den alten und neuen Risiken geschützt zu werden – die Akzeptanz trotzdem eintretender Gesundheitsschädigungen sinkt entsprechend.

Diese allgemeine gesellschaftliche Verunsicherung trifft bei der Allgemeinheit auf gänzlich falsche Vorstellungen von der Verteilung und der Entwicklung polizeilich erfasster Kriminalität. So gehen in Umfragen regelmäßig 70 bis mehr als 90 Prozent der Befragten von einem Kriminalitätsanstieg aus, auch wenn die Zahlen erfasster Delikte tatsächlich sinken,[126] wie es gerade in den vergangenen Jahren der Fall war. Betrachtet man die strukturelle Verteilung polizeilich erfasster Kriminalität, so machen Eigentums- und Vermögensdelikte, wie insbesondere Diebstahl und Betrug, einen Anteil von mehr als 60 Prozent aus, der von minder schweren Fällen geprägt ist.[127] Demgegenüber hat die in der Öffentlichkeit für Verunsicherung sorgende Gewaltkriminalität nur einen Anteil von etwa drei Prozent an den erfassten Straftaten.[128] Entgegen den Vorstellungen der Allgemeinheit, die vor allem von schweren Delikten geprägt sind, besteht polizeilich erfasste Kriminalität damit zum ganz überwiegenden Teil aus Formen leichter Delinquenz. Besonders eindrücklich zeigt sich die damit bestehende Diskrepanz zwischen öffentlicher Wahrnehmung und erfasster Kriminalität bei Sexualdelikten gegenüber Kindern. Im Gegensatz zur öffentlichen Meinung sind zum Beispiel vollendete Sexualmorde an Kindern in den vergangenen Jahrzehnten immer weiter zurück gegangen – von etwa zehn Fällen pro Jahr in den 1970er auf

124 Die Ergebnisse der Studie finden sich unter http://www.ruv.de/de/presse/r_v_infocenter/studien/aengste-der-deutschen.jsp, abgerufen am 28.4.2011.

125 *Haffke* 2005, 31 f.; vgl. insgesamt *Groenemeyer* 2003, 40 ff.

126 Siehe zur Empirie *PSB* 2006, 491 ff.; vgl. auch *Reuband* 2009, 234 m. w. N.

127 Dazu *PSB* 2006, 196 ff.; *Oberwittler/Reinecke* 2009, 50 ff.

128 Siehe zu Zahlen *PSB* 2006, 59 f., 73 ff.

durchschnittlich drei Fälle pro Jahr in den 1990er Jahren.[129] Die Zahl der festgestellten Tötungsdelikte ist allein seit Mitte der 1990er Jahre um 40 Prozent zurückgegangen.[130]

Diese Bedrohungs- und Risikowahrnehmungen führen zusammen mit der Angst vor einer Verschlechterung der gesellschaftlichen Lage und der individuellen Lebenssituation zu in einem gesteigerten Bedürfnis nach Sicherheit. Kriminalitätsfurcht ist dabei zwar nicht die zentrale Angst und sie ist in Deutschland in den vergangenen Jahrzehnten auch weitgehend konstant geblieben.[131] Ihr scheint aber die Funktion eines Katalysators für soziale Zukunfts- und Existenzängste zuzukommen. Während diese nur schwer zu begreifen und zu bearbeiten sind, ist Kriminalität ein leicht fassbares und vermeintlich einfach zu bearbeitendes Problemfeld, auf dem sich vergleichsweise einfach etwa gefühlte Sicherheit erreichen lässt. Nicht die Wahrscheinlichkeit, Opfer einer Straftat zu werden, übt einen starken Einfluss auf das subjektive Sicherheitsempfinden aus. Stattdessen führen tief greifende gesellschaftliche Veränderungen, die unabsehbare Folgen für den eigenen sozialen Standard und die gesellschaftliche Position haben können, zu einer allgemeinen Verunsicherung, die neue Sicherheits- und Abgrenzungsbedürfnisse hervorbringt.[132] Vor diesem Hintergrund wird auch der massive Anstieg der Kriminalitätsfurcht Anfang der 1990er Jahre in sämtlichen osteuropäischen Ländern verständlich.[133] Kriminalitätsfurcht kann vor diesem Hintergrund als Ausdruck einer tiefgreifenden sozialen Verunsicherung interpretiert werden, als Projektion sozialer und existenzieller Ängste, die sich aus gesellschaftlichen Transformationsprozessen ergeben.[134] Sie erscheint als „Verdichtung einer diffusen Verunsicherung“[135], die aus diesen Prozessen herrührt. Dem entspricht es, dass empirischen Studien zufolge empfundene Kriminalitätsfurcht und Verunsicherung im europäischen Vergleich nicht von der Viktimisierungsrate abhängig sind, aber mit dem Grad der Sozialstaatlichkeit und der Verteilungsgerechtigkeit sowie der Effektivität des staatlichen Gewaltmonopols in Verbindung stehen. In Ländern mit einem hohen Grad an Sozialstaatlichkeit ist der Anteil derjenigen, die sich unsicher fühlen, deutlich niedriger.[136]

---

129 *PSB* 2006, 96 ff.

130 *Oberwittler/Reinecke* 2009, 50 ff.

131 *Reuband* 2010, 144 ff.; zur Abhängigkeit von individuellen persönlichen und sozialen Kontexten *Klimke* 2008, 217.

132 Empirisch zu verschiedenen europäischen Ländern *Hirtenlehner/Hummelsheim* 2011.

133 *Reuband* 1999, 18 f.

134 Vgl. *Hirtenlehner* 2006, 326 f.; *Oberwittler* 2008; *Reuband* 2009, 242; *Sessar* 2010, 363 ff.; *Stolle* 2011, 19 ff.

135 So empirisch *Hirtenlehner* 2008.

136 *Blinkert* 2010; *Hirtenlehner/Hummelsheim* 2011.

Es verwundert daher nicht, wenn in Deutschland wie auch in anderen europäischen Ländern Kriminalität weiterhin als zentrales gesellschaftliches Problemfeld wahrgenommen wird.[137] So geben beispielsweise bei Umfragen immer noch mehr als 40 Prozent der Befragten an, sich große Sorgen um die Kriminalitätsentwicklung zu machen.[138] Im ZDF-Politbarometer vom April 2007 waren mehr als 60 Prozent der Befragten der Auffassung, dass nicht genug für die „Bekämpfung von Kriminalität" getan werde. Die daraus resultierenden Sicherheitsbedürfnisse schlagen sich auch in einer wachsenden Bedeutung von „subjektiver Sicherheit" bzw. dem „Sicherheitsgefühl" nieder. Vor allem in politischen Debatten, wie bei der Einführung der Videoüberwachung im öffentlichen Raum und dem Verbot des Trinkens in der Öffentlichkeit, wird oft nur noch auf dieses subjektive Empfinden abgestellt, nicht aber auf eine wie auch immer zu definierende objektive Gefahrenlage.

Infolge dieser Wahrnehmung einer konstant hohen Bedrohung und einem ausgeprägten Bedürfnis nach Sicherheit dominiert zunehmend eine präventive und punitive Bekämpfungsperspektive die Diskurse und Debatten.[139] Diese verlangt nach einem möglichst frühzeitigen Erkennen und Neutralisieren gesellschaftlicher Risiken und Bedrohungen. Entsprechend führen wir heute ein Leben, in dem wir „in einem nie gekannten Ausmaß Strategien entwickeln, deren Ziel es ist, Risiken einzuschränken. Auf diese Weise hat nicht nur ein einfacher quantitativer, sondern ein qualitativer Sprung stattgefunden: Risikotechnologien gewinnen Priorität, eine neue Risiko- und Versicherungsmentalität ist entstanden."[140] Für diese auch als „punitive turn" bezeichnete Entwicklung steht in Deutschland nicht zuletzt eine repressivere Strafrechtspraxis. Das Strafrecht hat durch den Gesetzgeber in den vergangenen drei Jahrzehnten nahezu ausschließlich Verschärfungen und Ausweitungen erfahren. Seit Beginn der 1990er Jahre mehren sich zudem die Anzeichen für einen in Teilen repressiveren Kurs der Praxis der Justiz.[141]

Ob sich eine solche Sicherheitspolitik auf eine zunehmende Punitivität in der Bevölkerung stützen kann, erscheint bislang aber fraglich. Während das Strafverlangen vor allem in den USA und Großbritannien stark gestiegen ist, sind die Befunde für Deutschland uneinheitlich.[142] Teilweise wird ein Anstieg von Strafbedürfnissen und Straflust konstatiert.[143] In anderen Untersuchungen

137 Siehe *PSB* 2006, 499 f.; siehe für die USA *Simon* 2007.
138 Siehe zur Empirie *PSB* 2006, 496 ff.
139 Siehe zu einzelnen Aspekten dessen *Sack* 2004, 36 ff. sowie die Beiträge bei *Pratt u. a.* 2005; empirisch differenzierend zu Printmedien *Reichert* 2009.
140 *Shearing* 1995, 266 ff.; ähnlich für das Strafrecht bereits *Feeley/Simon* 1994.
141 Dazu unten 4.2.3.
142 Zum Einfluss der Methodik auf das Ergebnis vgl. *Kury/Kania/Obergfell-Fuchs* 2004.
143 Vgl. *Sack* 2004.

konnte hingegen eine relativ moderate bzw. bislang eher konstante Einstellung in der Bevölkerung[144], in weiteren sogar ein Rückgang der Punitivität gemessen werden.[145] Insgesamt besehen zeigen sich Anzeichen für eine leicht repressivere Stimmung in der Bevölkerung[146] und ist zu erwarten, dass sich die dargestellten gesellschaftlichen Debatten mittelfristig auch in den Punitivitätseinstellungen der Bevölkerung niederschlagen werden. Forderungen nach neuen Sicherheitsmaßnahmen werden ohnehin zumeist von einer breiten Zustimmung in der Bevölkerung begleitet.

Indes steigt die zur Permanenz neigende Unsicherheit nicht *obwohl* wir in einer der sichersten und auf Sicherheit setzenden Gesellschaft leben, sondern gerade *deswegen*. Die ständige Diskussion um Risikokontrolle und Gefahrenabwehr verdeutlicht tagtäglich die akute Bedrohungslage, der man vermeintlich ausgesetzt ist. Die permanente Suche nach Schutz, das Leben hinter Mauern produzieren damit nicht mehr Sicherheit, sondern Verunsicherung.[147] Das gestiegene Sicherheitsbedürfnis verlangt nach Absicherungen, die einerseits diesem Sicherheitsbedürfnis Rechnung tragen, andererseits dieses aber auch immer wieder hervorbringen. Es handelt sich um einen sich selbst reproduzierenden Kreislauf, in dem Sicherheit ein ständig erstrebtes, aber nie erreichbares Ideal darstellt. Auf diesem Wege entsteht durch die Differenz zwischen einer gesellschaftlich produzierten – und prinzipiell unbegrenzt steigerbaren – Sicherheitserwartung und dem begrenzten Vermögen der Gesellschaft, diese in der Praxis auch zu gewährleisten, eine dauerhafte gesellschaftliche Unsicherheit.[148] Die Angst vor Bedrohungen ist ebenso verbreitet wie die Vorstellung, nicht ausreichend für Sicherheit gesorgt zu haben.

3.3.3 Ideal der Sicherheit

Vor dem Hintergrund der sich herausbildenden Risikowirklichkeit und zunehmender gesellschaftlicher Verunsicherung erlangt der individuelle Schutz vor Bedrohungen eine neue Bedeutung.[149] Der Staat greift dies auf und verstärkt diese Entwicklung, indem er anbietet, die Bürger vor Kriminalität und sonstigen Bedrohungen zu schützen oder ihnen zumindest ein Gefühl von Schutz zu vermitteln.[150] An die Stelle des Versprechens sozialer Inklusion tritt das alleinige

144 Vgl. etwa *Reuband* 2004; 2010, 144 ff.
145 So *Kury/Brandenstein/Yoshida* 2009, 119 ff.; vgl. *Sessar* 2010, 367 ff.; *Peters* 2009, 170 ff.
146 *Reuband* 2010, 144 ff.
147 *Bauman* 2008, 17 ff., 135 f.; *Kreissl* 2008, 329.
148 *Castel* 2005, 9 ff.
149 Siehe *Bloy* 2003, 10 f.
150 *Kunz* 2010, 16 f.; vgl. auch *Bauman* 2005; *Jasch* 2009, 91 f. zum Strafrecht als Identitätsstifter.

Versprechen individueller Sicherheit. Damit nimmt die Bedeutung eines schützenden bürgerlichen Obrigkeitsstaates gegenüber dem fürsorgenden Sozialstaat wieder zu.[151] Die soziale Verunsicherung stärkt so das Bedürfnis nach egoistischem, ausschließendem Schutz vor Abweichung.[152] Dabei braucht der Einzelne selbst derartige Erfahrungen gar nicht gemacht zu haben: „eigenerfahrungslose Informationsaufnahme wird zum bestimmenden Zentrum der Eigenerfahrung“[153].

Garland hat diesen Prozess als den Wechsel von ökonomischer Kontrolle und sozialer Befreiung hin zu ökonomischer Freiheit und sozialer Kontrolle umschrieben.[154] Während in den sechziger und siebziger Jahren des 20. Jahrhunderts Freiheit assoziiert wurde mit der Infragestellung von traditionellen Werten, Lebensmodellen, gesellschaftlichen Strukturen und staatlicher Bevormundung (soziale Befreiung), ist der Begriff heute geprägt von einem ökonomischen und individualisierenden Verständnis, das für Egoismus, Marktliberalität und Deregulierung steht. Sicherheit hingegen wird weniger im Humboldtschen Sinne als Sicherheit vor staatlichen Eingriffen, als Plädoyer für einen gebändigten, rechtsstaatlichen Staat, oder im wohlfahrtsstaatlichen Sinne als soziale Absicherung interpretiert, sondern als individuelle Sicherheit vor Bedrohungen, wie Kriminalität oder Terrorismus.[155] Wir erleben also nicht einen Abbau von Freiheit für mehr Sicherheit[156] – wie es oft behauptet wird –, sondern einen Bedeutungswandel dieser Grundwerte, der sich in der Prekarität der eigenen Existenz manifestiert. Die Reduktion der sozialen auf die individuelle Sicherheit produziert im Zuge dessen eine existenzielle Angst, die andere gesellschaftliche Prinzipien und Wertvorstellungen in den Hintergrund treten lässt, integrierend wirkt und zu einem zentralen Selbstantrieb wird.[157]

In dieser Situation werden individuelle Sicherheit und Abgrenzung zum gesellschaftlichen Leitbild und zum Ziel sozialer Kontrolle. Dieses Verständnis von Sicherheit erweist sich indes als Trugbild, als unerreichbares Ideal. Denn zum einen ist umfassende Sicherheit vor Bedrohungen und Risiken gar nicht möglich, sondern produziert das Streben nach Sicherheit vielmehr immer neue Bedrohungen. Zum anderen zielen die gegenwärtigen Diskurse der Sicherheit gar nicht auf das Erreichen realer Sicherheit ab. Denn sie kennen nur eine Freiheit,

---

151 *Bauman* 2008, 26, 40 ff.: „personal safety state“; *Buckel/Kannankulam* 2002, 47 f.; *Castel* 2005.

152 Zur Kriminalitätsfurcht *Boers* 1993; *Hefendehl* 2000; *Jasch/Hefendehl* 2001; *Robert* 2005, 63 ff.

153 So *Frehsee* 2003, 257 in Anlehnung an *Beck* 1986, 96. Zum Verhältnis von tatsächlicher Entwicklung erfasster Kriminalität und dem Bild in der Bevölkerung sowie dem Einfluss des Fernsehens *Pfeiffer/Windzio/Kleimann* 2004.

154 *Garland* 2001, 100.

155 So auch *Hassemer* 2005, 314.

156 Zu diesem Verhältnis *Kutscha* 2006, 28 ff.

157 *Legnaro* 2000, 207; *Lindenberg/Schmidt-Semisch* 2000, 308 f.

die dauernd bedroht ist, und eine Sicherheit, die niemals vollständig erreicht werden kann. Diese permanente Bedrohung ist nicht nur die Grundlage für Maßnahmen der Sicherheit. Sie kann auch als Kehrseite der umfassenden individualisierenden „Freiheit" des Liberalismus verstanden werden.[158] Der Einzelne ist heute weniger an feststehende gesellschaftliche Normen gebunden, sondern ihm steht regelmäßig eine Vielzahl individueller, legitimer Verhaltensmöglichkeiten zur Verfügung. Dies führt umgekehrt zu neuen Regulierungsanforderungen, um den Einzelnen an gesellschaftlichen Erfordernissen auszurichten.

Daher ist nicht, wie oft dargestellt, Sicherheit die notwendige Grundlage gegenwärtiger Freiheit. Vielmehr erfüllt Unsicherheit diese Funktion, indem sie den Einzelnen sich in seiner Freiheit beschränken lässt und die gegenwärtige Form von „Freiheit" damit erst ermöglicht.[159] Die Diskurse der Sicherheit beinhalten somit als zweites Element neben dem unerreichbaren Ideal der Sicherheit die institutionalisierte Bedrohung der Freiheit als Unsicherheit, die ein „Regieren aus der Distanz" zulässt;[160] „Prekarität wird zur Prämisse des Regierens"[161].

Das neue Verständnis von Sicherheit als Ziel sozialer Kontrolle verlangt neben symbolischer Politik zur Darstellung von Entscheidungs- und Handlungsfähigkeit[162] nach neuen Maßnahmen und Techniken, die sich insbesondere durch eine Vorverlagerung und somit Ausweitung des Gegenstandsbereichs staatlicher Sozialkontrolle auszeichnen.[163] Gleichzeitig können wir teilweise bei wenig störender Abweichungen, die vergleichsweise weit verbreitet sind, eine entgegengesetzte Tendenz der Entmoralisierung beobachten.

Zusammenfassend besehen führt das neue Ideal der Sicherheit zu einer Ausweitung des Gegenstandsbereiches staatlicher Sozialkontrolle, wie auch umgekehrt die veränderte gesellschaftliche Wahrnehmung von Abweichung als Bedrohung zu veränderten Sicherheitsbedürfnissen führt. Dies betrifft nicht alleine die Politik und andere professionelle Akteure, sondern die Gesellschaft als Ganze. Das gesellschaftliche Bild von Bedrohungen sowie das dem gegenübergestellte Ideal einer umfassenden Sicherheit bilden so eine zentrale Konstante in der sich verändernden gesellschaftlichen Ordnung ebenso wie für die Entwicklung sozialer Kontrolle.[164] Dies gilt nicht nur unabhängig von etwaigen tatsächlichen Veränderungen. Vielmehr lassen sich diese in einer solchen Perspektive gar als Folge der gewandelten diskursiven Vorstellungen verstehen, die das Handeln

---

158 Siehe *Foucault* 2004, 100 ff.; *Lemke* 2004.
159 *Lemke* 1997, 185 ff.; *Demirović* 2008, 232 f.
160 Hierzu auch *Kubink* 2002, 535 f.; *Bourdieu* 1998, 99 f.
161 *Holert* 2004, 246. Siehe zum Begriff der Regierung unten 5.1.4.
162 *Kreissl* 2008, 323 f.; vgl. allgemein *Hoffmann-Riem* 2005, 534 f.
163 Siehe dazu näher unten 4.1 und 4.2.
164 *Beste* 2009, 195 f.; *Singelnstein* 2007, 118 ff.

der Subjekte prägen und auf diesem Wege neue Formen von Bedrohungen wie auch neue Techniken sozialer Kontrolle hervorbringen.

3.4 Protagonisten des Wandels

Bis hierhin haben wir als Bedingungen für die gegenwärtigen Veränderungen von Sozialkontrolle soziale und ökonomische Transformationen einerseits und den Wandel von Diskursen und gesellschaftlichen Vorstellungen andererseits beschrieben. Allerdings wäre es verkürzt, die Neukonfiguration von Mechanismen, Techniken und Institutionen sozialer Kontrolle nur anhand der Veränderung dieser gesellschaftlichen Rahmenbedingungen auszumachen. Die Frage, was als Gegenstand sozialer Kontrolle anzusehen ist und mit welchen Mechanismen Konformität hergestellt werden soll, ist vielmehr auch vom Verlauf und Ergebnis gesellschaftlicher Aushandlungsprozesse und damit vom Wirken von Akteuren und dem Einfluss von Ideologien abhängig.[165]

3.4.1 Schwindende Akzeptanz des alten Systems

Die strukturelle Legitimationskrise der wohlfahrtsstaatlichen Formation sozialer Kontrolle wurde verstärkt durch die abnehmende Unterstützung seitens der Mittelschichten. Diese waren die finanziellen Hauptträger und wesentlichen Nutznießer des Sozialstaates gewesen. Mit ihren Steuern finanzierten sie einerseits die sozialen Institutionen des Wohlfahrtsstaates. Andererseits profitierten sie von einer weitgehenden ökonomischen und gesellschaftlichen Stabilität, umfassender medizinischer Versorgung, dem Ausbau des Bildungssystems und eines öffentlichen Beschäftigungssektors, der weit reichende Arbeits- und Aufstiegsmöglichkeiten bereithielt.

Die ökonomischen, sozialen und kulturellen Transformationsprozesse setzten diese Schichten unter Druck und führten ihnen die Möglichkeit des sozialen Abstiegs vor Augen.[166] Die aufkommende Angst vor der Prekarisierung des eigenen Lebens führte nicht nur dazu, dass den integrierenden Strukturen die Zustimmung entzogen wurde. Sie war und ist auch ein idealer Nährboden für die Etablierung von Feindkonstruktionen und Abschottungsbedürfnissen, vor allem der Mittel- gegenüber den Unterschichten. Aber auch die von den Transformationsprozessen bereits Betroffenen begaben sich im Zuge der stattfindenden Entsozialisierung auf die Suche nach Sündenböcken und neuen Ressentiments. In-

165 Zu diesem Verhältnis bereits *Garland* 2004, 37 f.
166 Vgl. *Garland* 2001, 45 f., 93 f.

folgedessen ist der Topos der „gefährlichen Klassen" als Projektion gesellschaftlicher Bedrohung auf bestimmte Randgruppen wieder aktuell und zum festen Bestandteil sozialer Kontrolle geworden.[167]

Gleichzeitig gerieten die alten sozialen und disziplinierenden Institutionen durch die neuen sozialen Bewegungen unter Druck. Der als bevormundend empfundene, auf patriarchale Aufteilung der Produktions- und Reproduktionssphäre bauende und auf weiße Facharbeiter in Kernbelegschaften ausgerichtete Wohlfahrtsstaat wurde angesichts seiner autoritären und disziplinierenden Strukturen kritisiert. Davon waren sämtliche Disziplinarinstitutionen, wie die Fabrik, die Schule und das Gefängnis betroffen. Gefangenenbewegungen, Schüler-Initiativen und Anti-Psychiatriegruppen versuchten, Strukturen aufzubrechen und Freiräume gegen starre Vorgaben seitens der Anstaltsleitungen zu erkämpfen. Dabei geriet gerade der Behandlungsansatz im Strafrecht in den Fokus, da er darauf ausgelegt war, Persönlichkeitsstrukturen zu verändern, um Anpassungen an das herrschende und als einschränkend empfundene Wertesystem zu erreichen.[168] In der BRD – wo das Resozialisierungsideal erst durch das Strafvollzugsgesetz von 1976 prominente Bedeutung erlangte, als es in den USA schon wieder in Misskredit geraten war – erfolgte diese Kritik in massiver Form erst seit den 1990er Jahren.[169]

3.4.2 *Die neoliberale Ideologie*

Weiterhin haben zwei zentrale Ideologien die Entwicklung sozialer Kontrolle beeinflusst: ein religiös-moralischer Konservatismus und die neoliberale Ideologie. Diese widersprechen sich zwar in ihren Grundaussagen. Für die ideologische Legitimierung gegenwärtiger Sozialkontrolle aber bieten sie jeweils wichtige, sich ergänzende Bausteine.
Wegbereiter neoliberalen Einflusses (auch) im Bereich sozialer Kontrolle war der aus der Chicagoer Schule hervorgegangene Nobelpreisträger *Gary S. Becker*, der die „Theorie der Rationalen Wahl", die zur Erklärung ökonomischer Prozesse entwickelt wurde, auf sämtliche Bereiche menschlichen Verhaltens und damit auch auf als kriminell definierte Verhaltensweisen übertrug.[170] Zentraler Aspekt dieser Theorie ist ein Gesellschaftsbild, das die Gestaltung des Sozialen der Öko-

167 *Castel* 2005, 67 ff. Zu Punitivität und Strafen aus der Perspektive der Gouvernementalität *Krasmann* 2003, 253 ff.
168 Vgl. zu dieser Kritik für die USA *Garland* 2001, 55 ff.
169 Vgl. *Cavadino/Dignan* 2006, 102 ff.
170 *Becker* 1993; dazu *Hayward/Young* 2004, 263 f.

nomie überlässt („Ökonomisierung des Sozialen“[171]) und in dem eine absolute Marktfreiheit Priorität gegenüber korrigierenden Eingriffen durch gesellschaftliche oder staatliche Institutionen erlangt. Sozialstaatliche oder resozialisierend-repressive Zielsetzungen sind mit diesem Ansatz grundsätzlich nicht vereinbar; die Annahme eines *homo oeconomicus* verbietet es, „Schwachen“ zu helfen und sozialstrukturelle Ungleichheiten zu reduzieren, weil es der Marktlogik widerspricht und das Wettbewerbsverhältnis verzerrt. Soziale Kontrolle dient demnach dazu, auftretende Konflikte zu regulieren und den ökonomischen Ordnungsrahmen sicherzustellen. Statt in die Wirtschaft soll in die Gesellschaft eingegriffen werden, um einen ungehinderten Wettbewerb zu ermöglichen.[172]

Kriminalität wird in dieser Perspektive nicht mehr als Ausdruck sozialer oder individueller Pathologien, sondern als Ergebnis eines rationalen Abwägungsvorganges zwischen Nutzen und Kosten interpretiert, an dessen Ende die Vornahme einer Straftat einen höheren Gewinn verspricht als die Vornahme einer legalen Handlungsalternative. Gleichwohl bedeutet die Ökonomisierung nicht das Verschwinden, sondern „lediglich“ eine Transformation des Sozialen, das so im Bereich der Sicherheit unter dem Label des Gesellschaftsschutzes die Grundlage einer effektiven Regierung darstellt.[173]

Die „Theorie der Rationalen Wahl“[174] bedingt in diesem Zusammenhang zweierlei. Einerseits erscheint Kriminalität als normales, weil rationales und damit berechenbares Verhalten, das insofern auch entmoralisiert wird. Andererseits führt diese Sichtweise zu einer Ausweitung des Adressatenkreises sicherheitspolitischer Strategien, da die Gefahr der Devianz nicht mehr an bestimmten persönlichen Dispositionen festgemacht werden kann, sondern als jedem Individuum immanent angesehen werden muss. Kriminalität wird als normales Risiko definiert, das es zu kalkulieren gilt – als vermeidbarer Unfall und nicht als moralische Abweichung.[175] Die von *Garland* so genannte *Criminology of the Self*[176] geht dementsprechend davon aus, dass nicht einige wenige Menschen Straftaten begehen, sondern grundsätzlich alle. Kontrolle – und das ist die sicherheitspolitisch zentrale Schlussfolgerung – muss daher in ihrem Wirkungsbereich grundsätzlich umfassend sein. Ziel ist nicht mehr, den Menschen zu ändern, sondern Strukturen und Situationen, die Gelegenheit zur Delinquenz bieten. Umgesetzt wird dies beispielsweise mit Maßnahmen der situativen Kriminalprävention, die

171 *Lemke* 1997, 253.

172 *Marti* 2008, 293, 303 f.

173 *Krasmann* 2003c, 110.

174 Dazu *Kunz* 2011, 139 ff.

175 *Garland* 1996, 450 ff.

176 *Garland* 2001, 127 ff. umschreibt damit theoretische Ansätze, die Kriminalität nicht mehr als „moralische Abweichung“, sondern als Ausdruck von Alltagsroutinen und situativen Bedingungen ansehen. Zur Übertragbarkeit der Analyse auf Deutschland *Lehne/Schlepper* 2007.

sich auf die Beeinflussung der Tatgelegenheitsstruktur durch Veränderung „kriminogener“ Situationen konzentrieren, sowie mit Formen der Überwachung, die nicht auf einen bestimmten Personenkreis beschränkt sind, sondern alle betreffen – beispielsweise durch Videoüberwachung im öffentlichen Raum[177], Ausweise mit biometrischen Daten und die Vorratsdatenspeicherung von Telekommunikationsverkehrsdaten.

Die Annahme eines *homo oeconomicus* führt zugleich zum Anerkenntnis von Eigenverantwortlichkeit und damit zur Übertragung von Verantwortung. Jedem wird die Freiheit der Entscheidungsvornahme zugesprochen und gleichzeitig die Verantwortung für die Konsequenzen übertragen. Für den Bereich der Delinquenz kann die Entscheidung für die strafbare Handlungsalternative damit nicht mehr auf soziale oder persönliche Defizite zurückgeführt werden, sondern wird als Ausdruck von selbst zu verantwortender „Gefährlichkeit“ interpretiert. Hier kann die „Theorie der Rationalen Wahl“ auch als Begründung für Strategien des Ausschlusses herangezogen werden. Ein repressives und abschreckendes Strafrecht, das auf die Verhängung von langen Freiheitsstrafen setzt, kann als Erhöhung der Kosten für eine Straftat angesehen werden.[178]

3.4.3 Der moralisch-religiöse Konservatismus

Der moralisch-religiöse Konservatismus hat vor allem in den USA und Großbritannien unter der Regentschaft von *Ronald Reagan* bzw. *Margret Thatcher* Einfluss auf die Sozial- und Kriminalpolitik gewonnen. Mit Werten wie Ehe, Familie, Religiosität, Patriotismus und Autorität bietet er eine reaktionäre Antwort auf die soziokulturellen Veränderungen und den angeblichen „sittlichen Verfall“ der vergangenen Jahrzehnte. Vertreten wird er aber nicht nur von einer christlichen Rechten und US-amerikanischen Neokonservativen, sondern in Teilen auch von Vertretern rechtsliberaler, wertkonservativer und christdemokratischer Strömungen in Kontinentaleuropa, so dass er auch hier einen – wenn auch deutlich schwächeren – Einfluss auf die Entwicklung sozialer Kontrolle hat.

3.4.3.1 Inhalte und Ansätze

Die Vertreter eines moralisch-religiösen Konservatismus machen einerseits die soziokulturellen Veränderungen in den sechziger und siebziger Jahren des 20.

177 Dazu *Stolle/Hefendehl* 2002.

178 So ausdrücklich *McKenzie/Tullock* 1984, 193; zu den Auswirkungen der Ökonomisierung auf das Strafrecht *Singelnstein* 2011, 12 ff.

Jahrhunderts für zunehmendes abweichendes Verhalten verantwortlich, wenn sie schwindende Moral und Werteverfall als Ursachen für Delinquenz benennen. Andererseits werden auch individuelle Determinanten als biologisch feststehende Merkmale für kriminelles Verhalten identifiziert. Gerade im Bereich der strafrechtlichen Sozialkontrolle bemühen sich die Vertreter dieser Richtung nicht nur um ein abschreckendes und eindrückliches Strafrecht, sondern reaktivieren absolute Strafzwecke wie Vergeltung, Sühne und Rache (so genannter Neoklassizismus).[179] Ebenso gehören Maßnahmen der Stigmatisierung und Anprangerung zu ihrem Repertoire.

Argumente für diese Strömung liefern vor allem US-amerikanische Think Tanks wie das Manhattan Institute, die Heritage Foundation, das American Enterprise Institute und das Cato Institute.[180] So machte beispielsweise *Charles Murray* 1984 – im Auftrag des Manhattan Institute – in seinem Werk „Losing Ground"[181] die „übertrieben großzügigen" Sozialhilfesätze für die Armut in den USA verantwortlich, da diese Untätigkeit belohnen, zur moralischen Degenerierung verleiten würden und damit auch als Ursache für die hohen Raten städtischer Gewalt zu gelten hätten. Die empirisch nicht haltbare Schrift diente der US-Regierung unter *Reagan* als wissenschaftliche Untermauerung für die drastische Reduzierung der Sozialhilfe. Zehn Jahre später veröffentlichte *Murray* zusammen mit *Richard J. Herrnstein* „The Bell Curve: Intelligence and Class Structure in American Life",[182] in dem die Autoren eine Verbindung zwischen kognitiven Fähigkeiten, der „Rassenzugehörigkeit" und der Häufigkeit strafrechtlicher Erfassung ziehen. Der geringere Grad an erblicher Intelligenz mache die afroamerikanischen Unterschichten zu „gefährlichen Klassen" qua Geburt, so dass soziale Förderungsmaßnahmen obsolet erscheinen. Nicht mehr soziale, sondern individuelle Ursachen, die auf den IQ zurückgeführt werden könnten, bedingen demnach die Wahrscheinlichkeit strafbarer Aktivitäten.[183]

Hierbei greifen konservative Strömungen zunehmend auf biologistische Theoreme und Forschungen in der Kriminologie zurück, die soziale Umstände vollkommen ausblenden. Diese Ansätze haben im Rahmen der Genforschung in den vergangenen Jahren eine Renaissance erlebt und führen Zwillings- und neurobiologische Forschungen wieder in die kriminalpolitische Diskussion ein. Sie begeben sich auf die Suche nach der angeborenen Psychopathie und sonstigen

179 Zum Neoklassizismus *Weigend* 1982.

180 Als Think Tanks werden Denkfabriken bezeichnet, die – meist von Politikern, Wissenschaftlern oder Unternehmensverbänden – mit dem Ziel gegründet werden, politische Strategien zu entwickeln und öffentliche Debatten im Sinne der privaten Finanziers zu beeinflussen. Vgl. dazu auch *Wacquant* 2000, 11 ff.

181 *Murray* 1984.

182 *Herrnstein/Murray* 1994.

183 Zur inhaltlichen und methodischen Kritik vgl. *Gebhardt/Heinz/Knöbl* 1996.

Abweichungen, die qua Geburt bestehen und so Techniken eines sicherheitsbezogenen Ausschlusses rechtfertigen können, die parallel zur Entwicklung des sozialen Ausschlusses forciert werden.[184]

Ebenso sind die Popularisierung der „Broken Windows-Theorie" und die darauf aufbauende Strategie der „Zero Tolerance" auf das Manhattan Institute zurückzuführen. Der Think Tank veranstaltete Anfang der 1990er Jahre eine groß angelegte Tagung zum Thema „Lebensqualität", auf der als Gegenentwurf zur „Unordnung", in der sich die armen Klassen gefallen würden, und die den Nährboden für Verbrechen darstelle, die „Unverletzlichkeit des öffentlichen Raumes" gefordert wurde. Ein Teilnehmer der Tagung war *Rudolph Giuliani*, der sich dort mit Themen versorgte, mit denen er 1993 die Wahl zum New Yorker Oberbürgermeister gewinnen sollte, um anschließend das New Yorker Polizeimodell der „Zero Tolerance" einzuführen.[185]

Zur Begründung einer rigiden Einsperrpraxis greift der moralisch-religiöse Konservatismus unter anderem auf die kriminologischen Forschungsarbeiten von *Wolfgang, Figlio* und *Sellin* zurück, die als Ergebnis ihrer Kohortenstudien eine kleine Gruppe von „Mehrfachtätern" für über fünfzig Prozent der registrierten Kriminalität verantwortlich machten.[186] Diese Entdeckung des „gefährlichen Karrierekriminellen" dient als wissenschaftliche Grundlage für die Praxis der „Unschädlichmachung" durch lebenslange Freiheitsentziehung. Die von der Forschung lediglich als Klassifikation gedachten Variablen wurden als Prognosefaktoren im Rahmen der so genannten *Selective Incapacitation*[187] eingesetzt, die typische Unterschichtsdelinquenz einseitig betrifft. So berichten *Weitekamp* und *Herberger* von einer Praxis aus den USA, wonach bei überführten Straftätern, die vier von sieben Klassifikationsmerkmalen aufweisen, eine Einstufung als *high-rate-offender* erfolgt – mit der Folge einer möglichst langen Inhaftierung. Vier der sieben möglichen Merkmale – wie eine bereits erfolgte Verurteilung für Raub und Einbruchdiebstahl, die Einnahme von Heroin und Barbituraten (als Jugendlicher) und eine länger anhaltende Arbeitslosigkeit – sind Variablen typischer Unterschichtsdelinquenz.[188]

184 Hierzu *Strasser* 2005.

185 Siehe zum Ganzen *Wacquant* 2000, 11 ff.; *Ortner/Pilgram/Steinert* 1998.

186 *Wolfgang/Figlio/Sellin* 1972, die allerdings selbst nicht derart repressive Schlüsse aus ihren Arbeiten gezogen haben.

187 *Selective Incapacitation* bedeutet, dass aufgrund einer *individuellen* Gefährlichkeitsprognose eine Neutralisierung durch Freiheitsentzug erfolgt, während die *Collective Incapacitation* sich auf einen bestimmten Täter*kreis* bezieht, dem die Möglichkeiten der vorzeitigen bedingten Entlassung beschnitten und dessen Strafe bei Wiederverurteilung automatisch verschärft wird – siehe zur Herausbildung und Begründung *Blackmore/Welsh* 1983; *Kunz* 2011, 308 ff.

188 Ausführlich dazu *Weitekamp/Herberger* 1995, 17.

In Deutschland findet bezüglich so genannter „jugendlicher Intensivtäter" seit einiger Zeit eine ähnliche Diskussion statt. Solche mehrfach verurteilten Jugendlichen sollen durch spezielle Behandlung und repressivere Sanktionierung „unschädlich" gemacht werden,[189] obgleich neue empirische Längsschnittstudien darauf hindeuten, dass auch bei diesen Jugendlichen die Delinquenzphase von selbst endet und formelle Sanktionierungen eher das Gegenteil bewirken.[190] Schließlich werden auch in der Auseinandersetzung um ein so genanntes „Feindstrafrecht" exkludierende und repressive Maßnahmen gegen die – wie auch immer definierten – „Feinde" der Gesellschaft gefordert.[191]

3.4.3.2 Bedeutung

Dem moralisch-religiösen Konservatismus kommen in der gegenwärtigen Entwicklung vor allem drei Funktionen zu: Zunächst kann er den Rückzug sozialer Strukturen und die Krise der alten Kontroll- und Integrationsinstitutionen teilweise kompensieren. Neoklassizistische, stigmatisierende und sonstige ausschließende Ideologiefragmente bieten eine Klammer für die (noch) Inkludierten, die sich durch den Ausschluss der „gefährlichen Überflüssigen" ihrer eigenen Teilhabemöglichkeiten versichern können.[192] Weiterhin dienen moralische und neokonservative Inhalte als Begründung für den Rückbau des Sozialstaates. Gerade die dargestellten Untersuchungen fungieren als wissenschaftliches Feigenblatt für eine Politik, die soziale Unterschiede individualisiert und staatliche Ausgleichsmaßnahmen als Ursache für „moralische Degenerierung" und Delinquenz ausmacht. Damit erscheint drittens nicht mehr die Armut als das eigentliche Problem, sondern die Armen selbst. Die Erblichkeit und damit Unveränderbarkeit von „Gefährlichkeit" bildet die Grundlage für die Ersetzung des „War against Poverty" durch einen „War against the Poor".[193] Eindrückliches Beispiel für diese Strategie ist die Reaktion der britischen Regierung und der englischen Polizei auf die Krawalle in mehreren englischen Städten im August 2011. Wäh-

189 Dazu näher *Puschke* 2007.

190 Vgl. die Ergebnisse bei *Boers/Walburg/Reinecke* 2006 sowie auch *PSB* 2006, 34.

191 Siehe dazu unten 4.3.3.

192 Siehe *Bauman* 2005, 20 f. – So dient die pseudowissenschaftliche Begründung einer feststehenden Verbindung zwischen Ethnie, Schichtzugehörigkeit und krimineller Auffälligkeit der ideologischen Unterfütterung von Exklusionsstrategien gegen die „außerhalb der zivilisierten Gesellschaft befindlichen Überflüssigen", dazu auch *Belina* 2003, 351 f. Die populistische Ausformung einer solchen *Criminology of the Other* (*Garland* 2001, 137) manifestiert sich eindrücklich in der Rhetorik im Rahmen des Kampfes gegen den „internationalen Terrorismus", die oftmals auf religiöse, dämonisierende und rassistische Elemente zurückgreift.

193 Vgl. *Nogala* 2000a, 55 f.

rend sich der britische Premier Cameron weigerte, die eklatante soziale Ungleichheit in der britischen Gesellschaft als (Haupt-)Ursache für den sozialen Konflikt anzuerkennen und stattdessen einen Werteverlust in der Unterschicht diagnostizierte, den es zu beheben gelte, kündigten die Kommunalbehörden den Eltern der festgenommenen Jugendlichen die Sozialwohnungen und kürzten ihnen die Sozialhilfe.

Die Strömung des moralischen Konservatismus steht somit für einen repressiven und kontrollierenden Zugriff auf die „gefährlichen Klassen", der sich verstärkt auch in der (Re-)Kriminalisierung von Verhaltensweisen äußert, die als sozial störend empfunden werden. Dies zeigt sich in der Praxis beispielsweise in der Erweiterung des polizeilichen Handlungsauftrages im Rahmen der Renaissance der öffentlichen Ordnung. Während in den 1970er Jahren reine Ordnungsstörungen, wie Landstreicherei, ruhestörender Lärm und grober Unfug entkriminalisiert wurden,[194] werden jetzt unter anderem über den Umweg kommunaler Gefahrenabwehrsatzungen Verhaltensweisen wie Betteln, Trinken und Nächtigen in der Öffentlichkeit, Skaten und Grillen als Ordnungswidrigkeit eingestuft bzw. wieder verstärkt durch Polizei und Ordnungsbehörden verfolgt.[195] Gerade für die Mittelklassen und für die sozial Benachteiligten selbst ist dieses Angebot der Versicherung der eigenen Zugehörigkeit zur Gesellschaft von zentraler Bedeutung.

Bereits die Betrachtung dieser beiden, im Bereich sozialer Kontrolle einflussreichen Ideologiestränge macht deutlich, dass verschiedene Protagonisten verschiedene Konzepte vertreten und für unterschiedliche Mechanismen sozialer Kontrolle stehen. Der antiaufklärerische und antimoderne Gehalt des religiös-moralisch begründeten Konservatismus, sein Kampf um eine (Re-)Installierung eines allgemeingültigen, auf moralischen Werten aufbauenden Normensystems tritt insbesondere in Konflikt mit Verfechtern neoliberaler Strategien. Letztere stehen für ein von Wertevermittlung unabhängiges und im Vorfeld eingreifendes Konzept sozialer Kontrolle, während der Einfluss der Konservativen – zumindest in Teilen der westlichen Gesellschaften – zunimmt und wertorientierte Institutionen wie Familie und Kirche wieder mehr Bedeutung und Zulauf erfahren.

Diese auf den ersten Blick als theoretische und ideologische Widersprüchlichkeit erscheinende Gleichzeitigkeit von neoliberalem Konzept und religiös-moralischem Konservatismus löst sich in der Praxis zugunsten einer Komplementarität auf.[196] Der Neoliberalismus stellt dabei ebenso nur *eine* Position mit einer eigenen Werte- und Moralskala dar – auch die Ablehnung der Annahme einer universellen Werteskala ist ein Wert –, der gut mit einem autoritär-dik-

194 Siehe auch *Roxin* 2006, § 4.
195 Vgl. dazu *Pütter* 2006, 198 ff.; *Wehrheim* 2006, 50 ff.; zu Belgien *Hebberecht* 2010, 135.
196 Vgl. *Lindenberg/Schmidt-Semisch* 2000, 315 f.

tatorischen Staatsregime kooperieren kann.[197] Zwar nimmt der Rückbau des Staates eine zentrale Rolle in der neoliberalen Theorie ein. Dies meint jedoch vor allem Privatisierungstendenzen im ökonomischen Sektor und im Bereich der sozialen Daseinsvorsorge, die nicht einfach mit einer generellen Entstaatlichung gleichgesetzt werden können, zumal der staatliche Sicherheitssektor trotz Privatisierungstendenzen eine Erweiterung erfährt.[198] Risiko und Moral fungieren als synergetische Begründungen für eine sich ins Vorfeld verlagernde und zugleich erheblich repressivere Formation sozialer Kontrolle.[199] Während zu Zeiten des fordistischen Wohlfahrtsstaates Kontrolle über die Wirtschaft ausgeübt wurde, sollen jetzt Kontrollmechanismen zur Absicherung vor den Folgen der wirtschaftlichen Freiheiten eingesetzt werden. Die These von der umfassenden Regulierungskraft des freien Marktes entpuppt sich angesichts dessen als Ideologie.

3.4.4 Der Sicherheitsapparat

Für die Entwicklung von Sozialkontrolle kommt weiterhin den staatlichen und privaten Sicherheitsproduzenten eine besondere Bedeutung zu. Letztere bedienen einen immer größer werdenden Markt für Waren und Dienstleistungen zur Herstellung von Sicherheit.[200] Auf diesem Weg prägen sie das Alltagsleben, produzieren Nachfrage und Unsicherheiten, nehmen Einfluss auf staatliche Entscheidungen und stellen Technik und Infrastruktur für Formen staatlicher Sozialkontrolle bereit. Der staatliche Sicherheitsapparat mit seinen besonderen Befugnissen und Ausstattungen hat gleichwohl erheblich größeren Einfluss, gerade auch auf politische Entscheidungen und die öffentliche Debatte. Der Staat ist dabei weder alleiniges Instrument mächtiger sozialer Gruppen, noch neutraler Mittler zwischen divergierenden gesellschaftlichen Klassen bzw. Schichten, sondern ein eigenständiges soziales Gebilde, das eine relative Autonomie gegenüber den gesellschaftlichen Verhältnissen entwickelt.[201] Dies äußert sich beispielsweise darin, dass staatliche Institutionen grundsätzlich bestrebt sind, ihre Einflusssphären und Kompetenzen auszuweiten.

Gerade im Bereich der Sozialkontrolle ist der Exekutivapparat kontinuierlich bemüht, seine rechtlichen und tatsächlichen Kompetenzen zu erweitern.[202]

---

197 So wurden in Chile unter *Pinochet* erstmals neoliberale Konzepte in großem Maßstab umgesetzt.
198 Beispiele für Deutschland bei *Beste* 2002.
199 So auch *Lutz/Thane* 2002.
200 Siehe hierzu unten 4.3.2.
201 Siehe *Fisahn* 2008, 366 ff.; *Kannankulam* 2008, 422 f. unter Rückgriff auf Poulantzas.
202 Vgl. *Kreissl* 1997, 525 f.; zu Spielräumen bei der Rechtsanwendung *Singelnstein* 2009, 39 ff. – Deutliche Beispiele hierfür sind bereits die Konzepte des ehemaligen BKA-Präsidenten *Herold* (siehe *Bundeskriminalamt* 1976, 187) und des ehemaligen Chefs des LKA von NRW, *Stümper*

Hierfür bedienen sich seine Vertreter verschiedener Strategien. So werden beispielsweise Fakten geschaffen, indem neue Ermittlungsmethoden ohne Rechtsgrundlage eingesetzt oder bestehende Eingriffsbefugnisse möglichst extensiv ausgelegt werden.[203] Dies führt dazu, dass die Exekutive den Gesetzgeber und die Wissenschaft in Bezug auf die Auslegung bestehender bzw. die Schaffung neuer Befugnisse vor sich her treibt.[204] Im Speziellen lässt sich dabei der Mechanismus beobachten, dass Eingriffsbefugnisse zunächst (eng) begrenzt eingeführt und dann mit neuerlichen Begründungen stufenweise ausgeweitet werden. Wenn die Möglichkeiten erst einmal geschaffen worden sind, sinkt die Hemmschwelle zur umfassenden Anwendung beträchtlich. Dies führt beispielsweise dazu, dass einmal erhobene Daten später auch für andere sicherheitspolitische Zwecke als den ursprünglichen Erhebungszweck genutzt werden. Ebenso werden einmal geschaffene Befugnisse der Sicherheitsbehörden nur weiter ausgebaut,[205] nicht aber wieder eingeschränkt.

Ablesen lässt sich diese Praxis beispielsweise an der Möglichkeit zur Abfrage von Kontodaten beim Bundesamt für Finanzdienstleistungsaufsicht, die zunächst eingerichtet wurde, um gegen die so genannte „Terrorfinanzierung" vorzugehen. Seit dem 1. April 2005 können auch zahlreiche andere Behörden neben der Polizei diese Möglichkeit nutzen, beispielsweise im Rahmen der Gewährung staatlicher Sozialleistungen.[206] Weitere Beispiele sind die seit ihrer Einführung zu beobachtende schrittweise Ausweitung der Telekommunikationsüberwachung und die Diskussion um die Zweckbestimmung der so genannten Mautdaten. Nachdem für letztere eine weitergehende Verwendung bei Einführung der LKW-Maut auf Autobahnen gesetzlich ausgeschlossen wurde, stellen sie nunmehr ein Objekt des Interesses für die Sicherheitsbehörden dar.[207]

Weiterhin bedient sich der Apparat einer Mobilisierung von Öffentlichkeit – zum Beispiel mittels einer massiven Zuspitzung und bestimmten Interpretationen der „Kriminalitätswirklichkeit".[208] Dadurch kommt ihm eine privilegierte Stellung zu, sowohl was die Konstruktion von Problemen als auch die Darstellung von Lösungsmöglichkeiten betrifft. Dies zeigt sich in besonderem Maße bei der

(siehe *Stümper* 1980, 242), die einen Polizeibegriff mit „sozialgestalterischem Inhalt" forderten, der sich letztlich selbst von rechtlichen Bindungen löst.

203 Zur strafprozessualen Informationsbeschaffung allgemein *Eisenberg* 2011, Rn. 2324 ff.

204 Hierzu *Becker* 2005; *Eisenberg/Singelnstein* 2005, 67; zu institutionalisierten Handlungsnormen allgemein *Eisenberg* 2005, § 40; *Singelnstein* 2009, 51 ff.

205 Empirisch zu Legitimationsstrategien des Gesetzgebers in Form von Prozeduren und Verfahren *Schlepper* 2011; eine Zusammenstellung der deutschen Sicherheitsgesetze seit 1997 findet sich bei *Albrecht* 2010a, 179 ff.

206 So das „Gesetz zur Förderung der Steuerehrlichkeit" vom 23. Dezember 2003, BGBl. I, 2928.

207 Siehe bereits *Göres* 2004.

208 Siehe auch *Albrecht* 2010a, 151.

jährlichen Vorstellung der Polizeilichen Kriminalstatistik (PKS), die nur einen Nachweis polizeilicher Tätigkeit im Bereich der Kriminalitätskontrolle darstellt, aber als Abbild der realen Kriminalitätslage präsentiert und aufgegriffen wird. Gerade für die Konstruktion des Feindbildes des „kriminellen Ausländers" werden die in der PKS abgebildeten Zahlen gerne herangezogen, obwohl die Statistik einer Vielzahl von Verzerrungsfaktoren unterliegt, die zwar teilweise in der PKS selbst genannt werden, in der öffentlichen Repräsentation aber keine Rolle spielen.[209]

Ein ähnliches Vorgehen ist bei der Auseinandersetzung über die „Organisierte Kriminalität" zu beobachten. Sie gilt als Phänomen, das – aufgrund der guten Organisation – weithin unsichtbar und daher empirisch nur bedingt erfassbar ist. Die sehr geringen Deliktszahlen, die in dem BKA-Lagebericht zur „Organisierten Kriminalität" auftauchen, werden dementsprechend nicht als Argument für eine Entwarnung herangezogen, sondern als Legitimation für die Forderung nach neuen heimlichen Ermittlungsmethoden, mit denen das vermutete Dunkelfeld nicht entdeckter Straftaten der „Organisierten Kriminalität" aufgehellt werden soll. Weiteres eklatantes Beispiel für eine Mobilisierung von Öffentlichkeit durch die Sicherheitsinstitutionen ist das Vorgehen der Polizei während der Proteste gegen den G8-Gipfel in Rostock und Heiligendamm im Juni 2007. Die eigens für dieses Großereignis geschaffene polizeiliche „Besondere Aufbauorganisation KAVALA" verselbständigte sich und versuchte, durch Falsch- und Desinformationen eine öffentliche Stimmung zu erzeugen, die als Grundlage für ein hartes Vorgehen der Polizei dienen sollte.

Gegenwärtig verschärft der Gesetzgeber den § 113 des Strafgesetzbuches, der Widerstand gegen Vollstreckungsbeamte – in der Praxis insbesondere gegen Polizeibeamte – unter Strafe stellt.[210] Die Norm erfasst bereits jede Unbotmäßigkeit gegen Vollstreckungshandlungen, die mit zumindest ganz leichtem körperlichem Einsatz verbunden ist, wie bspw. das Stemmen gegen die Laufrichtung beim Ab- oder Wegführen. Die Verschärfung, die insbesondere die mögliche Höchststrafe von zwei auf drei Jahre Freiheitsstrafe anhebt, geht zurück auf eine jahrelange Kampagne der Polizeigewerkschaften. Insbesondere in den vergangenen Jahren haben diese in der öffentlichen Debatte einen massiven Anstieg der Gewalt gegen Polizeibeamte beklagt, der in dieser Form empirisch aber höchst zweifelhaft ist. Gleichzeitig liegt es auf der Hand, dass einschlägige Geschehensabläufe komplexe Konfliktsituationen sind, die ein erhebliches Interaktionsgeschehen aufweisen und von den Beteiligten zumeist sehr unterschiedlich

209 Siehe zu diesen wie zur Statistik allgemein *Eisenberg* 2005, § 17, Rn. 19 ff, 53 ff. Vgl. auch *Geißler* 2004, 21 ff.

210 Siehe den 2011 vom Bundestag beschlossenen Gesetzentwurf der Bundesregierung vom 8.12.2010, BT-Drs. 17/4143.

wahrgenommen und interpretiert werden.[211] Die Entstehung und Entwicklung solcher Interaktionsgeschehen hängt daher maßgeblich auch vom Agieren der Polizei ab. Angesichts dessen kann eine Zunahme von Widerstandshandlungen bspw. auch mit veränderten Einsatzkonzepten der Polizei in Zusammenhang stehen, bspw. einem schnelleren Einsatz von Zwangsmitteln.

In der aktuellen Gesetzesänderung wird somit nicht nur der Einfluss des Sicherheitsapparates auf den Gesetzgeber sichtbar. Ebenso wird deutlich, dass sich die Sicht des Staates auf die Bürger verändert. Bislang galt § 113 Strafgesetzbuch als Privilegierung für den Bürger, der sich bei Vollstreckungshandlungen von Polizeibeamten in der Regel einer außergewöhnlichen und emotional erregten Situation ausgesetzt sieht. Im Verhältnis zu der ansonsten einschlägigen Nötigung sah die Vorschrift einen niedrigeren Strafrahmen vor. Stattdessen wird nunmehr ein repressiveres Vorgehen gegen widerständige Bürger favorisiert, die sich staatlichen Vollstreckungshandlungen nicht ohne weiters beugen. Auf Ungehorsam und auf gesellschaftliche Konflikte, die sich in Geschehensabläufen mit der Polizei niederschlagen, wird mit Härte reagiert. Für die Polizei stellt § 113 Strafgesetzbuch dabei nicht alleine eine Befugnisnorm dar. Sie schafft für den Sicherheitsapparat in entsprechenden Konfliktsituationen auch die Möglichkeit, Folgsamkeit zu erzwingen und eigene Gewaltanwendung zu legitimieren.[212] Gleichzeitig kommt ihr eine nahezu absolute Definitionsmacht darüber zu, was eine strafbare Widerstandshandlung darstellt und was nicht.[213]

Die staatlichen Sicherheitsinstitutionen – aber etwa auch Standesorganisationen wie die Polizeigewerkschaften – betreiben so eine eigene Sicherheitspolitik, die nicht nur für neue Eingriffsbefugnisse, sondern auch im Hinblick auf die Auswahl von zu regelnden Sachverhalten eine Rolle spielt. Im zurückliegenden Jahrzehnt waren und sind Sicherheits- und Moralkampagnen ein zentrales Element einer solchen exekutivischen Sicherheitspolitik, die mit Extrembeispielen wie dem „internationalen Terrorismus“ Ängste schüren sowie Straf- und Sicherheitsbedürfnisse aufbauen, die der Durchsetzung des eigenen politischen Konzepts in die Hände spielen. Eine solche Politik folgt mitunter einer eigenen Logik, die im Widerspruch zu anderen Interessen stehen kann. Dies lässt sich beispielsweise an der Abwälzung der Kosten für die staatliche Überwachung der Telekommunikation und der Bankbewegungen auf die Telekommunikationsanbieter bzw. Kreditinstitute ablesen, die diese finanziell stark belasten. Vergleichbares gilt für die Statuierung von Kontrollpflichten im Wirtschaftsverkehr und die Schaffung von speziellen Tatbeständen gegen ökonomisch riskantes Ge-

211 Dazu *Puschke* 2009, 157 f.
212 *Pütter* 2010, 7.
213 Siehe *Puschke* 2009, 163 ff.

schäftsverhalten – wie beispielsweise Bilanzbetrug – und zur Schließung von Fluchtmöglichkeiten vor der Steuerpflicht.

3.4.5 Medien und Popularisierung

Sozialkontrolle und speziell die Kriminalitätsbekämpfung haben in den vergangenen Jahrzehnten eine enorme Popularisierung im Rahmen öffentlicher Auseinandersetzungen und medialer Skandalisierung erfahren.[214] Dies steht mit der neuen Erfahrung von Unsicherheit in Verbindung, die für ein steigendes Bedürfnis nach *sozialer* Absicherung sorgt. Dieses wird kompensiert und aufgefangen durch das starke Gewicht der Themen Kriminalität und Kriminalitätskontrolle in der öffentlichen Auseinandersetzung, das ein Verlangen nach staatlichem Schutz und *Sicherheit vor Kriminalität und Terrorismus* in den Vordergrund rückt.[215] Dabei treibt die Popularisierung die Verunsicherung der Bevölkerung und damit die entstehenden Sicherheitsbedürfnisse vor allem bezüglich Kriminalität voran.[216] So äußerte der damalige Bundesinnenminister Schäuble im Sommer 2007 in Bezug auf die Notwendigkeit von „Online-Durchsuchungen“ zur Abwehr terroristischer Angriffe: „Die ‚Online-Durchsuchung’ ist im wahrsten Sinne des Wortes ‚lebensnotwendig’.“ Im September 2007 kündigte er gar terroristische Angriffe mit nuklearem Material so an, als würde es sich nur noch um eine Frage der Zeit handeln, bis diese verübt würden. Eine solche Popularisierung stellt die Entsprechung zu den dargestellten diskursiven Verschiebungen dar (dazu oben 3.3) bzw. kann als deren Ausdruck verstanden werden.

Sowohl in den Medien als auch in der politischen Auseinandersetzung sind Kriminalität und Sicherheit zu zentralen Themen geworden,[217] nachdem sie bereits in den sechziger Jahren des vergangenen Jahrhunderts zu einem wahlkampftauglichen Politikfeld mutiert waren. Bei den privaten TV-Sendern ist mittlerweile jede fünfte Sendeminute dem quotenfördernden Thema Kriminalität gewidmet. Wesentlicher Faktor hierbei ist der Schauer des Schrecklichen, die Angst und Unsicherheit erzeugende Bösartigkeit, so dass eine dramatisierende und polarisierende Perspektive in der Berichterstattung die logische Folge ist. Kriminalität wird erfahrbar durch eine medial inszenierte Sozialisierung des Opferleidens und als individuelles, nicht als soziales Problem thematisiert.[218]

---

214 Zu den daraus folgenden Wirklichkeitsvorstellungen über Kriminalität siehe oben 3.3.2.

215 Vgl. *Garland* 2004, 46 f., 52 f.

216 *Frehsee* 2003, 291 ff.

217 Siehe *Markantonatou* 2004, 162 ff.; *Reichertz* 2007; zur politischen Nutzung *Garland* 2001, 13 f., 142 f.

218 Siehe zur „kriminellen Wirklichkeit der Medien“ *Frehsee* 2003, 400 ff.

Dabei sind die verschiedenen Medien nicht nur an Berichterstattung oder Quote bzw. Auflage interessiert. In der sozialwissenschaftlichen Forschung wird zunehmend der Charakter der Medien als eigenständige Akteure betont, die durch ihre Arbeit Politik aktiv gestalten und Deutungsrahmen bereitstellen.[219] Die Verschränkung von politischem Aktionismus und medialer Skandalisierung setzt einen „politisch-publizistischen Verstärkerkreislauf"[220] in Gang, in dessen Rahmen die Sicherheitsangst der Bevölkerung und die Funktionalisierung von Kriminalität durch Politik und Medien Hand in Hand gehen.[221]

Eine Folge dessen ist eine Radikalisierung der Kriminalpolitik.[222] Die Bedeutung der Positionen von Experten und Praktikern nimmt in der öffentlichen Auseinandersetzung zugunsten von populistischen Politikerreden ab. Wissenschaftliche und praktische Erkenntnis wird ersetzt durch wahlkampftaugliche Alltagstheorien. Dabei wird Kriminalität als Politikfeld in dem Maße wichtiger, in dem der Staat seine Regelungskompetenz in der Wirtschafts- und Sozialpolitik immer weniger unter Beweis stellen kann. Im Bereich der Kriminalitätskontrolle und Sicherheitspolitik ist Handlungsfähigkeit und Legitimität immer noch herstellbar und so ein Ausgleich möglich. Jedenfalls auf der symbolischen Ebene dient das Thema somit dem Erhalt und Ausbau politischer Macht.[223]

Diese Instrumentalisierung von Kriminalität führt nicht zu einer Herausbildung unterschiedlicher politischer Positionen, sondern zu ihrer Harmonisierung. Der Topos des „tough on crime" ist zum common sense der politischen Parteien geworden; lediglich in Nuancen sind Differenzen feststellbar. Durch die Vermittlung der Parole „Our Security is their Control" wird ein sozialer Zusammenhalt zwischen Staat und inkludierter Wahlbevölkerung geschaffen, der eine Zustimmung zur Sicherheitspolitik der Exekutive schafft.[224] Die dabei erzeugten Moralpaniken bauen auf einer Opferkonstruktion auf, die die individuelle Schädigung durch eine Straftat und das dadurch erzeugte Ärgernis oder Leid kollektiviert, indem es als repräsentativ für die Gemeinschaft und als kollektive Erfahrung dargestellt wird.[225] Die vermeintliche Solidarisierung mit dem Opfer entpuppt sich indes als bloße Instrumentalisierung desselben für die Befriedigung von Strafbedürfnissen und die Durchsetzung von repressiven Maßnahmen. Eine derart opferorientierte Kriminalpolitik beschneidet bestehende Schutzrechte für den Beschuldigten bzw. Angeklagten. Die Stellung des Opfers im Verfahren wird

219 Vgl. hierzu im Einzelnen die Beiträge in *Bidlo/Englert/Reichertz* 2011.
220 *Scheerer* 1978, dazu auch *Frehsee* 2003, 416 f.
221 Vgl. *Baratta* 1993, 413; *Mackenroth/Reinhard* 2003, 22; *PSB* 2006, 60 f.
222 Siehe zu diesem Verhältnis *Reichertz* 2007, 29 ff.
223 *Peters* 2009, 140 f.; *Wacquant* 2009, 249; für die USA siehe *Simon* 2007.
224 *Christie* 2005, 60 f.; *Garland* 2001, 13 f., 182.
225 *Garland* 2001, 11 f., 143 f. Siehe auch *Markantonatou* 2004, 168 f.

ausgeweitet, so dass sich der Beschuldigte einer zweiten anklagenden Partei gegenüber sieht.[226]

Die Medialisierung und Popularisierung von Kriminalität und Sozialkontrolle und die damit einhergehenden Sicherheits- und Moralkampagnen bedingen ein Verständnis von Sicherheit, das nach Schutz vor jedweder Form von Bedrohung verlangt. Die Wirksamkeit der ergriffenen Maßnahmen spielt (gegenwärtig) nur eine untergeordnete Rolle; entscheidend ist der symbolische Wert[227], der „Schauspielcharakter“[228]. Gleichwohl könnte sich diese Strategie am Ende als Bumerang erweisen, da sie tatsächliche Erfolge nicht entbehrlich, sondern vielmehr umso notwendiger macht.

3.5 Zusammenfassung: Vorgaben für gegenwärtige Sozialkontrolle

Die dargestellten strukturellen, diskursiven und akteursbedingten gesellschaftlichen Veränderungen haben grundlegend neue Vorgaben für soziale Kontrolle hervorgebracht. Während diese Entwicklung in den USA und Großbritannien bereits seit längerem zu beobachten ist, hat sie in Deutschland erst seit den 1990er Jahren an Intensität gewonnen.[229] Konzepte, die auf Disziplinierung und Normakzeptanz aufbauen, haben ihre strukturellen Grundlagen teilweise eingebüßt. Gleichzeitig wird soziale Kontrolle durch die Demontage des Leitbildes einer fürsorglichen Integration vor neue Anforderungen gestellt. Die Desintegration eines größer werdenden Bevölkerungsanteils darf nicht dazu führen, dass die Exkludierten zu einem unbeherrschbaren Risiko werden. Parallel dazu bringen sozialstrukturelle Veränderungen in Form von Individualisierung, Pluralisierung und Ausdifferenzierung Bedingungen hervor, angesichts derer ein umfassendes, durchgehendes und allgemeingültiges Normkonzept an Bedeutung verliert. In den Vordergrund rückt ein rumpfartiges Gerüst aus zentralen Normen, während eine Vielzahl von Verhaltensanforderungen nur noch situations- oder kontextabhängig Geltung beanspruchen. Technologische Innovationen schließlich bieten neue Möglichkeiten der Überwachung und Kontrolle.

Parallel dazu haben sich die diskursiv hergestellten gesellschaftlichen Vorstellungen vom Gegenstand sowie von den Zielen und Zwecken sozialer Kontrolle verändert. Der Logik des Risikos entspricht ein versicherungsmathemati-

---

226 Vgl. zur Entwicklung *Frehsee* 2003, 287 ff.; *Hassemer* 2005, 313.

227 Zum symbolischen Strafrecht *Frehsee* 2003, 280 ff.; *Jasch* 2009; *Sack* 2010, 70 ff. – Dem entspricht im Bereich der Strafzwecktheorien das Erstarken der „positiven Generalprävention“ als legitimierendem „neuen“ Einwirkungsmechanismus, der sich wesentlich auf eine subjektive Versicherung der Bürger stützt, vgl. *Kubink* 2002, 632 ff., 647.

228 *Lindenberg/Schmidt-Semisch* 2000, 310.

229 Vgl. *Groenemeyer* 2003, 225 f.; *Nogala* 2000a, 74 f.; für die Niederlande *Swaaningen* 2005.

sches Verständnis von der Durchsetzung gesellschaftlicher Verhaltensanforderungen. Dabei geht es immer weniger um die Verantwortlichkeit und Disziplinierung der Individuen. Abweichung wird vielmehr als normal oder als nicht veränderbar angesehen. Infolgedessen rückt sowohl die Regulation von Risikopopulationen als auch ein repressiver Moralismus fundamentalistischer Prägung in den Vordergrund – gepaart mit einem stärker werdenden Sicherheitsbedürfnis und einer neuen Straflust.[230]

Im Rahmen dieser Prozesse – die je nach Perspektive tatsächliche neue Anforderungen für soziale Kontrolle oder veränderte soziale Problematisierungen und Konstruktionen hervorgebracht haben – setzen Protagonisten eigene Akzente und beeinflussen so die Entwicklung in ihrem Sinne.[231] Obwohl ihre Standpunkte und Ziele mitunter im Widerspruch zueinander stehen, erscheint ihr Handeln in der Praxis als komplementäres Zusammenwirken. Dies spiegelt sich einerseits in den Veränderungen der Techniken sozialer Kontrolle wider (dazu unten 4.2).[232] Andererseits bilden Risiko und Moral sich ergänzende Grundlagen und Begründungsstrategien für soziale Kontrolle, unabhängig davon, ob der eine oder andere Argumentationsstrang gerade im Vordergrund der Debatte steht.[233]

230 Vgl. *Haffke* 2005, 20.

231 Vgl. *Groenemeyer* 2003, 209 f., 226: Punitive Orientierung an Opferinteressen und Sicherheitsideal, Entmoralisierung und Risikoorientierung anstelle des nicht mehr vorherrschenden Rehabilitationsideals.

232 Ähnlich *Groenemeyer* 2003a, 36.

233 *Lutz/Thane* 2002 zeigen dies am Beispiel der Drogenprohibition.

4 Soziale Kontrolle der Gegenwart

Vor dem beschriebenen gesellschaftlichen Hintergrund bildet sich eine veränderte Formation sozialer Kontrolle heraus. Diese zeichnet sich einerseits durch ein verändertes *Konzept* (dazu 4.1) und andererseits durch eine Erweiterung des Arsenals sozialkontrollierender *Techniken* aus (dazu 4.2).[234] Darüber hinaus führen die gesellschaftlichen Transformationsprozesse zu einer *organisatorischen und institutionellen Anpassung* sozialer Kontrolle an die neuen Bedingungen (dazu unten 4.3).

4.1 Mechanismen gegenwärtiger Sozialkontrolle

Die veränderten gesellschaftlichen Bedingungen und die damit verbundene Krise wohlfahrtsstaatlicher Sozialkontrolle haben schrittweise zu einem konzeptionellen Wandel sozialer Kontrolle geführt.[235] Neben die Disziplinierung als Mechanismus wohlfahrtsstaatlicher Sozialkontrolle tritt ein Konzept, das sich als Verwaltung des empirisch Normalen bezeichnen lässt.

4.1.1 Disziplinierung

Das oben beschriebene System wohlfahrtsstaatlicher Sozialkontrolle mit dem Ziel des Ausgleichs und der Integration[236] war nicht gegenleistungsfrei. Es verlangte vom Begünstigten die Akzeptanz der bestehenden Normen und der ihnen zu Grunde liegenden herrschenden Ordnung. Die Bereitschaft und Fähigkeit des Individuums zur Integration musste nötigenfalls erzeugt werden.[237] Dabei kamen Konzepte zum Einsatz, die als Disziplinierung beschrieben werden können.

Die Disziplinargesellschaften des 19. und 20. Jahrhunderts waren gekennzeichnet durch ein allgemein gültiges Normengefüge. Die Normeinhaltung wur-

---

234 Siehe auch *Feeley/Simon* 1992; *Krasmann* 2003, 237 ff.

235 Siehe für die USA *Simon* 2007.

236 Siehe oben 3.1.

237 *Ziegler* 2001, 13. – Deutlich wird dieses Prinzip auch am System der „Sozialpartnerschaft“ zwischen Gewerkschaften und Unternehmerverbänden.

de überwacht; sofern dabei Verstöße festgestellt wurden, führten diese zur Sanktionierung. Die Techniken der Disziplinierung sollten damit das Verhalten der Individuen an einer festgelegten Norm ausrichten, die die Differenzierung zwischen „normal“ und „anormal“, konform und abweichend herstellt. Ziel war bzw. ist die Verinnerlichung der Norm und damit die Normierung des Individuums, die Ausrichtung der Realität an einer präskriptiven Regel durch Unterwerfung mittels Überwachung und Sanktionierung.[238]

Durch die Sanktionierung abweichenden Verhaltens konstituiert die Disziplin eine feste Ordnung. Dabei führt nicht schon die Festlegung von Verhaltensregeln durch den Staat zu einer Disziplinierung, sondern erst der Einsatz repressiver Disziplinarmaßnahmen in Verbindung mit der Vermittlung normativer Sittengesetze.[239] Paradigmatisch für eine solche disziplinierende Überwachung steht das von *Bentham* entworfene Panoptikum.[240] Der Aufseher hat in dieser durch ihre Architektur disziplinierenden Institution jederzeit die Möglichkeit, den Unterworfenen zu überwachen, während er für den Gefangenen selbst nicht sichtbar ist. Diese Asymmetrie in der Sichtbarkeit produziert Unsicherheit und Auslieferung. Der Unterworfene kann sich nie sicher sein, ob er gerade beobachtet wird oder nicht. So wird erreicht, dass die Überwachung permanent ist, während ihre Durchführung sporadisch sein kann.[241]

Damit sind Gewalt und Zwang beim Panoptikum bereits Grundlage der Institution. Ihre Anwendung gegen abweichendes Verhalten war für die Disziplinargesellschaft aber auch insgesamt kennzeichnend. Dies wird an den Mechanismen der Arbeitsüberwachung in der Fabrik, den Lehr- und Lernmethoden in den Schulen, dem Gegenleistungscharakter der Sozialmaßnahmen ebenso wie bei sonstigen gesellschaftlichen Institutionen der disziplinierenden Sozialkontrolle deutlich:[242] Auch Familien, Nachbarschaften, gewerkschaftliche, religiöse und andere soziale Zusammenhänge schufen ein – formelles und informelles – Netz von Normen und Sanktionen, das die Ausrichtung des Individuums an den rechtlichen und moralischen Anforderungen bewirken sollte.[243] Diese „leise Disziplinierung“ hat den Vorteil, dass sie ihre Machtförmigkeit verstecken und sich als Sozialnutzen verkleiden kann. Die Disziplinarordnung des 20. Jahrhunderts als Form wohlfahrtsstaatlicher Sozialkontrolle war Teil der integrativen, kompromissorientierten Neuordnung der gesellschaftlichen Verhältnisse im Rah-

238 *Foucault* 1976, 221 ff.; *Lemke* 1997, 190; *Lemke/Krasmann/Bröckling* 2000, 13.
239 *Hillebrandt* 1997, 104, 119.
240 In dem nie gebauten Panoptikum von *Bentham* ist es aufgrund der Bauweise zur Überwachung ausreichend, in der Mitte einen Turm aufzustellen, in dem sich ein Aufseher befindet, vgl. dazu *Foucault* 1976, 256 ff.
241 *Foucault* 1976, 258 f.; *Lyon* 1994, 65.
242 Vgl. auch die Beispiele bei *Foucault* 1976, 256; *Foucault* 2001, 375 f.
243 *Garland* 2001, 49.

men des fordistischen Wohlfahrtsstaates.[244] Sie ist mit dem beschriebenen Wandel der gesellschaftlichen Bedingungen in die Krise geraten.

4.1.2 Neue Konzepte

Daneben setzt sich zunehmend ein Konzept sozialer Kontrolle durch, das als Verwaltung des empirisch Normalen bezeichnet werden kann. Der zentrale Unterschied zur Disziplinierung besteht darin, dass nicht mehr die Normierung im Sinne einer Ausrichtung an einer feststehenden, allgemeingültigen Norm angestrebt wird. Stattdessen gehen Techniken sozialer Kontrolle vom empirisch Gegebenen aus und versuchen, diese Normalität möglichst effektiv zu verwalten.[245] Der Anspruch auf eine lösungsorientierte Behandlung sozialer Probleme wird dabei aufgegeben.

4.1.2.1 Verwaltung des empirisch Normalen

Diesem Verständnis liegt ein veränderter Normbegriff zugrunde. Danach sind Normen weder binäre Handlungsanweisungen, die ohne mögliche Handlungsalternativen mit Zwang durchgesetzt werden. Noch beinhalten sie durchgehend ein Verhaltensideal, an dem sich der Einzelne ausrichten soll, wie es der Disziplinierung zugrunde liegt.[246] Neuere Techniken sozialer Kontrolle arbeiten stattdessen mit dem empirisch Normalen, der vorgefundenen Realität, und suchen diese möglichst effektiv zu regulieren.[247] Normal ist demnach nicht, was normativ festgelegt wurde, sondern was die Allgemeinheit, der gesellschaftliche Durchschnitt macht. Dies bedeutet kein Verschwinden der Norm an sich, sondern das empirisch Normale in Form der statistischen Verteilung von Häufigkeiten wird selbst zur Norm und damit zur Grundlage der Arbeit der Techniken sozialer Kontrolle.[248]

Mit diesem Bedeutungsverlust der Norm als starrem Verhaltensideal werden dem Einzelnen zugleich weitergehende Freiheiten eingeräumt. Er muss sich nicht ständig an einem Ideal ausrichten. Stattdessen steht ihm eine Vielzahl von Verhaltensoptionen offen. Er muss lediglich beachten, dass er nicht bestimmte

---

244 *Groenemeyer* 2003a, 31 beschreibt als Ausgangspunkte der strafenden Inklusion eine expressive Punitivität, klassisch-liberale Rechtsstaatlichkeit und integrierende Sozialpolitik.

245 *Simon/Feeley* 1995, 148 f.; *Cohen* 1993, 218 ff.; siehe auch *Zedner* 2007, 265 f.

246 Siehe auch *Lemke* 1997, 189 f.

247 *Krasmann* 2003, 78, 87, 238 f.; *Link* 1997, 16 f.

248 *Lemke/Krasmann/Bröckling* 2000, 13 f.

Grenzen überschreitet, die ihn zur Gefahr oder einem Risikoträger werden lassen. *Link* hat diese Prozesse als Normalisierung mittels einer „flexibel-normalistischen" Strategie bezeichnet. Danach werden die Normalitätsgrenzen flexibel, dynamisch und temporär festgelegt, die Toleranz-Zonen weit und locker gehalten, so dass eine Vielzahl von Verhaltensweisen – auch an den Normalitätsgrenzen – toleriert wird, ohne dass eine Sanktionierung erfolgt.[249] In dieser Perspektive sind Abweichung und Kriminalität normale Verhaltensweisen, die mit einer gewissen statistischen Häufigkeit in einer Gesellschaft auftreten und mit denen ein pragmatischer Umgang gefunden werden muss, um sie in hinnehmbaren Grenzen zu halten.[250] Eine Senkung der Deliktsrate auf Null wird nicht mehr angestrebt, denn ein Bemühen darum wäre zu teuer und daher unökonomisch, da ab einer gewissen Grenze immer weitergehenden Maßnahmen erforderlich wären.[251]

Normen erscheinen somit als flexible Richtschnur, die eine Vielzahl von Verhaltensoptionen offen lässt. Erst eine Überschreitung der Toleranzgrenzen führt zu einer Bearbeitung. Die flexible Rekomponierbarkeit der Individuen, die als gefährlich klassifiziert werden, ermöglicht in diesem Zusammenhang eine schnelle Redefinition und -konfiguration des gesellschaftlichen Bildes von Abweichung.[252] Abweichung wird insofern nicht mehr als Folge eines individuellen, zu behandelnden „Defekts" verstanden, sondern als zu verwaltende, berechenbare gesellschaftliche Realität in Form der Überschreitung flexibler Toleranzgrenzen. Im Vordergrund steht die statistisch erfasste Gesamtheit von Abweichungen und deren Entwicklung, anhand welcher Probleme und bedrohliche Tendenzen für die Bevölkerung als Gesamtheit ermittelt und bearbeitet werden.[253] Es geht um das Management von Bevölkerungen statt um Gerechtigkeit im Einzelfall[254] oder Herstellung umfassender Konformität. Die Gesellschaft kann in dieser Perspektive mit einem bestimmten Maß an Abweichung leben und benötigt dieses gar, da sie eine positive Funktion als Symbol ihrer Regulierungsfähigkeit und ihres optimalen Funktionierens erfüllt.[255]

Dieses veränderte Verständnis von Norm und Normabweichung macht neue Strategien sozialer Kontrolle notwendig.[256] Das Ziel sozialer Kontrolle besteht nun nicht mehr in der präventiv wirkenden Integration, einer zwangsweisen Unterdrückung von Verhaltensweisen oder normierenden Zurichtung im Hin-

---

249 Zum Ganzen *Link* 1997, 78 ff.
250 *Demirović* 2008, 232 f.; *Feeley/Simon* 1992, 455.
251 *Foucault* 2004, 354 f.
252 Vgl. *Krasmann* 2003b, 55.
253 Siehe auch *Feeley/Simon* 1992, 456 f.
254 *Garland* 1997, 190; *Krasmann* 2000, 197 f.
255 Vgl. *Foucault* 2004, 354 f.
256 Siehe bereits *Cohen* 1993, 217 ff.; *Garland* 1996 für den angloamerikanischen Raum.

blick auf eine soziale Norm. Vielmehr geht es um die möglichst effektive, ökonomische Erfassung und Bearbeitung der erwartbaren und als normal verstandenen Abweichung,[257] die durch eine möglichst frühzeitige Erkennung und Abwendung von Grenzüberschreitungen einerseits sowie eine Unschädlichmachung bei nicht mehr hinnehmbaren Fällen oder Wiederholungstätern andererseits erfolgen soll.[258]

Dabei erlangen solche Techniken an Bedeutung, die nicht reaktiv, sondern präventiv wirken sollen, da das Verständnis von Abweichung als empirisch normalem, statistisch berechenbarem Sachverhalt dazu führt, dass Sozialkontrolle vorverlagert werden kann. Wenn sich abweichendes Verhalten anhand von Risikofaktoren als mehr oder weniger wahrscheinlich kalkulieren lässt, ermöglicht dies eine Intervention weit im Vorfeld einer Gefahr oder eines Verdachts.[259] Damit werden frühzeitig kontrollierende Formen relevant, die erkennen können, wie wahrscheinlich abweichendes Verhalten für bestimmte Personen oder Situationen in der Zukunft ist.[260]

Wie bereits die Selbstdisziplinierung der wohlfahrtsstaatlichen Sozialkontrolle setzt auch die Verwaltung des empirisch Normalen zunächst auf eine Selbstregulierung der Individuen, die sich angesichts des gewandelten Normbegriffs als situationsabhängige Selbstführung darstellt. Erst wenn bzw. wo das Individuum sich nicht mehr selbst führt oder führen kann und Toleranzgrenzen überschritten werden, greifen Techniken präventiver Kontrolle einerseits und solche des Ausschlusses andererseits ein. Hierbei handelt es sich um eine Polarisierung, die in den vergangenen beiden Jahrzehnten von zahlreichen Autoren in verschiedenen Formen konstatiert worden ist.[261] Paradigmatisch hierfür steht die von *Garland* für die Kriminologie getroffene Unterscheidung in eine *Criminology of the Self* und eine *Criminology of the Other*.[262] Während erstere auf eher alltägliche Grenzüberschreitungen durch die Allgemeinheit zielt, befasst sich zweitere mit den „Unverbesserlichen“ und „gefährlichen Überflüssigen“. Vor diesem Hintergrund wird die wohlfahrtsstaatliche Behandlungs- durch eine umfassende Verwaltungs- und Bekämpfungsperspektive ersetzt. Diese umfasst zwar nach wie vor auch Elemente einer wohlfahrtsstaatlichen Fürsorge. Hierbei geht es jedoch weniger um eine Bearbeitung von als problematisch eingeschätzten sozialen *Umständen*, sondern um eine Feststellung von Risiken, um entsprechende Personen und Situationen präventiv bearbeiten zu können.

---

257 Siehe *O'Malley* 1996, 189 f.
258 Siehe *Foucault* 2004, 349 ff.; *O'Malley* 1996, 197 f.
259 Siehe *DVJJ* 2007, 6 f.
260 Vgl. *Krasmann* 2003, 108 ff.
261 *Groenemeyer* 2003a, 36 f.; vgl. auch *Rose* 2000, 99 f.
262 Siehe bereits oben 3.4.2. und 3.4.3.

Vor diesem Hintergrund zielt soziale Kontrolle heute weniger auf die vollständige Ordnung der Gesellschaft anhand von starren, eingrenzenden Normen. Vielmehr sollen dem Einzelnen so viele Freiräume und Handlungsoptionen wie möglich verbleiben.[263] Die variierenden Toleranzgrenzen werden durch Selbstführungstechniken beachtet und durch eine stete präventive Kontrolle und Techniken des Ausschlusses sichergestellt.[264] Ein solches verwaltendes Konzept entspricht zum einen den beschriebenen strukturellen gesellschaftlichen Veränderungen, die eine zunehmende Individualisierung und Ausdifferenzierung sowie eine abnehmende Integrationsfähigkeit sozialer Strukturen bedeuten. Zum anderen wird es den diskursiven Veränderungen hin zu einer Risikowirklichkeit, zunehmender Verunsicherung und einem allgegenwärtigen Streben nach Sicherheit gerecht, die sich auf Seiten der Protagonisten in neoliberalen und moralisch-konservativen Vorstellungen widerspiegeln.

4.1.2.2 Vorverlagerung und Ausweitung

Programmatisch für diese Entwicklungen hin zu einer Verwaltung des empirisch Normalen steht die Vorverlagerung staatlicher sozialer Kontrolle von der Gefahr zum Risiko, also von der konkreten Bedrohung hin zu einer abstrakten statistischen Bedrohungsannahme,[265] die mit einer Ausweitung staatlicher Eingriffsbefugnisse verbunden ist. Während begangene Straftaten oder konkrete Gefahren im Sinne des Polizeirechts juristisch weitgehend zu fassen aber kaum berechenbar sind, bleiben Risiken zwar abstrakt, lassen sich aber statistisch berechnen.

Diese Vorstellung eröffnet die Möglichkeit, bereits weit im Vorfeld eines nur statistisch möglichen Schadenseintritts einzugreifen, um die das Risiko begründenden Faktoren zu neutralisieren. Folge dessen ist ein proaktives an Stelle eines reaktiven Vorgehens.[266] Diese Form der proaktiven Prävention funktioniert zunehmend entpersonalisiert, denn Risiken werden weniger auf das einzelne Individuum bezogen, sondern situations- oder gruppenspezifisch definiert.[267] Dementsprechend wird nicht der Einzelne als Problem angesehen, sondern Strukturen, Lagen oder Zugehörigkeiten zu einer bestimmten Gruppe. Soziale Kontrolle setzt an diesen Punkten an, um Ausgangsbasen für Gefährdungen und Straftaten zu ermitteln und zu beseitigen.[268] Derartige Maßnahmen knüpfen nicht mehr an

263 *Foucault* 2004, 358 f.
264 Siehe *Opitz* 2006, 51 f.
265 Siehe dazu oben 3.3.1.
266 Siehe *Sessar* 2010, 375 f.
267 Nach *Krasmann* 2003b, 55 geht es statt um Täterfixierung um die Erfassung in Risikokategorien, die ständig überprüft werden.
268 *Stümper* 1980, 243. – Beispiele aus der Praxis sind auch „Profiling“ und Rasterfahndung.

tatsächliche Gefahren oder schädigende Handlungen an. Einzig interessant und ausreichend ist die Zugehörigkeit zu einer Risikogruppe, also das Aufweisen bestimmter Kriterien und die daraus folgende Prognose.

Diese Entwicklung lässt sich beispielsweise im Ausländer- bzw. Aufenthaltsrecht schon seit den 1990er Jahren beobachten. Dort wurden die gesetzlichen Regelungen für die Ausweisung Schritt für Schritt von konkreten Handlungen und individuellen Gefahrenprognosen unabhängig gemacht. Anstelle rechtskräftiger Verurteilungen reichen heute bereits abstrakte Risikomerkmale für eine Ausweisung im Regelfall aus. Darüber hinaus zeigt sich die beschriebene Entwicklung etwa im Ausbau der Sicherungsverwahrung sowie in der Terrorismusbekämpfung bei zahlreichen Maßnahmen, von der Rasterfahndung bis zum Fall *Murat Kurnaz*.[269]

Damit betrifft diese Entwicklung einerseits das Strafrecht, welches mit unbestimmten Rechtsbegriffen, Gefährdungstatbeständen und einem erweiterten Ermittlungsinstrumentarium seinen Zugriff ins Vorfeld konkreter Rechtsgutsbeeinträchtigungen verlagert und zugleich mittels Maßnahmen der Strafverfolgungsvorsorge effektiver ermitteln und verfolgen will. Andererseits und vor allem aber stehen nichtstrafrechtliche Formen sozialer Kontrolle immer mehr im Zeichen von Prävention und Risikovorsorge.[270] Statt bei konkreten Gefahren oder Rechtsgutsverletzungen setzen sozialkontrollierende Maßnahmen bereits bei Umständen und Situationen an, die als Risiko erhöhend qualifiziert werden. Dies schlägt sich vor allem in dem sich bereits seit den 1970er Jahren durchsetzenden Leitbild der Prävention nieder, das neben dem Bereich sozialer Kontrolle etwa auch im Gesundheitswesen und in der sozialen Arbeit zu finden ist.[271] Das Vermögen, abweichendes Verhalten im Vorfeld erkennen zu können, soll dessen möglichst effektive Kontrolle und Verwaltung ermöglichen.

Exemplarisch hierfür steht die Vorverlagerung der Eingriffsschwelle für polizeiliches Handeln. Polizeiliche Tätigkeit war in Deutschland lange Zeit von einer Doppelfunktionalität geprägt. Neben der Verfolgung von Straftaten ist die Polizei für die Abwehr von Gefahren zuständig. Seit den 1980er Jahren ist die in den einzelnen Bundesländern unterschiedlich geregelte Gefahren- und Straftatenvorsorge als drittes Aufgabengebiet hinzugetreten. Hierbei handelt es sich im Prinzip nur um eine Vorverlagerung und Ausweitung polizeilicher Befugnisse. Polizeiliches Handeln ist damit nicht mehr an einen konkreten Verdacht auf eine Straftat oder das Vorliegen einer Gefahr in einem konkreten Lebenssachverhalt gebunden, sondern von konkreten Anlässen unabhängig.[272] Damit kann die Poli-

269 *Funk* 2007, 20 ff.

270 Siehe dazu allgemein *Castel* 1991.

271 Siehe, auch zum Begriff und Konzepten, *Pütter* 2007, 3 ff.

272 Vgl. *Eisenberg* 2005, § 27, Rn. 34 ff.

zei schon in Grundrechte eingreifen, um Anhaltspunkte für solche Umstände erst zu ermitteln. Dazu gehört das allgemeine Erheben von Daten, der Einsatz Verdeckter Ermittler, verdachtsunabhängige Personenkontrollen an so genannten „gefährlichen Orten" und teilweise sogar die Telekommunikationsüberwachung[273].

Strafverfolgung, Gefahrenabwehr und proaktive Prävention werden zu einem Konzept operativer Polizeitätigkeit vermischt, das rechtlich immer weniger eingrenzbar ist.[274] Polizeiliche Tätigkeit gewinnt damit einen umfassenden sozialen Gestaltungsanspruch.[275] Über das Aufstellen von Risiko- und Gefahrenprognosen erlangt sie eine Definitionsmacht über die soziale Wirklichkeit.[276] Die Bedeutung von Politik, Justiz und Recht nimmt demgegenüber ab und überlässt das Feld der Exekutive, deren rechtliche und faktische Machtfülle zunimmt.[277] Diese Vorverlagerung des polizeilichen Zugriffs von der Beweisermittlung für ein Strafverfahren und die Gefahrenabwehr hin zu einer Gefahrenvorsorge ist besonders eindrucksvoll am Umgang der Polizei mit den sozialen Bewegungen in den 1980er Jahren in Westdeutschland zu beobachten gewesen.[278] Heute spiegelt das 2009 in Kraft getretene neue BKA-Gesetz die beschriebene Entwicklung beispielhaft wider, das der Bundesbehörde für die „Bekämpfung des internationalen Terrorismus" weit reichende, vor allem auch präventive Eingriffsbefugnisse einräumt.

Die Notwendigkeit der ständigen Risikoerkennung und -prognose führt zu einem unstillbaren Wissensdurst.[279] Im Zuge dessen nehmen die Bedeutung von Privatheit wie auch die Möglichkeiten der Begrenzung sozialkontrollierender Mechanismen ab. Zur Früherkennung von Risiken ist das kontrollierende Durchdringen sämtlicher Lebensbereiche erforderlich, um Informationen über etwaige risikoträchtige Situationen, Orte oder Personen sammeln, zusammenführen und auswerten zu können. Anhand des so gewonnenen Datenmaterials wird versucht zu bestimmen, ob ein Risiko vorliegt, dieses hinnehmbar ist oder eine Reaktion erfordert.

So wie sich die Orientierung des Strafrechts an den relativen Strafzwecken und die Ausrichtung der Sanktionen an dem Ziel der Resozialisierung des Delinquenten als Effektivierung und Ausweitung des staatlichen Zugriffs im Gewand der Humanität verstehen lässt, bedeutet die vermeintlich eingriffsärmere, mildere

273 Siehe beispielsweise § 33a NdsSOG.
274 So bereits *Naucke* 1999, 342.
275 Vgl. die Beiträge in *Schwind/Berckhauer/Steinhilper* 1980, insbesondere *Berckhauer,* 559 ff.
276 So *Werkentin*, zitiert nach *Wächtler* 2007, 136. Ein eklatantes Beispiel für diese Deutungshoheit sind die Gefahrenprognosen der polizeilichen Sonderbehörde „Kavala" für den G8-Gipfel 2007.
277 Siehe dazu näher unten 4.3.3; vgl. auch *Beste* 1996, 315.
278 Vgl. dazu *Wächtler* 2007; *Preuß* 2007.
279 *Pütter* 2007, 10.

Prävention damit eine Ausweitung sozialer Kontrolle, die sich als „resozialisierungsfeindlich, angebotsorientiert, abschreckungsgerichtet (...) und anti-rechtsstaatlich"[280] darstellt. Denn das Konzept der Prävention erfordert es, schon viel früher sozialgestalterisch einzuwirken und agiert insofern wesentlich umfassender, indem es in Bereiche wie Gesinnung, Lebensgestaltung und soziale Kontakte vordringt.[281] Die dabei eingesetzten Techniken produzieren immer neue Formen von Bedrohungen, Risiken und Abweichung, indem sie neue risikobegründende Faktoren entdecken.

Diese Entwicklung schlägt sich auch in einem erheblichen Ausbau von staatlichen Eingriffsbefugnissen nieder, wie insbesondere in den Möglichkeiten heimlicher Überwachung. Der Zugriff auf grundrechtlich geschützte Bereiche wird umfassender und zunehmend anlassunabhängiger, wie sich an der Vorratsspeicherung von Telekommunikationsverbindungsdaten[282], dem automatischen Kennzeichenabgleich im Straßenverkehr[283] und den heimlichen Zugriffen auf Bestandsdatenbanken der Telekommunikationsanbieter ablesbar ist. Das gleiche gilt für die Möglichkeit des Zugriffs auf sämtliche Kontodaten, der nicht nur für Polizei und Staatsanwaltschaften, sondern auch für Finanz-, Sozial- und andere Ämter möglich ist.[284]

4.1.2.3 Das Strafrecht als Exemplifizierung

Das herkömmliche Strafrecht ist in das neue Konzept nur eingeschränkt integrierbar. Es ist als Reaktion auf konkrete Normverstöße in der Vergangenheit konzipiert – die präventive Wirkung wird ihm nur für die Zukunft zugeschrieben –, so dass sich vergleichsweise unkonkrete Risiken mit seinen Mitteln kaum erfassen lassen. Dies führt gleichwohl weniger zu einem Bedeutungsrückgang, als zu einem Umbau des Strafrechts im Hinblick auf die neuen Anforderungen.[285]

So lässt sich auch im Strafrecht eine Tendenz der Normalisierung und Differenzierung beobachten,[286] die der Unterscheidung in eine *Criminology of the Self* und eine *Criminology of the Other* entspricht. Auf der einen Seite wird ein Großteil minder schwerer Straftaten, die vergleichsweise weit verbreitet sind, mittels Diversion – das heißt vor allem durch Verfahrenseinstellungen – als nor-

280 So *Sack* 1995, 496.
281 Siehe *DVJJ* 2007, 6 f.; *Pütter* 2005, 15.
282 Zur geplanten gesetzlichen Regelung *Zöller* 2007.
283 Vgl. beispielsweise § 14 Abs. 5 HessSOG; siehe näher *Arzt* 2005.
284 So das Gesetz zur Förderung der Steuerehrlichkeit vom 23. Dezember 2003, BGBl. I, 2928.
285 *Hilgendorf* 2007; *Kunz* 2010, 17 f.; *Naucke* 1993, 145 ff.; *Singelnstein* 2011; zur kontinuierlichen Entgrenzung des Strafrechts seit dem 19. Jahrhundert *Naucke* 2010, 132 ff.
286 *Kubink* 2002, 525 ff.; *Prömmel* 2006, 250 f.; *Singelnstein* 2011, 10 ff.

maler Bestandteil der sozialen Wirklichkeit behandelt und nur noch verwaltet. So werden mittlerweile fast 45 Prozent der von den Staatsanwaltschaften als anklagefähig eingestuften Verfahren aus Opportunitätsgründen eingestellt – davon der überwiegende Teil ohne Auflagen. Die Anklagequote hat damit seit 1981 um mehr als 20 Prozent abgenommen.[287] Von den verbleibenden Verfahren gelangt nur die Hälfte zur Anklage, die andere Hälfte wird im ökonomischeren, weil schriftlichen Strafbefehlsverfahren ohne mündliche Hauptverhandlung erledigt.

Dieser Tendenz der Entdramatisierung und Entmoralisierung steht auf der anderen Seite ein repressiverer Zugriff auf die als Risikoträger oder „Feinde der Gesellschaft" definierten Personengruppen gegenüber.[288] Für solche bleibt zwar die – jedenfalls in Deutschland noch – disziplinierend ausgestaltete Freiheitsstrafe bestehen; zur Exklusion der „Gefährlichen" ist rechtlich bislang nur das Instrument der Sicherungsverwahrung vorhanden. Gleichwohl ist auch im Zusammenhang mit dem Vollzug der Freiheitsstrafe ein schärferes Sanktionskonzept im Vordringen. Dies zeigt sich sowohl in der als Verwahrvollzug zu bezeichnenden Praxis in den Anstalten als auch in den stärker werdenden politischen Angriffen auf den Resozialisierungsansatz im Strafvollzug, die sich – nachdem den Bundesländern die Gesetzgebungskompetenz übertragen wurde – nun in Landesgesetzen niederschlagen.[289]

Die damit skizzierte Differenzierung bei der Verfahrenserledigung stellt sich indes weniger als Polarisierung dar, sondern vielmehr als verschiedene Stufen eines Konzepts zur effizienten Verwaltung der Normalität abweichenden Verhaltens. Zugleich zeigt sich auch im Strafrecht eine Risikoorientierung, etwa in der Ausweitung der strafrechtlichen Tatbestände und der Entwicklung der Vorfeldstrafbarkeit.[290] Die Zugriffsfelder des Strafrechts werden ausgedehnt, obwohl die Grenzen seiner Steuerungsfähigkeit offensichtlich sind.[291] Neugeschaffene Straftatbestände, vor allem im Bereich des politischen, des Drogen-, Umwelt- und Wirtschaftsstrafrechts, erfordern nicht mehr eine Verletzung oder zumindest eine konkrete Gefährdung des zu schützenden Rechtsguts, sondern begnügen sich oft mit einer *abstrakten* Gefährdung, die weder voraussetzt, dass eine Verletzung eingetreten ist (Verletzungsdelikt), noch dass der Nichteintritt einer Verletzung lediglich vom Zufall abhängt (konkrete Gefährdung).[292] Die Strafbarkeit beruht alleine auf der gesetzlichen Vermutung, dass ein bestimmtes Verhalten für ein Schutzgut gefährlich werden könnte. Ausreichend ist bei-

287 Siehe zur Empirie *PSB* 2006, 540 ff.
288 Dazu auch unten 4.2.3.
289 Speziell zum Jugendstrafvollzug *Eisenberg/Singelnstein* 2007.
290 Hierzu *Puschke* 2010.
291 Vgl. *Naucke* 1999, 340 f.; *Prittwitz* 1993, 174 ff.
292 Vgl. *Kubink* 2002, 601 f.

spielsweise die Nichtbeachtung von Sicherheitsanforderungen, die im Umgang mit bestimmten Gütern und Anlagen erforderlich sind. Die 2009 eingeführten §§ 89a, 89b Strafgesetzbuch stellen es gar unter Strafe, sich Fähigkeiten anzueignen, die für die Begehung eines terroristischen Anschlages von Nutzen sein könnten.[293] Damit pönalisieren sie zwar eine Handlung in der Vergangenheit. Eigentlicher Strafgrund ist aber die Verhinderung von eventuell daraus resultierenden Anschlägen in der Zukunft.

Diese Entwicklung eines präventiven Strafrechts bringt es notwendigerweise mit sich, dass Sanktionierungen weniger auf konkrete Verletzungshandlungen hin, sondern aufgrund von Prognosen gefällt werden.[294] In noch stärkerem Maße gilt dies für die so genannten Maßregeln der Besserung und Sicherung, die sich gegen eine zukünftige „Gefährlichkeit" richten und etwa in Form der Sicherungsverwahrung extrem einschneidende Rechtsfolgen bereithalten. Demgegenüber ist die Zuverlässigkeit der dabei vorzunehmenden Prognosen aufgrund methodischer Unzulänglichkeiten ungenügend;[295] schwere Rückfälle lassen sich im Prinzip nicht seriös vorhersagen. Schätzungen aus der Praxis zufolge soll es sich etwa bei der Hälfte der als gefährlich Eingestuften um so genannte „false positives" handeln, das heißt um Betroffene, die zu Unrecht als gefährlich eingestuft wurden. Zu ähnlich hohen Zahlen kommen einige wissenschaftliche Studien vor allem aus den USA.[296] Eine neuere Untersuchung zur 2004 in Deutschland eingeführten nachträglichen Sicherungsverwahrung ermittelte einen Anteil von gut 65 Prozent, die fälschlich als gefährlich eingestuft wurden.[297] Die Studie untersuchte die Rückfälligkeit von bundesweit 67 Personen, gegen die auf Antrag der Staatsanwaltschaft und nach Einschätzung der Vollzugsanstalten die nachträgliche Sicherungsverwahrung angeordnet werden sollte, dies aber von den Gerichten letztlich abgelehnt wurde, so dass die Betroffenen entlassen wurden. Von den 67 Personen wurden bis zum Stichtag der Studie lediglich zehn erneut zu einer Freiheitsstrafe ohne Bewährung verurteilt. 44 der 67 hatten gar keine neuen Eintragungen im Bundeszentralregister. Selbst von diesen 44 Nichtrückfälligen waren 28 von mindestens einem Sachverständigen in seinem Gutachten als hochgefährlich eingeschätzt worden.[298]

Diese Ergebnisse machen die strukturelle Problematik der Prognosemethoden deutlich, die über das Problem der oft dünnen theoretischen und empirischen Basis hinausgeht. So nehmen die Prognosekriterien nicht selten das ins Auge

293 Dazu *Zöller* 2010.
294 Siehe auch *Prömmel* 2006, 254 f.
295 Allgemein zu Problemen bei Erstellung entsprechender Prognosen *Weber/Reindl* 2001.
296 Vgl. *Eisenberg* 2005, § 21, Rn. 6 ff.
297 *Alex* 2010.
298 *Alex* 2010, 151 f.

gefasste Ergebnis vorweg. Eine Überprüfbarkeit der Prognosen ist kaum gewährleistet. Die Begutachtung stützt sich im Wesentlichen auf Akten, deren Festschreibungen bei der Prognose im Sinne einer self-fulfilling-prophecy reproduziert werden. Gerade bei statistischen Methoden, die eine konkrete Erfassung in festen Zahlen erfordern, setzen sich eher die erwarteten Ergebnisse durch, als dass eine individuelle, weitgehend unbefangene Exploration erfolgen würde.

Zusammengenommen führen die beschriebenen Veränderungen im Strafrecht zu einer Flexibilisierung des strafrechtlichen Zugriffs. Die Ausweitung auf neue Bereiche und eine wachsende Unbestimmtheit strafrechtlicher Tatbestände, die sich in der Zunahme von Generalklauseln und Blanketttatbeständen niederschlägt, führen zu umfangreicheren Spielräumen für die Strafverfolgungsinstanzen.[299] Vergleichbares gilt im Verfahrensrecht für den Ausbau der Eingriffsbefugnisse und der Möglichkeiten zur Verfahrenserledigung. Dabei geht es nicht darum, alle Taten zu verfolgen oder alle zur Verfügung stehenden Mittel permanent einzusetzen. Polizei und Justiz werden vielmehr Instrumente in die Hand gegeben, um Problemlagen und Entwicklungen möglichst optimal bearbeiten zu können, wo und soweit dies erforderlich ist.[300] Die Nutzung strafprozessualer Eingriffsbefugnisse etwa dient in dieser Perspektive in manchen Deliktsbereichen nicht mehr der Strafverfolgung, sondern fungiert als Intervention zur frühzeitigen Abwehr von Grenzüberschreitungen.

4.1.3 Übergänge und Widersprüche

Damit hat sich die Funktionsweise sozialer Kontrolle deutlich gewandelt. Trug der Penal-Welfarism noch den Anspruch vor sich her, für soziale Integration und gesellschaftliche Problemlösung zu sorgen, geht es heute vorwiegend um das Managen sozialer Probleme und Risiken. Angesichts dessen lässt sich eine Parallele zur Entwicklung des Sozial- und Wohlfahrtsstaates fordistischer Prägung ziehen. Ebenso wie dieser in historischer Perspektive als Ausnahme und nicht als Regel kapitalistischer Akkumulation und Regulation erscheint, findet auch der Bereich sozialer Kontrolle zu alten Strategien zurück – wie die Renaissance punitiver und exkludierender Techniken deutlich macht – und verbindet diese mit ganz neuartigen Strategien. Ein rechtsstaatlich begrenztes und an der Resozialisierung und Reintegration des Delinquenten ausgerichtetes Strafrecht kann daher als historische Ausnahme angesehen werden, die in dem Maße verschwindet, wie sich wohlfahrtsstaatliche Strukturen und Institutionen auflösen.

---

299 *Naucke* 1999, 344.
300 *Naucke* 1999, 349, 353 f.; *Singelnstein* 2011, 12 f.

Der auf Resozialisierung und Behandlung des Delinquenten ausgerichtete Mechanismus der Disziplinierung, wie er für die wohlfahrtsstaatliche Sozialkontrolle paradigmatisch war, ist indes nicht verschwunden. Das Strafrecht als zentraler Bestandteil der Disziplinargesellschaft verliert zwar gegenüber anderen Formen sozialer Kontrolle an Bedeutung. Dessen ungeachtet erfährt es jedoch eine Ausweitung und Anpassung an die veränderten Vorgaben.[301] In diesem Wandel des Strafrechts spiegelt sich damit der Übergang von der Disziplinierung zur Verwaltung des empirisch Normalen wider, in dessen Folge das Strafrecht seine Bedeutung als allgemeines Regulierungsmittel für soziale Konflikte und Risiken behält. Wann immer ein Sachverhalt als nicht mehr hinnehmbar definiert wird, wird weiterhin die Forderung nach Schließung vermeintlicher „Strafbarkeitslücken" und der Verschärfung bestehender Straftatbestände erhoben. Besonders gut zu beobachten ist dieses Phänomen bei den Straftaten gegen die sexuelle Selbstbestimmung, deren Strafrahmen in den vergangenen Jahren mehrmals erhöht wurden. Auch die Debatten um die Bekämpfung des „internationalen Terrorismus" und die Strafbarkeit von Graffiti[302] haben zu weiteren Kriminalisierungen geführt.

Darüber hinaus bietet sich eine normverdeutlichende Disziplinierung – sei es auch nur mittels einer Verwarnung – weiterhin als Interventionsform für eine Vielzahl von Abweichungen an. Dies gilt vor allem für Angehörige der Mittelschicht, deren Integration erwünscht und für eine Systemstabilität erforderlich ist. So besteht die Disziplinierung ebenso in Form strafrechtlicher Sanktionen fort, wie als Tadel und Verweis im Schulsystem und in Form der Abmahnung oder Entlassung im Bereich der Lohnarbeit. Diese Interventionen dienen weiterhin der Normvergegenwärtigung mittels Disziplinierung. Angesichts dessen wäre es verkürzt, einen Rückgang der Disziplinierung und eine wachsende Bedeutung von Kontrolltechniken zu konstatieren, weil damit dem Zusammenspiel der derzeitigen Techniken sozialer Kontrolle nur ungenügend Rechnung getragen würde. Ebenso blieben die im Rahmen dieser Entwicklung zu beobachtenden Brüche und Übergänge unberücksichtigt.[303]

---

301 Dazu bereits oben 4.1.2.2.

302 *Brandt/Mittag* 2005.

303 Vgl. zur Parallelität von Re- und Entmoralisierung, von Risiko- und Ausschlussperspektive *Groenemeyer* 2003a, 36 ff.

4.2 Techniken gegenwärtiger Sozialkontrolle

Einhergehend mit diesem Wandel des Konzepts sozialer Kontrolle verändern sich auch die Techniken sozialer Kontrolle.[304] Diese müssen einerseits der Ökonomisierung, Pluralisierung und Diversifizierung der gesellschaftlichen Lebenswelten Rechnung tragen und andererseits den (partiellen) Wegfall des sozialstaatlichen Inklusionsversprechens und den Bedeutungsverlust integrativer Strukturen des sozialen Nahraums kompensieren. Darüber hinaus sind sie Ausdruck der neuen Sicherheitsdiskurse. Im Zuge dieser Entwicklung kommt es zur stärkeren Herausbildung von Mechanismen, die das Individuum selbst „befähigen" sollen, sich gemäß den Anforderungen einer flexiblen und mobilen Lebenswelt zu verhalten (dazu unten 4.2.1). Daneben sind Techniken der Kontrolle zu beobachten, die unabhängig vom konkreten Individuum für die Sicherung einer sozialen Ordnung sorgen und sich nicht auf die Detektion abweichenden Verhaltens beschränken (dazu unten 4.2.2). Die Zunahme von Konstellationen *sozialen* Ausschlusses findet ihre Entsprechung in der Renaissance von Formen des Ausschlusses *als Technik sozialer Kontrolle* (siehe 4.2.3).

4.2.1 Selbstführung

Im Rahmen der beschriebenen Verschiebungen kommt der Selbstführung eine neue Bedeutung zu und zwar sowohl für den Einzelnen als auch für die Gesellschaft insgesamt. Durch solche Techniken wird das Individuum ohne sichtbaren äußeren Zwang dazu angehalten, sich von selbst möglichst optimal zu verhalten. Jeder Einzelne soll selbst wollen, was er soll.[305]

4.2.1.1 Grundlagen und Wirkungsweise

Eine zentrale Anforderung an soziale Kontrolle besteht stets darin, dafür zu sorgen, dass möglichst viele Individuen von sich aus die gesellschaftlichen Verhaltensanforderungen einhalten. Im Rahmen wohlfahrtsstaatlicher Sozialkontrolle wurde diese Aufgabe im Wesentlichen von den Sozialisationsinstanzen und den Techniken der Selbstdisziplinierung übernommen. Der Einzelne sollte die als Normen ausgestalteten Verhaltensanforderungen verinnerlichen und ihre Einhal-

304 Siehe bereits *Feeley/Simon* 1992, 457 ff. – Eine Klassifikation der überkommenen Mechanismen findet sich bei *Peters* 2009, 142 ff. Siehe aus strafrechtlicher Perspektive den Überblick bei *Frehsee* 2003, 344 ff.

305 Siehe *Foucault* 2004, 359.

tung selbst sicherstellen. Erst wenn dies nicht mehr ausreichte, kamen weitere Formen sozialer Kontrolle zum Einsatz.

Diese Form der Normierung entspricht nicht der Verwaltung des empirisch Normalen, die statt einer disziplinierenden Vermittlung und Verinnerlichung von Normen vom empirisch Gegebenen ausgeht und versucht, diese Form der Normalität möglichst effektiv zu verwalten.[306] An die Stelle der Selbst*disziplinierung* treten auf Seiten des Individuums Selbst*führungs*techniken, die das eigene Verhalten von alleine und vermeintlich selbst gewollt an antizipierte Standards anpassen, ohne dass es einer expliziten oder aktualisierten Drohkulisse bzw. des Versprechens von konkreten Vorteilen bedarf. Die von jedem Einzelnen selbst vollzogene Einsicht in die von strukturellen Rahmenbedingungen hergestellte Notwendigkeit macht einen konkreten Zwang und eine obrigkeitsstaatliche Ordnungsproduktion entbehrlich.[307] Die Funktion von Selbstführungstechniken besteht dabei „lediglich" in der *Anleitung* zur Selbstregulierung des eigenen Lebens und der eher subtilen und informellen *Vermittlung* der Verhaltensstandards.

Die Techniken der Selbstführung sind insofern einerseits subtiler, informeller, unsichtbarer und hintergründiger als die Disziplinarinstrumente.[308] Andererseits führen sie das Individuum auf unsichtbare Weise und belassen ihm Freiräume des Handelns, anstatt es an einer feststehenden Norm auszurichten. Sie streben keine Konformität im Sinne der Unterdrückung bestimmter Verhaltensweisen und damit eines Abbildes von Verbotsnormen an. Vielmehr verbinden Selbstführungstechniken bestimmte inhaltliche Vorgaben mit Freiräumen des Subjekts, innerhalb derer dieses sich an solchen Leitlinien orientieren und den Freiraum kreativ ausfüllen kann. Dementsprechend ist der Einzelne nicht aufgefordert, sich automatisch und einem Schema entsprechend den Vorgaben zu unterwerfen. Stattdessen handelt es sich um eine aktive, selbstständige, eigenverantwortliche Umsetzung dieser Notwendigkeiten, die jeder anders und den jeweiligen Situationen entsprechend vornehmen kann und soll. Auf diesem Weg gelangen die Techniken zu einer produktiven Form der Führung, die aufgrund des dauernden Engagements jedes Einzelnen für sich selbst wesentlich ökonomischer ist, als ein rein repressives Vorgehen.

Die Freiheit, sich zu verhalten, wie man will, bedeutet zugleich die Übernahme der Verantwortung für die Entscheidung, ob man sich innerhalb des gesetzten Rahmens bewegt oder ob man diesen überschreitet und dann aber auch mit den Konsequenzen leben muss. Dies betrifft zum Beispiel den mitwirkungspflichtigen Gefangenen im Strafvollzug, der dazu angehalten ist, sich an seiner

306 Vgl. *Singelnstein* 2007, 123 f.
307 Vgl. *Lemke* 1997, 186 f.
308 *Anden* 1998, 166 ff.

eigenen Behandlung aktiv zu beteiligen.[309] Er ist ebenso wie der „Unternehmer seiner selbst“ mit dem Konzept des „Forderns und Förderns“ konfrontiert, das das Ziel einer eigenverantwortlichen Umsetzung von Verhaltensanforderungen, die durch eine andere Instanz aufgestellt wurden, konkret formuliert.[310] Dabei handelt es sich nicht um eine Konformität, die von Einsicht bzw. Norminternalisierung getragen wäre. Vielmehr wirkt der leitende Rahmen, der das Handeln der Freien lenkt, als prägende Notwendigkeit.

Anstatt unmittelbar auf ein Subjekt einzuwirken, wird also auf ein prinzipiell offenes Feld möglicher Handlungen derart eingewirkt, dass bestimmte Verhaltensweisen gefördert und andere erschwert werden.[311] Diese Techniken wirken somit nicht absolut, sondern schaffen Wahrscheinlichkeiten. Sie erleichtern oder erschweren, machen mehr oder weniger wahrscheinlich, lenken ab oder hin und nur in Grenzfällen verhindern sie ganz.[312] Die Wirkung von Selbstführungstechniken besteht somit in der impliziten Anleitung zur Selbstregelung des eigenen Lebens anstelle einer offensiven Vermittlung normativer Vorgaben, an der sich der Einzelne orientieren soll. Der Schwerpunkt dieser Lenkung liegt nicht auf der Unterdrückung unerwünschter Verhaltensweisen, sondern in der Leitung des formal freien Einzelnen hin zu erwünschten Verhaltensweisen. Sie hat also einen produktiven Effekt.[313] Es geht bei derartigen Techniken nicht um das disziplinierende „Formen der Guten“, sondern um das „Lenken der Freien“[314].

Diese Form des „Regierens über Freiheit“, das heißt der Aktivierung von Selbststeuerungsprozessen, mit denen das Individuum dazu angehalten wird, aktiv und selbstständig Verantwortung für das eigene Leben zu übernehmen, wird ergänzt durch ein „Regieren aus Distanz“. Hiermit wird ein Prozess der Delegation vormals staatlicher Aufgaben auf gesellschaftliche und individuelle Akteure im Wege der „Responsibilisierung“ bezeichnet. Daneben behält der Staat weit reichende Befugnisse inne und kann durch die Fähigkeit zur Intervention und die Aufsicht über Ressourcenverteilungen weiterhin lenkend Einfluss nehmen.[315]

Grundlage solcher Selbstführungstechniken ist zum einen eine veränderte Subjektivierungsweise, die aktive und eigenverantwortliche Subjekte hervorbringt, die in der Lage sind, sich derart selbst zu führen.[316] Insofern unterscheiden sich diese Techniken nicht alleine vom Mechanismus der Disziplinierung.

---

309 Siehe *Eisenberg/Singelnstein* 2007, 184 f.; *Garland* 1997, 191 ff.

310 *Pieper/Guitiérez Rodríguez* 2003, 11.

311 *Foucault* 1994, 254.

312 *Foucault* 1994, 255; *Opitz* 2004, 27.

313 Dazu *Lemke* 1997, 129 f.

314 *Ziegler* 2001.

315 Dazu *Krasmann* 1999, 109 ff.; *Lemke* 1997, 184 ff.

316 Vgl. oben 2.3; zur Herausbildung verschiedener Sicherheitsmentalitäten *Klimke* 2008, 217 ff.

Von den neueren Kontrollformen (dazu unten 4.2.2) trennt sie ihre Einschreibung in das Individuum sowie ihre langfristige Herausbildung. Zum anderen bildet die steigende gesellschaftliche Verunsicherung eine wesentliche Grundlage für die Selbstbeschränkung und -führung des Einzelnen. Die stete Bedrohung durch Unsicherheit und Risiken führt zur Anpassung und hat damit einen allgemein mobilisierenden Effekt. Denn wo Verunsicherung herrscht, kann sich der Einzelne nur auf sich selbst und sein Handeln verlassen.[317] Vergleichbar mit dem „Unternehmer seiner selbst" im Wirtschafts- und Berufsleben, der angesichts seiner prekären Beschäftigungsposition dazu angehalten ist, sich den wechselnden Anforderungen des Berufslebens ständig anzupassen, bildet Unsicherheit auch allgemein die Basis für die Selbstführung des Einzelnen. Für das effektive Wirken von Selbstführungstechniken kommt somit den Sicherheitsdiskursen die Funktion zu, eine permanente Verunsicherung zu gewährleisten.[318]

4.2.1.2 Optimierung und Aktivierung

Auf diesem Weg bewirken Selbstführungstechniken Verhaltensoptimierung und Aktivierung im Sinne gesellschaftlicher Zielvorgaben. Eine deutliche Ausprägung dessen ist zunächst der steigende Zwang zur individuellen Ausrichtung an komplizierter werdenden Handlungsanforderungen zur Sicherung des eigenen Überlebens. Dem Einzelnen stehen zwar mehr Freiräume offen; gleichzeitig wird ihm aber ein hohes Maß an Flexibilität zugunsten wirtschaftlicher Verwertbarkeit abverlangt. Wer sich nicht anpasst, läuft Gefahr, in wirtschaftlichen und gesellschaftlichen Prozessen zu scheitern. In Verbindung mit Autonomie, Entsolidarisierung und Responsibilisierung schreibt sich die marktwirtschaftliche Risikologik unmittelbar in das Handeln und Denken der Individuen ein.[319]

Wichtiges Mittel zur Führung und Kontrolle ist dabei der interne Wettbewerb und der damit verbundene Zwang zur Modulation des eigenen Lebens. Der Einzelne wird dazu angehalten, flexibel zwischen verschiedenen Identitäten zu wechseln und sich auf ständig neue Situationen und Kontexte einzustellen.[320] Gerade im flexiblen Unternehmen, wo die Notwendigkeit der Leistungs- und Produktivitätssteigerung verinnerlicht ist, nutzt der Zwang zur Flexibilität einerseits die Angst vor dem sozialen Abstieg aus, wie er andererseits auch selbst

---

317 Vgl. *Krasmann* 2003c, 97 f., die Normalisierung und Dämonisierung daher als zwei Effekte im Zusammenhang der Kriminalisierung nennt.

318 Siehe oben 3.3.2.

319 *Schmidt-Semisch* 2004, 223 f.

320 Zur Modulation *Deleuze* 1992, 182; 1993, 250 f.; *Lindenberg/Schmidt-Semisch* 1995, 4.

neue Verunsicherung hervorruft.[321] Beide Elemente führen dazu, dass Interessen Dritter als eigene interpretiert und verinnerlicht werden und infolgedessen das eigene Verhalten an antizipierte Standards angepasst wird. Dieser Effekt ist auch zu beobachten bei der (Selbst-)Verpflichtung zum lebenslangen Lernen, bei der Abnahme des Krankenstandes aus Angst vor Arbeitsplatzverlust[322], bei der Ausweitung der privaten Risikovorsorge und der Zunahme der Bereitschaft, einen Arbeitsplatz zu immer schlechteren Bedingungen anzunehmen. Ähnliche Wirkungen werden durch die kulturell erzeugten, von Werbung geprägten Distinktionsbedürfnisse hervorgerufen, die in einem stetigen Konsumdruck gipfeln.

Der Wirkungsbereich von Selbstführungstechniken geht indes erheblich über diese Anreize zur Eigenverantwortung für das alltägliche Verhalten hinaus und umfasst alle gesellschaftlichen Bereiche. So wird die Allgemeinheit auch dazu aktiviert, sich selbst an sozialer Kontrolle zu beteiligen; jeder Einzelne wird dazu angehalten, selbstverantwortlich Vorsorge gegen Risiken zu übernehmen.[323] Dabei ist er in seiner Selbstwahrnehmung, seinen Forderungen und Bedürfnissen geprägt von den Vorgaben der Sicherheitsdiskurse, der dieser innewohnenden Unsicherheit und seinem Bedürfnis nach Teilhabe an Sicherheit. Er soll für sich selbst Sorge tragen, sich vor Kriminalität schützen, sicherheitsbewusst und kriminalpräventiv handeln.[324] Dies umfasst den Erwerb von Produkten der Sicherheitsindustrie ebenso wie die Informationsbeschaffung und das Erlernen von Schutzmaßnahmen.[325] Darüber hinausgehend wird er aktiviert, sich selbst an der Bekämpfung von Kriminalität zu beteiligen – auch wenn er von dieser gar nicht selbst betroffen ist.[326]

Soziale Kontrolle wird auf diesem Weg vom Staat auf die Gesellschaft übertragen. Individuen werden responsibilisiert, sich an der ständigen Prävention und Verfolgung von Abweichung zu beteiligen.[327] Die Schaffung von Sicherheit wird als permanente gesellschaftliche Anstrengung angesehen und nicht mehr vorwiegend als Aufgabe staatlicher oder privater Institutionen. Persönlicher Schutz vor Bedrohungen ist damit zu einer Angelegenheit geworden, an deren Umsetzung alle aktiv beteiligt sein sollen. Ebenso wie in der Perspektive der Verwaltung des empirisch Normalen jeder potentiell verdächtig ist, soll sich

321 Vgl. *Bauman* 2005, 133 ff.; *Buckel/Kannankulam* 2002, 39 ff.; *Rinn* 2011, 31 ff.

322 So hat beispielsweise eine Untersuchung des Wirtschafts- und Sozialwissenschaftlichen Instituts (WSI) der Hans-Böckler-Stiftung festgestellt, dass Arbeitnehmer aus Angst um den Arbeitsplatz und aufgrund gestiegenen Leistungsdrucks „freiwillig" auf durchschnittlich 2,2 Urlaubstage im Jahr verzichten, siehe Frankfurter Rundschau vom 12. Dezember 2004.

323 Siehe *Kunz* 2010, 20 f.

324 Siehe *Garland* 1997, 190; *O'Malley* 1996, 199 ff.

325 *Monahan* 2009, 159 ff.

326 *Valverde* 2003, 163 ff.; empirisch skeptisch zur Auswirkung *Schlepper/Peter/Lüdemann* 2011.

327 *Krasmann* 2003, 266 ff.; *Garland* 1996, 452 ff.; *Günther* 2010, 98 f.

auch jeder an der Kontrolle der Risiken beteiligen.[328] Dies beschränkt sich nicht auf Denunziation oder die aktive Einbeziehung in die Kontrolle von Abweichung, beispielsweise im Rahmen kommunaler Kriminalprävention oder durch die Möglichkeit der Online-Strafanzeige. Vielmehr soll die Schaffung von Sicherheit in unsichtbarer Weise Aspekt aller Handlungen jedes Einzelnen sein, soll ständiger Bestandteil des alltäglichen Lebens werden.[329]

4.2.2 Kontrolltechniken

Weiterhin sind ein Ausbau und ein weitergehender Zugriff von Techniken der Kontrolle zu beobachten. Neben einer Vorverlagerung bereits bestehender Überwachungsmöglichkeiten lassen sich auch ganz neue Formen der Kontrolle feststellen, die nicht vorrangig Bedrohungen erkennen, sondern unmittelbar selbst für Sicherheit sorgen sollen.

4.2.2.1 Überwachung und Risikodetektion

Staatliche Überwachung im herkömmlichen Sinne dient vor allem der Beschaffung von Beweisen gegen einen Tatverdächtigen und der Erkennung und Kontrolle von Gefahren. Sie bezieht sich damit immer auf einen konkreten Sachverhalt – einen Konflikt, einen Straftatverdacht, eine Gefahr. Diese Form der Informationsbeschaffung zur Strafverfolgung und zur polizeirechtlichen Gefahrenabwehr wird angesichts neuer technischer Möglichkeiten und sicherheitspolitischer Bedürfnisse beständig ausgebaut.

Parallel dazu lassen sich Kontrolltechniken – im Sinne eines Abgleichs von Ist- mit Sollwerten – beobachten, die nicht mehr an solche vergleichsweise konkreten Anlässe gebunden sind. Es geht vielmehr um die möglichst frühzeitige Feststellung von Risiken. Kontrolle soll bereits im Vorfeld konkreter Gefahren oder Schädigungen ansetzen und nicht den Eintritt eines Normverstoßes oder einer Gefahrenlage abwarten. Diese Risikodetektion soll ein Eingreifen ermöglichen, bevor Schädigungen oder Normverstöße sich realisieren können.[330] Der Anspruch, zugrunde liegende soziale Konflikte zu lösen, wird zugunsten einer reinen Verwaltung von Problemen durch dauernde Kontrolle aufgegeben. Die eigentliche Normabweichung als Handlung bekommt in diesem Zusammenhang eine andere Bedeutung. Sie wird nicht mehr als Symptom für ein tiefer liegendes

328 Vgl. *Holert* 2004, 249 f.; *Legnaro* 1997, 271; *Singelnstein* 2007, 123 f.

329 *Legnaro* 1997, 272 ff.

330 Vgl. *Garland* 2001, 15.

soziales Problem angesehen, sondern als das eigentliche Problem, das im Sinne der Verwaltung des empirisch Normalen so weit wie möglich im Vorfeld erkannt und dort verhindert bzw. unterdrückt werden soll.

Diese Entwicklung hin zur Risikodetektion bedeutet notwendiger Weise eine Vorverlagerung und damit verbunden auch Ausweitung von Kontrolle. Folgerichtiges Ziel eines solchen Verständnisses ist ein allgegenwärtiger, umfassender Einsatz von Kontrolltechniken. Hierfür steht etwa Echelon, ein Abhörsystem, das von den Geheimdiensten der USA, Großbritanniens, Kanadas, Australiens und Neuseelands betrieben wird, und mit dem sämtliche über Satelliten oder über die interkontinentalen Daten- und Telefonkabel übertragene Daten überwacht werden können. Auch die Videoüberwachung gehört mittlerweile zum Standardrepertoire privater und staatlicher Kontrollagenturen, wobei die repressive Funktion nach wie vor eine wichtige Rolle spielt.[331] So waren beispielsweise in Großbritannien schon 2003 mehr als vier Millionen Kameras installiert, die den öffentlichen Raum überwachen.[332] In Deutschland hat die polizeiliche Videoüberwachung seit 1996, als die ersten Kameras in Leipzig installiert wurden, zwar nur in einem beschränkten Umfang zugenommen. Explodiert ist hingegen die Zahl privater Kameras, für die Schätzungen bereits 2007 von 400.000 bis drei Millionen Geräten ausgingen.[333] Mit neueren, in den vergangenen Jahren entwickelten Kontrolltechniken soll anhand des Verhaltens und äußerer Merkmale einer Person erkannt werden, ob diese beabsichtigt, eine Straftat zu begehen. Durch diese Risikodetektion in Form des „Gedankenlesens" sollen etwa an Flughäfen Anschläge verhindert werden. Während die ersten Programme dieser Art noch mit Sicherheitspersonal arbeiteten, das Personen auf Mimik und Körpersprache beobachten und ggf. ansprechen sollte, ist das Bestreben derzeit darauf gerichtet, das „Gedankenlesen" Computern und Kameras zu übertragen und damit zu automatisieren.[334]

Diese Techniken der Risikodetektion weisen einen abstrakten und unpersönlichen Charakter auf, denn sie sollen weniger das einzelne „verdächtige" Individuum oder einen bestimmten „Defekt" überwachen, sondern risikoträchtige Strukturen, Situationen oder Gruppen.[335] Techniken wie die Videoüberwachung[336], bestimmte Einsatzformen von RFID-Chips[337] und des Global Positioning Systems (GPS), verdachtsunabhängige Personen- und Zutrittskontrollen,

331 Siehe *Töpfer* 2009.
332 Vgl. *Hempel* 2007, 117.
333 Vgl. *Leopold* 2007, 84; siehe auch *Roggan* 2008, 331 f.
334 *Kölbel/Selter* 2010, 238 ff.; siehe auch *Hornung/Desoi* 2011.
335 Zur Konstruktion solcher Räume *Belina* 2008.
336 Siehe *Roggan* 2001; *Stolle/Hefendehl* 2002; zu zukünftigen Formen aus technischer und rechtlicher Sicht *Hornung/Desoi* 2011.
337 Dazu *Eisenberg/Puschke/Singelnstein* 2005.

Biometrie[338], algorithmengestützte Alarmierung bei Szenen abweichenden Verhaltens[339] sind proaktiv statt reaktiv ausgestaltet und auf einen umfassenden Einsatz angelegt.[340]

Neben diesen eher technisch oder situativ orientierten Varianten lassen sich aber auch die vielfältigen Spielarten der Kriminalprävention, die vor allem im kommunalen Bereich von Trägern wie Polizei, Jugendhilfe, Präventionsräten und deren Kooperationspartnern ausgeübt werden,[341] als Kontrolltechniken interpretieren. In diesem Bereich findet seit Ende der 1980er Jahre eine Vorverlagerung staatlicher Eingriffe sowie eine Zurichtung sozialer Institutionen auf den Zweck der Kriminalprävention statt.[342] Gerade die Jugendhilfe arbeitet immer weniger im sozialpädagogischen Sinne und mit Angeboten zur Jugendförderung, sondern richtet sich am Ziel der Kriminalprävention aus.[343]

Normativer Ausfluss der beschriebenen Veränderungen von Kontrolltechniken ist die seit Ende der 1980er Jahre vorgenommene Erweiterung der polizeilichen Aufgabenzuweisung. Nach den Landespolizeigesetzen ist die Polizei mittlerweile auch für die *vorbeugende* Bekämpfung von Straftaten und Gefahren zuständig.[344] Diese Loslösung von Verdachts- und Gefahrensituationen zeigt sich etwa bei der Videoüberwachung. Von den Kameras wird grundsätzlich jede Person erfasst, die sich zu einem bestimmten Zeitpunkt an einem bestimmten Ort aufhält, unabhängig vom konkreten Verhalten. Gleiches gilt für die verdachtsunabhängige Speicherung von Kommunikations- und Kfz-Daten, Personen- und Zutrittskontrollen und der automatisierten Gesichtserkennung. Aber auch die immer umfassenderen Datenbestände der Sicherheitsinstitutionen sowie die Möglichkeiten ihrer Verknüpfung weisen in diese Richtung.

Kontrolle zur Risikodetektion erfolgt damit zunehmend unabhängig von Anlässen und ist bestrebt, allgegenwärtig und umfassend zu sein. Gerade durch die neuen technischen Möglichkeiten von Kontrolle findet eine Ausweitung des Gefahren- und Risikobegriffs auf das Vorfeld konkreter Problemkonstellationen statt, die wiederum eine Ausweitung von Kontrolle und Überwachung nach sich zieht.[345] Gleichzeitig steigt durch die kontinuierliche Entdeckung neuer Risiko-

338 Dazu *Hornung* 2007.

339 Vgl. *Nogala* 2000, 116.

340 Siehe zu modernen Formen auch die Beiträge in *Gaycken/Kurz* 2008; *Schulzki-Haddouti* 2004.

341 Unter Kommunaler Kriminalprävention werden Maßnahmen verstanden, die Entstehungsbedingungen von Kriminalität auf lokaler Ebene minimieren sollen. Neu an diesem Ansatz ist neben dem ressortübergreifenden Charakter und der Institutionalisierung die Einbindung des Bürgers (so *Schwind* 2010, 37450 ff.); empirisch dazu *Wurtzbacher* 2008; vgl. auch *Hohmeyer* 1999, 62; *Jasch* 2003, 415; zum ausgrenzenden und diskriminierenden Charakter *Kubink* 2002, 652 ff.

342 Siehe zu Konzepten und Maßnahmen *PSB* 2006, 665 ff.

343 Vgl. *DVJJ* 2007, 6 f.

344 Vgl. dazu schon oben 4.1.2.2.

345 Hierzu *Krasmann* 2003a; *Kölbel/Selter* 2010, 255 f.; vgl. auch *Wolter* 2004.

faktoren der Kreis der als Risikoträger identifizierten Personen. Dabei treten die Techniken und ihre Betreiber dem Bürger nicht unbedingt offen und direkt gegenüber, sondern oft informell und subtil. So sieht der Betroffene zwar womöglich die Kontrollanlage, wie beispielsweise eine Videokamera, oder weiß um die mutmaßliche Speicherung seiner Daten. Ihm wird damit aber zugleich indirekt vermittelt, das eigene Verhalten im Blick zu haben und sich selbst zu kontrollieren.[346]

Besondere Bedeutung für diese Kontrolltechniken weisen die vielfältigen Möglichkeiten moderner Datenverarbeitung auf. Sie werden einerseits zur Verhaltenskontrolle eingesetzt, indem sie dazu anleiten, sich möglichst konform und unauffällig zu verhalten.[347] Andererseits dienen die Datenverarbeitungstechnologien gerade auch zur Risikobeherrschung und -vermeidung. Mit ihnen soll die Erhebung und vor allem Verwertung möglichst umfassender Datenbilder von Personen und Sachverhalten ermöglicht werden, die dann die Datenbasis für die Prognoseentscheidung darüber stellen, ob ein präventives Eingreifen erforderlich ist oder nicht. Die Erhebung, Verarbeitung und Speicherung von Daten über jede Form von Lebensäußerung und die zunehmende Vernetzung der zu diesem Zweck eingerichteten Datenbanken besitzen die Potenz zur Totalausforschung.[348] So verknüpfen zum Beispiel die Anti-Terror-Datei – die 2006 geschaffen wurde und unter anderem Datenbestände der Landespolizeien, des Bundeskriminalamts und der Geheimdienste miteinander verbindet – und die europäischen Verbunddateien eine Vielzahl von Datenbeständen und ermöglichen somit einen vielfältigen Zugriff der Sicherheitsbehörden auf sensible personenbezogene Daten.[349]

Welche Bedeutung derartigen Datensammlungen zukommt, zeigt sich auch an deren steter Zunahme und ihrem Wachsen. Eine zentrale Rolle hierbei spielen die vom BKA geführten bundesweiten polizeilichen Datenbanken, deren Zahl beständig zunimmt und nur noch schwer zu überblicken ist.[350] Dazu zählen etwa die Dateien für DNA-Identifizierungsmuster (mehr als 650.000 Datensätze), Fingerabdrücke (mehr als 3,2 Millionen Personen) und Lichtbilder (von über 3,3 Millionen Personen).[351] Daneben existieren diverse themenspezifische Dateien. So vermerken die politischen Datenbanken schon Platzverweise, die mitunter Ausreiseverbote nach sich ziehen können. Dateien über Fußballfans haben im

---

346 *Krasmann* 2003c, 103 f.

347 Vgl. *Opitz* 2006, 52.

348 Zu dieser Problematik im Strafprozess *Puschke* 2006.

349 Zur Europäisierung von Datenaustausch und Datensammlung vgl. *Bunyan* 2006, *Busch* 2006.

350 Siehe dazu die Antwort der Bundesregierung auf eine Anfrage der Fraktion der Linkspartei, BT-Drs. 17/2803 vom 25.8.2010, in der die Dateien aufgeführt sind.

351 Alle Angaben sind der Homepage des BKA entnommen. Siehe zu Arten und Wirkung polizeilicher Datenbanken *Eisenberg* 2005, § 27, Rn. 44 ff.

Zusammenhang mit der Fußballweltmeisterschaft 2006 eine neue Konjunktur erlebt.

Neue technische Möglichkeiten und ihre staatliche Nutzung schließlich stellen in Aussicht, welche noch weitergehenden Datensammlungen jetzt schon möglich sind. Wenn in Zukunft in jedem Personalausweis auf einem Chip die Fingerabdrücke des Inhabers gespeichert sind, steht die Möglichkeit einer Datenbank im Raum, in der die Fingerabdrücke aller Bundesbürger gespeichert sind. Parallel dazu erhält seit Juli 2007 jeder Bundesbürger eine individuelle Steuer-Identifikationsnummer. Damit wird in der Bundesrepublik erstmals jeder Bürger eindeutig identifizierbar von einer staatlichen Stelle zentral mit seinen wichtigsten personenbezogenen Daten erfasst.

Wesentlich vorangetrieben werden die Vernetzung und der Ausbau von Datenbanken gegenwärtig auf internationaler, insbesondere auf europäischer Ebene, wo verschiedene EU-Mitgliedsstaaten neben den Schengener Informationssystemen SIS I und SIS II eine stärkere Vernetzung der nationalen Datenbanken forcieren. Als Testgebiet für den damit beschriebenen Ausbau der Verarbeitung personenbezogener Daten kann auch hier das Aufenthaltsrecht angesehen werden. Flüchtlinge und Nicht-EU-Bürger sind bereits seit Jahren mit einer umfassenden Erhebung und Speicherung ihrer persönlichen Daten konfrontiert.[352] Parallel dazu investiert die EU erhebliche finanzielle Mittel in die Forschung zum Ausbau der Überwachungsinfrastruktur, insbesondere zur Automatisierung und zur Verknüpfung von verschiedenen Techniken. So untersucht das Projekt INDECT aus dem 7. Forschungsrahmenprogramm der EU seit 2009 mit knapp 15 Millionen Euro nicht nur intelligente Kamerasysteme und Technik für den Einsatz von Überwachungsdrohnen. Thema sind auch die automatische Durchforstung des Internets zur Überwachung und die intelligente, automatisierte Zusammenführung von Informationen aus verschiedenen Datenquellen.[353]

Im Prinzip noch größere Bedeutung als staatlichen kommt privaten Datenbanken zu, wie insbesondere Kundendateien von Wirtschaftsunternehmen, die entweder ohnehin für jeden Kunden angelegt oder etwa bei Kaufhäusern im Zusammenhang mit Kunden-, Payback- und ähnlichen Karten erstellt werden. Die dabei anfallenden Datenmassen bergen eine Vielzahl an Informationen in sich – vom Konsumverhalten über die zuletzt gelesenen Bücher bis hin zu Einkaufsgewohnheiten. Diese Daten werden nicht nur erhoben und gespeichert, so dass ein staatlicher Zugriff darauf möglich wird, sondern auch weitergegeben

352 Zur Datenerhebung in Deutschland vgl. *Holzberger* 2006. Zum europäischen Visa-Informationssystem VIS, das alle Daten von Antragstellern und den einladenden Personen enthält, siehe *Busch* 2006, 39 ff. Bei einer Speicherungsdauer von fünf Jahren wird von 100 Millionen Datensätzen ausgegangen.

353 Siehe die Selbstdarstellung unter http://www.indect-project.eu/.

bzw. verkauft.[354] So zeigt beispielsweise der Online-Dienst „World Tracker" an, wo sich welcher Handy-Nutzer befindet. Man muss ihm dafür nur eine SMS schicken.[355] 2006 wurde bekannt, dass der belgische Bankendienstleister SWIFT – eine seit 30 Jahren bestehende Datendrehscheibe, über die weltweit sämtliche grenzüberschreitenden Banküberweisungen abgewickelt werden – seine kompletten Datenbestände an ein Rechenzentrum in den USA übermittelte, auf das dann CIA und FBI zugreifen konnten.[356] Im gleichen Jahr fragte die Polizei Sachsen-Anhalts im Rahmen eines Ermittlungsverfahrens wegen Kinderpornografie Daten bei sämtlichen Kreditkartenunternehmen ab. Bei der „Operation Mikado" sollten die Unternehmen die Kreditkartenkonten all ihrer Kunden – insgesamt mehr als 20 Millionen – darauf überprüfen, ob eine bestimmte Summe an ein bestimmtes Konto überweisen wurde und die Treffer der Polizei übermitteln.[357]

4.2.2.2 Kontrolle zur unmittelbaren Herstellung von Sicherheit

Neben die Ebene der Überwachung und Risikodetektion tritt eine umfassender wirkende Ebene der Kontrolle, die selbst unmittelbar für Sicherheit im Sinne der (Wieder-)Herstellung von sozialer Ordnung sorgen soll.[358] Diese Form von Kontrolle geht über den Abgleich von Soll- mit Istwerten hinaus und betrifft auch das *Beherrschen* im weiteren Wortsinn von Kontrolle. Maßstab für ihre Anwendung ist die statistische Wahrscheinlichkeit eines Risikoeintritts; eine konkrete Gefahr ist dagegen nicht erforderlich.

Solche Kontrolltechniken – wie etwa die Verhinderung des unberechtigten Startens eines Kraftfahrzeuges oder das Vermeiden des Sitzens auf öffentlichen Plätzen – sind selbst Mittel sozialer Kontrolle. Sie regeln und kontrollieren selbst, indem sie Individuen in Situationen vor die Wahl stellen. Sie drohen nicht mit Strafe, sondern stellen vor allem Vorteile unter den Vorbehalt eines bestimmten Verhaltens – wie beispielsweise die Zugangsberechtigung für einen räumlich geschützten Bereich. Sie finden so einen Umgang mit dem empirisch Normalen, indem sie das Individuum zur Einhaltung der gegebenen Toleranzgrenzen anhalten. Diese werden dabei – im Gegensatz zur klassischen Norm in der Disziplinargesellschaft – oft nicht klar und eindeutig formuliert, wenngleich

354 Zur Zusammenarbeit von staatlichen und privaten Ermittlungsinstanzen *Pütter* 2010a.
355 Dazu und zu weiteren Beispielen *Schulzki-Haddouti* 2007.
356 Siehe *Weichert* 2007.
357 Dazu *Schnabel* 2007.
358 *Legnaro* 1997, 272.

die Präsenz der Techniken im Einzelfall auch einen appellativen Charakter haben kann.[359]

Mit dieser Form der Kontrolle erreichen die Techniken keine *innere* Übereinstimmung mit den aufgestellten Verhaltensanforderungen. Sie zielen nur darauf ab, dass sich Individuen in einer konkreten Situation *äußerlich* in einer bestimmten Art und Weise verhalten. Sie ähneln somit Obliegenheiten, an die man sich halten kann, aber nicht zwingend muss – soweit man mit den Folgen leben kann.[360] Wer die Verhaltensanforderungen nicht befolgt, erleidet (nur) mittelbar Nachteile oder ihm werden Vorteile – wie die genannte Zugangsberechtigung – verweigert. Zwar ähnelt dieser Mechanismus der klassischen Sanktionierung. Die Sanktion besteht hier jedoch nicht darin, dass eine (zusätzliche) Strafe auferlegt, sondern etwas verweigert wird. Solche objektiven Verunmöglichungen[361] sind nur darauf gerichtet, bestimmte Verhaltensweisen in konkreten Situationen zu unterbinden. Sie schreiben sich derart in die Umwelt und den Alltag ein, dass die Ausführung von als risikoträchtig klassifizierten Handlungen wenn nicht unterbunden, so doch zumindest erschwert wird. Wer beispielsweise keinen gültigen Fahrschein vorweisen kann, dem wird der Zugang zum öffentlichen Nahverkehr verweigert – so die Praxis in vielen europäischen U-Bahn-Stationen, die mit Ticketschranken ausgestattet sind.[362]

Für diese Form der Kontrolle ist ebenfalls ihr umfassender Charakter von zentraler Bedeutung. Die Techniken erfassen nicht mehr nur „Verdächtige“ oder „risikoträchtige Personen“, sondern die gesamte Gesellschaft wird zum Gegenstand. Sie warten nicht ab, bis sich eine Intention in einem konkreten unerwünschten Verhalten manifestiert, sondern unterbinden schon die Möglichkeit der Ausführung einer entsprechenden Handlung. Ihr Vorfeldcharakter führt dazu, dass nicht nur abweichende, sondern auch sozial konforme Verhaltensweisen unterbunden werden. So wirkt sich die Entfernung von Sitzgelegenheiten im öffentlichen Raum nicht nur auf die Möglichkeit aus, dort Alkohol zu trinken oder zu schlafen, sondern reduziert auch die Nutzung des Raumes zum Verweilen an sich.

---

359 Vgl. *Krasmann* 2003b, 55. *Sack* 1995, 501 stellte bezüglich der überkommenen Formen sozialer Kontrolle fest: „Die Ebene, auf der diese präventiven Wirkungen angesiedelt waren, war vorinstitutioneller Art – sie lag im Bereich des Psychischen, des Symbolischen, der Kommunikation. Die Mittel, derer sich das Strafrecht zur Entfaltung dieser Wirkungen bediente, waren solche der Verständigung, der Klarheit und Eindeutigkeit der Gebote und Gesetze, der effizienten Vermittlung und Weitergabe an die Mitglieder der Gesellschaft, der Öffentlichkeit und der Zugänglichkeit des gesetzgeberischen und richterlichen Wollens etc.“

360 Dabei bestehen gewisse Überschneidungen zu Selbstführungstechniken. Vgl. zur so genannten „lifestyle discrimination“ *Schmidt-Semisch* 2004, 225.

361 *Krasmann* 2003c, 104.

362 Zur Effektivität dieser situativen Maßnahme vgl. *R. V. Clarke* 1993.

Der umfassende Charakter dieser Form von Kontrolle lässt sich beispielsweise bei situativen Kontrolltechniken[363] beobachten, die auf eine Manipulation von Verhalten bei Desinteresse an der konkreten Person gerichtet sind. Sie setzen nicht auf die Verinnerlichung von Normen und Werten, sondern zielen auf eine flexible Anpassung an variierende Situationen ab.[364] Neben der Videoüberwachung, RFID-Chips und verdachtsunabhängigen Kontrollen[365] sind vor allem Einzäunungen und die Einschreibung von Sicherheitsanforderungen in Gebäude und Räume sowie Formen der präventiven Stadtgestaltung[366] bedeutsam, die Situationen unter dem Diktum der Risikobeherrschung verändern. Denn Architektur und Möblierung prägen nicht nur den Eindruck eines Raumes, sondern beeinflussen direkt oder indirekt auch dessen Zugangs- und Nutzungsmöglichkeiten.[367] Beispielhaft für sozialräumliche Einschreibungen von kriminalpräventiven Zwecksetzungen stehen Teile der Kriminalgeografie, das Konzept des „Defensible Space" und die „Broken-Windows-Theorie".[368]

So werden beispielsweise Nischen in und an Gebäuden, Parks und Plätzen umgebaut, um deren Nutzung durch Obdachlose zu verhindern. Metallspitzen auf Mauervorsprüngen und Blumenkästen auf Absätzen verhindern das Sitzen und Anlehnen; Wassersprenger werden dazu eingesetzt, dass sich Obdachlose nicht in Parks oder an anderen Orten niederlassen.[369] Diese Strategien setzen nicht mehr einen Normverstoß voraus, sondern gestalten die Umwelt in der Form neu, dass Abweichung verhindert oder zumindest erschwert wird. Mithin wirken sie nicht nur als Reaktion auf sozial auffälliges oder anstößiges Verhalten, sondern ebenso als in den Alltag eingeschriebene Manipulationen, die eine Modulation des eigenen Verhaltens erzeugen, aber ebenso auch einen ausschließenden Charakter haben können.

363 Das Konzept der situativen Kriminalprävention umfasst tatgelegenheitsreduzierende Maßnahmen, die mit ihrem Design, ihrem Management und ihrer Fähigkeit zur Manipulation der Umgebung abweichendes Verhalten schwieriger, riskanter, unattraktiver oder unentschuldbarer machen sollen, vgl. dazu *R. V. Clarke* 1997, 4.

364 Hierzu *Krasmann* 2003a.

365 Vgl. auch zu weiteren technologischen Kontrollformen *Duclos* 2005.

366 Siehe zu Deutschland und Großbritannien *Schubert/Spieckermann/Veil* 2007; zur Produktivkraft des Verbrechens für Sicherheitstechnik, Architektur und Stadtplanung vgl. *Zinganel* 2003.

367 Ausführlich *Wehrheim* 2006, 102 ff.

368 Dazu *Stolle/Singelnstein* 2006; *Wehrheim* 2006, 104 ff.

369 Zu den Beispielen vgl. *Wehrheim* 2006, 112 f.

4.2.3 Ausschlusstechniken

Neben Selbstführungs- und Kontrolltechniken erfahren schließlich auch Techniken des Ausschlusses für soziale Kontrolle eine zunehmende Bedeutung.[370] Sie sollen einerseits die gravierenden Folgen der ökonomischen Umstrukturierung von den Inkludierten fernhalten; andererseits flankieren sie die Funktionsfähigkeit der Kontrollstrategien und stellen sich teilweise als Umsetzung repressiver Sicherheitsbedürfnisse und moralisch-fundamentalistischer Inhalte dar. Insofern stellen sie den anderen Pol der Ausdifferenzierung sozialer Kontrolle dar, welche angesichts des Übergangs von der Disziplinierung zur Verwaltung des empirisch Normalen beobachtet werden kann.

4.2.3.1 Funktion und Wirkungsweise

Auch der Ausschluss zielt nicht vorrangig darauf ab, Einstellungen oder Verhaltensweisen zu verändern. Vielmehr dient er der Risikoabwehr und der Vergeltung. Der Hauptzweck solcher Techniken besteht in dem räumlichen Fernhalten der „Gefährlichen" und in der sozialen Ausgrenzung der „Überflüssigen".[371] Dies kann permanent oder zeitlich und örtlich begrenzt erfolgen.[372] Den Betroffenen werden dabei in sehr unterschiedlicher Intensität gesellschaftliche Partizipationsmöglichkeiten vorenthalten. Dies reicht von der sozialen Benachteiligung über die Begrenzung des Zugangs zu Ressourcen und Betretungsverbote bis hin zur physischen Vernichtung. Die steigende Bedeutung des Ausschlusses als *Form sozialer Kontrolle* korrespondiert dabei mit Konstellationen des *sozialen und ökonomischen* Ausschlusses, die vor allem durch die eingangs beschriebenen sozialen und ökonomischen Transformationen zugenommen haben.[373] Auch diese Form des Ausschlusses, der von privater Ablehnung bis zur Arbeits- und Obdachlosigkeit reicht, wirkt sozialkontrollierend und ist daher als entsprechende Technik einzustufen.

Techniken der Selbstführung und Kontrolle reichen in der Logik der Verwaltung des empirisch Normalen nicht aus, um den prognostizierten Bedrohungen für die herrschende Ordnung zu begegnen.[374] Innerhalb der Gesellschaften ist ein größer werdender Teil von Möglichkeiten der ökonomischen Reprodukti-

370 Siehe zum Begriff bereits *Steinert* 1995 sowie die Beiträge bei *Pilgram/Steinert* 2000.

371 *Wehrheim* 2006, 40 spricht von „der ‚Gefährlichkeit' der Armen und der Räume".

372 Vgl. *Agamben* 2004; *Lindenberg/Schmidt-Semisch* 2000, 307, 313 ff., die außerdem zwischen Techniken differenzieren, die die Betroffenen an bestimmten Orten konzentrieren und solchen, die sie individualisieren, sowie zwischen moralisierenden und eher kommerziellen.

373 Dazu auch *Bauman* 2005, 75 ff.; *Rinn* 2011.

374 Siehe *Rose* 2000, 99 f.

on ausgeschlossen und sozial desintegriert, so dass den Betroffenen nur noch eine minimale Funktion als Produzenten und Konsumenten zukommt. Stattdessen sind sie Träger zunehmender sozialer Proteste, die sich vorwiegend auf den Straßen abspielen. Diese „Überflüssigen" werden als (potentiell) renitent gegenüber Adaptionsanforderungen und dem neoliberalen Versprechen angesehen, dass jeder es schaffen könne, wenn er nur wolle.[375] Sie werden als „gefährlich" eingestuft, da sie weder über die herkömmlichen Methoden der Integration und Behandlung, noch über Techniken der Kontrolle und der Selbstführung hinreichend erreichbar sind. Diese „gefährlichen Überflüssigen" setzen sich vor allem aus Mitgliedern von „Risikogruppen" zusammen, denen eine Vielzahl von Risikofaktoren zugeschrieben wird. Sie sollen daher zur Minimierung ihrer „Gefährlichkeit" temporär oder permanent ferngehalten und ausgegrenzt werden.[376] Zur Erreichung dieses Ziels wird den Betroffenen nicht selten der Rückgriff auf rechtliche Schutzinstrumente versagt. Vor diesem Hintergrund lassen sich bestimmte Techniken des Ausschlusses als Form eines permanenten Ausnahmezustandes verstehen, der in Aufhebung des Rechts dessen nacktes Leben zu kolonialisieren sucht; ein zusammenwachsendes Geflecht aus Rechtsordnung, Gewalt und Unrecht.[377]

Gleichzeitig ermöglichen es Ausschlusstechniken, das Sicherheitsbedürfnis der Inkludierten zu befriedigen und diese ihrer Teilhabe am gesellschaftlichen System zu versichern. Exklusion bedient Abgrenzungsbedürfnisse sowohl der verängstigten Mittelschicht, die durch die ständige Vergegenwärtigung der Möglichkeit des eigenen sozialen Abstiegs verunsichert ist, als auch derjenigen, die selbst zu den Verlierern der ökonomischen Transformationsprozesse gehören, sich aber dadurch die Illusion des Dazugehörens erhalten können. Diese Funktion wird unter anderem durch Strategien der Anprangerung und Stigmatisierung erfüllt, wie sie derzeit vor allem in den USA praktiziert werden. Teilweise werden derartige Praxen durch die unmittelbare Nachbarschaft selbst aktiviert.

Den Ausschlusstechniken liegen Klassifikationsmerkmalen zugrunde. Kommen bestimmte Risikofaktoren gehäuft bei einer sozialen Gruppe vor, wird diese als „gefährlich" definiert und damit die Voraussetzung für den Vollzug des Ausschlusses geschaffen.[378] Diese Zuschreibung orientiert sich vornehmlich an mittelschichtsspezifischen, das heißt im Wesentlichen bürgerlichen Wertprioritäten. Während sich einerseits der strafende Staat – beispielsweise im Bereich der Sexualmoral, aber auch zum Teil im Drogenbereich – zurückzieht und Hand-

375 Siehe *Legnaro* 2010, 62 ff.
376 *Lindenberg/Schmidt-Semisch* 2000, 307; zum „Prisonfare" in den USA *Wacquant* 2009.
377 So *Agamben* 2004; vgl. auch *Frankenberg* 2010; näher dazu unten 4.3.3.2.
378 Vgl. *Krasmann* 2003, 245 f.

lungsweisen entmoralisiert, werden andererseits die „gefährlichen Überflüssigen“ verschärft erfasst.[379]

4.2.3.2 Erscheinungsformen

Ein wesentlicher Teil von Ausschlussstrategien zielt darauf ab, Personen oder Personengruppen aufgrund ihrer Klassifizierung als unerwünscht oder potenziell „gefährlich“ von bestimmten Orten und Räumen fernzuhalten. Solche Techniken treffen mit besonderer Härte vor allem Migranten aus dem Süden und Osten,[380] die an den Außengrenzen der EU oder der USA aufgehalten oder aus diesen Ländern verwiesen werden.[381] Beispielhaft dafür steht etwa der 2008 eingeführte § 54 Nr. 5a des Aufenthaltsgesetzes, der zum Beispiel dann eine Regelausweisung vorsieht, wenn der Ausländer „die freiheitlich demokratische Grundordnung oder die Sicherheit der Bundesrepublik gefährdet“. Diese Erscheinungsform von Ausschlusstechniken wird in der Zukunft noch bedeutsamer werden. Angesichts der globalen Ungleichverteilung von Ressourcen, Gütern und Entwicklungschancen sowie der Zunahme von Notlagen insbesondere in den Ländern des globalen Südens, die nicht zuletzt durch den Klimawandel, Kriege und die Wirtschaftsweise der westlichen Welt verursacht ist, werden Flucht- und Migrationsbewegungen zunehmen. Der globale Norden reagiert hierauf weiter mit Abwehr, Ächtung und Ausstoßung.[382]

Innerhalb der Staatsgrenzen findet Ausschluss vor allem durch Lager und Gefängnisse statt. Letzteres wird immer weniger als ultima ratio einer auf Behandlung ausgerichteten staatlichen Sozialkontrolle angesehen, sondern als Aussperrungsmittel zur „Unschädlichmachung“ (Incapacitation) von Straftätern eingesetzt.[383] Das Wegsperren wird wieder zum eigentlichen Zweck des Gefängnissystems, die Mauern zu einem wichtigen und wertvollen Mittel. Die freiheitsentziehenden Sanktionen durch den Staat verlieren in diesem Zusammenhang an zweckgebundener Kontur: „Strafe pur, ohne rhetorischen Firlefanz“[384] wird zum maßgeblichen Leitbild. Vorreiter dieser Entwicklung sind die USA, die bereits fast ein Prozent ihrer Bevölkerung wegsperren – Tendenz steigend. Ein repressiverer Zugriff lässt sich aber auch in anderen Ländern beobachten. So stieg die Gefangenenziffer in Neuseeland von 80 im Jahr 1996 auf 150 im Jahr 2002, in

---

379 Vgl. *Prömmel* 2002, 247 f.

380 *Bauman* 2005, 90 ff.

381 Vgl. *Kreissl* 1997, 543 f.; siehe zu Europa *Lederer/Busch* 2008; *Löhr/Pelzer* 2008.

382 *Bauman* 2008, 55 ff.

383 Zu dieser Entwicklung *Prömmel* 2006.

384 *Sack* 1995, 517 unter Bezugnahme auf *Jonathan Simon*.

den ehemals liberalen Niederlanden von 35 auf 90.[385] Auch in weiteren europäischen Ländern[386] zeigen sich deutliche Ansätze einer Entwicklung hin zu einem repressiveren Strafrecht, das auch in seiner Rhetorik und in seinen Begründungen zunehmend auf die soziale Degradierung und das Wegschließen der Betroffenen gerichtet ist.

Der damit zum Ausdruck kommende repressive Trend hat sich in Deutschland in den vergangenen 20 Jahren empirisch in der quantitativen Entwicklung der Freiheitsstrafe niedergeschlagen. Einhergehend mit einer weiteren Entformalisierung und Bagatellisierung kleiner und mittlerer Kriminalität sind die Gefangenenzahlen und die Zahl längerer Freiheitsstrafen[387] tendenziell angestiegen. Den Statistiken zufolge hat die Verhängung von mittel- und langfristigen Freiheitsstrafen in den vergangenen Jahren sowohl im Jugend- als auch im allgemeinen Strafrecht insgesamt wie auch im Verhältnis zu allen Verurteilungen zugenommen.[388] Dies führte zu einem Anstieg der absoluten wie auch der relativen Gefängnispopulation, wenngleich diese im Vergleich zu anderen europäischen Ländern nach wie vor im Mittelfeld liegt. Betrug die Anzahl der wegen einer Verurteilung zu Freiheitsstrafe einsitzenden Gefangenen im Jahr 1995 noch 41.353, so waren es 2010 53.973,[389] wobei nach einem recht kontinuierlichen Anstieg seit 2008 ein Rückgang der Zahlen zu beobachten ist. Dementsprechend ist die Gefangenenziffer – das heißt die Anzahl der Gefangenen, die auf 100.000 der Wohnbevölkerung kommen – von 56,6 im Jahr 1995 auf ca. 73,5 im Jahr 2010 angestiegen.[390] Diese Entwicklung kann nicht – wie mitunter behauptet wird – auf einen Anstieg der Kriminalität zurückgeführt werden, sondern beruht allen Anzeichen zufolge auf einer gewachsenen Punitivität in der ansonsten recht stabil urteilenden Justiz,[391] die sich vor allem in einer härteren Strafzumessungspraxis der Gerichte niederschlägt.[392] Dies betrifft im Besonderen die als besonders gefährlich eingestuften Verurteilten sowie den Bereich der Gewaltdelinquenz. Darüber hinaus hat sich in Deutschland die Tendenz zum Verwahrvollzug auch durch die Föderalismusreform verschärft, durch die 2006 den Bundeslän-

---

385 Vgl. die Daten bei *Cavadino/Dignan* 2006, 33 f.

386 Zu Gefangenenzahlen in ausgewählten europäischen Ländern vgl. *Wacquant* 2000, 70.

387 Vgl. hierzu *Suhling/Schott* 2001, 51 ff.

388 Siehe für Zahlen *PSB* 2006, 549, 574 f.; s. zum Anstieg von Strafvollzugsinsassen, die zu lebenslanger Freiheitsstrafe verurteilt wurden, auch *Puschke* 2011, 19.

389 StVollzSt 2010 Tab. 1, Stichtag 31.3.

390 Errechnet aus StVollzSt 2010 Tab. 1.1, Stichtag 31.3. und Statistisches Jahrbuch 2010 Tab. 2.1.1. für Jugend- und Freiheitsstrafe.

391 Zur Punitivität in der Bevölkerung und öffentlichen Debatte siehe 3.3.2.

392 So die international vergleichende Analyse von *Cavadino/Dignan* 2006; zu Frankreich *Wacquant* 2009, 278 f. Speziell für Deutschland siehe *Suhling/Schott* 2001. Zur variierenden Interpretation dieser Zahlen im Hinblick auf Punitivität *Groenemeyer* 2003, 215 ff.; *Kury/Obergfell-Fuchs* 2006, 1033 ff.; differenzierend *Dünkel* 2010.

dern die Gesetzgebungskompetenz für den Strafvollzug übertragen wurde. In den bislang erlassenen Landesstrafvollzugsgesetzen wird etwa dem „Schutz der Allgemeinheit" in der Regel ein erheblich höherer Stellenwert eingeräumt als bisher und werden die Gefangenen einem in Teilen deutlich repressiveren Gefängnissystem unterstellt.[393]

Besonders stark betroffen von dieser Einsperrungspraxis sind Migranten, die in Westeuropa einen immer größer werdenden Teil der Vollzugspopulation stellen[394], obwohl beispielsweise in Deutschland ihr Anteil selbst an den offiziellen Tatverdächtigenzahlen seit längerer Zeit beständig abnimmt.[395] Für als „besonders gefährlich" eingestufte Nichtdeutsche werden in der kriminalpolitischen Debatte sogar immer wieder Pläne für eine so genannte „Sicherungshaft" diskutiert, mittels derer eine Freiheitsentziehung ohne strafrechtliche Verurteilung alleine aufgrund einer Gefahrenprognose ermöglicht werden soll. Diese Debatte stellt ein neues Extrem am sicherheitspolitischen Horizont dar, auch wenn zeitlich begrenzte *präventive* Freiheitsentziehungen schon länger zum Repertoire polizeilicher Tätigkeit gehören.[396]

Vor allem im Zusammenhang mit Demonstrationen und anderen als sicherheitsrelevant eingestuften Veranstaltungen gehören Ingewahrsamnahmen heute zum Standard polizeilicher Praxis. Ein- und Ausreisebeschränkungen von bestimmten Personengruppen dienen dazu, diese gleich vollständig von der Teilnahme an solchen Veranstaltungen abzuhalten. Die Polizei setzt zwar weiterhin darauf, Beweismittel für die Strafverfolgung zu erlangen und Tatverdächtige festzunehmen. Zunehmend kommt aber das polizeirechtliche Instrumentarium des Gewahrsams zur Anwendung, um Demonstranten als „Störer" mitunter stunden- oder tagelang in Kesseln oder Gefangenensammelstellen festhalten zu können und sie damit an der Wahrnehmung ihrer Grundrechte zu hindern. Dies ließ sich sehr anschaulich bei den Protesten gegen den G8-Gipfel in Heiligendamm 2007 beobachten, wo der ganz überwiegende Teil der über 1.200 Freiheitsentziehungen präventiver Art war.

Auch die Sicherungsverwahrung[397] als quasi institutionalisierter Ausschluss wurde in Deutschland in den vergangenen zwei Jahrzehnten deutlich ausgeweitet – parallel zur Wiederentdeckung der „Karrierekriminellen" und „gefährlichen Triebtäter" durch die Kriminologie. Eine Unterbringung in diesem Maßregelvollzug kann unter anderem dann angeordnet werden, wenn bei dem Verurteilten ein so genannter „Hang" zur Begehung von Straftaten angenommen und er daher

393 Dazu *Eisenberg/Singelnstein* 2007.
394 Vgl. dazu *Wacquant* 2000a.
395 Zu Verzerrungsfaktoren *Eisenberg* 2005, § 50, Rn. 55 ff.; vgl. auch *Suhling/Schott* 2001, 33 ff.
396 Vgl. dazu *Preuß* 2007; *Wächtler* 2007.
397 Hierzu umfassend *Eisenberg* 2005, § 34, Rn. 57 ff.

als Gefahr für die Gesellschaft angesehen wird. Die Sicherungsverwahrung knüpft damit nicht nur – wie die Freiheitsstrafe – an begangenes Unrecht und die Schuld des Täters an, sondern an eine gutachterliche Prognose über das zukünftige Verhalten.[398] Sie kann damit potenziell zeitlich unbegrenzt verhängt werden.[399] Die Zahl der Sicherungsverwahrten ist von 183 im Jahr 1995 auf 350 im Jahre 2005 und 536 im Jahr 2010 gestiegen.[400] Ähnliche Steigerungen zeigen sich bei den anderen freiheitsentziehenden Maßregeln der Besserung und Sicherung, die zudem sehr viel häufiger angeordnet werden als die Sicherungsverwahrung. Für die Unterbringung in der Entziehungsanstalt oder im psychiatrischen Krankenhaus hat sich die Zahl der jährlichen Anordnungen zwischen 1995 und 2004 etwa verdoppelt.[401]

Parallel dazu wurden die rechtlichen Möglichkeiten zur Anordnung von Sicherungsverwahrung erheblich ausgeweitet. Während es zunächst nur möglich war, die Sicherungsverwahrung im Strafurteil anzuordnen, wurde durch den Gesetzgeber 2002 die Möglichkeit geschaffen, sich die spätere Anordnung von Sicherungsverwahrung im Urteil für den Fall vorzubehalten, dass sich während der Haft eine „besondere Gefährlichkeit" des Verurteilten herausstellt.[402] Im Jahr 2004 wurde sodann auch die nachträgliche Sicherungsverwahrung eingeführt, die eine Anordnung auch ohne vorherigen Vorbehalt im Urteil möglich macht.[403] Schließlich wurde die Sicherungsverwahrung auch auf Heranwachsende, die nach Jugendstrafrecht verurteilt wurden, für anwendbar erklärt. Bei der Ausweitung des Anwendungsbereiches der Sicherungsverwahrung und der Ausgestaltung des Vollzuges werden elementare menschenrechtliche und verfassungsrechtliche Vorgaben missachtet, wie es 2009 der Europäische Gerichtshof für Menschenrechte[404] und 2011 das Bundesverfassungsgericht[405] festgestellt haben. Letzteres hat sämtliche Regelungen der Sicherungsverwahrung für verfassungswidrig erklärt, sodass der Gesetzgeber nunmehr eine umfassende Neuregelung vornehmen muss. Auch in anderen europäischen Ländern ist eine Ausweitung vergleichbarer Sanktionsformen zu beobachten. So wurde in der Schweiz eine

398 Siehe zu Prognosen bereits oben 4.1.2.3; zur Praxis *Eisenberg* 2005, § 34, Rn. 57 ff.; siehe auch die Untersuchung von *Kinzig* 1997.

399 Wenn keine Höchstfrist angeordnet wird, hat der Sicherungsverwahrte nur ein Recht darauf, dass in regelmäßigen Abständen die weitere Erforderlichkeit der Unterbringung überprüft wird.

400 StVollzSt 2010, Tab. 1.1, Stichtag 31.3. – Die Zahl der Anordnungen steigt seit Mitte der 1990er Jahre an. Die Zahlen lauten für die Jahre 1993, 1997, 2001, 2005 und 2009 jeweils 27, 46, 74, 75 und 107 (StrafVerfSt, jeweils Tab. 5.4 bzw. 5.5).

401 Siehe *PSB* 2006, 578 f.

402 BGBl. I, 3344.

403 BGBl. I, 1838. Zur Kritik daran *Dünkel/Kunkat* 2001; *Rzepka* 2003.

404 EGMR M./. Deutschland, Urt. v. 17.12.2009 m. w. N., dazu *Pollähne* 2010.

405 BVerfG, Urt. v. 04.05.2011 – 2 BvR 2365/09, 2 BvR 740/10, 2 BvR 2333/08, 2 BvR 571/10, 2 BvR 1152/10.

Verfassungsinitiative durch Volksabstimmung angenommen, die im Kern für „nicht therapierbare, extrem gefährliche Sexual- und Gewaltstraftäter“ die Möglichkeit der periodischen Überprüfung der „Gefährlichkeit“ abschafft und damit de facto ein Wegsperren auf Lebenszeit bedeutet.[406]

Eine weitere extreme Form des Ausschlusses ist in der Etablierung von extralegalen Lagern zu sehen, in denen die Entziehung von Freiheit mit einem hohen Grad der Entrechtung verbunden wird. Hierfür stehen das Lager in Guantánamo Bay auf Kuba, die in den USA geschaffenen Sondermilitärgerichte sowie die weltweit verstreuten geheimen CIA-Gefängnisse. An den EU-Außengrenzen operiert die Europäische Grenzschutzagentur, die nicht aufgrund von rechtlichen Grundlagen, sondern aufgrund faktischer Macht über das Schicksal von Flüchtlingen und Immigranten entscheidet.[407] Darüber hinaus sind überall auf der Welt Bestrebungen zu beobachten, im Zuge der „Terrorismusbekämpfung“ Verdächtige vom Zugang zu Institutionen und Instrumenten des Rechtsstaates auszuschließen. In Deutschland schlug sich dies beispielsweise in Überlegungen zur extralegalen Tötung von mutmaßlichen Terroristen nieder. Auf EU-Ebene wurde eine Terror-Liste eingeführt, auf der nach einem nicht nachvollziehbaren Verfahren Organisationen und Einzelpersonen gelistet werden. Wer einmal auf die Liste kommt, verliert mit einem Schlag seine ökonomische Freiheit. Die Möglichkeit, die Rechtmäßigkeit der Aufnahme in die Liste überprüfen zu lassen, konnte erst nach langjährigen rechtlichen Auseinandersetzungen erreicht werden.[408]

Über räumliche Beschränkungen und Entrechtung hinaus erfahren vor allem im angloamerikanischen Rechtsraum auch Mechanismen des Ausschlusses eine Renaissance, die aus vergangenen Jahrhunderten bekannt sind, wie zum Beispiel Formen der Anprangerung, die sich teilweise auch des Internets bedienen.[409] So werden in einigen Bundesstaaten der USA die Bewohner einer Gemeinde informiert, wenn sich in dieser ein verurteilter Sexualstraftäter niederlassen will. Sein Haus und sein Auto werden dann entsprechend gekennzeichnet. Ebenso können Ladendiebe dazu verurteilt werden, sich mit einem Schild „Ich habe gestohlen“ für eine bestimmte Zeit vor das betroffene Geschäft zu stellen. Diese Ausschlusstechniken werden mit der Begründung der Abschreckung, aber auch der Prävention und Aufklärung eingeführt.

Schließlich kann Ausschluss auch räumlich spezifiziert und zeitlich begrenzt erfolgen. Eine solche Wirkung können etwa städtebauliche und architek-

---

406 Dazu *Kunz* 2005, 1378 f.

407 Vgl. dazu *Busch/Tohidipur* 2011, 52 ff. m. w. N.

408 Dazu zusammenfassend *Kaleck* 2011.

409 Vgl. *Kaiser* 2005, 1360; *Legnaro* 2000, 213 f. So stellen zum Beispiel manche US-Bundesstaaten das vollständige Vorstrafenregister aller Sexualstraftäter ins Internet, inklusive Foto, Personenbeschreibung und Adresse.

tonische Maßnahmen zur Sicherheitsproduktion entfalten, wie zum Beispiel Gated Communities oder Barrieren, die Bewegung in der Stadt regulieren.[410] Ebenso werden im Rahmen von kommunalen Gefahrenabwehrverordnungen bestimmte Verhaltensweisen wie Nächtigen, Alkoholkonsum, Betteln und teilweise auch die Ausübung von Sportarten – beispielsweise Skaten – im öffentlichen Raum verboten und mit einer Sanktion belegt. Ziel dieser Satzungen ist es, unliebsame Verhaltensweisen aus den Innenstädten zu verbannen. Mittels Betretungsverboten, Platzverweisen, Aufenthaltsverboten,[411] nächtlichen Ausgangssperren für Jugendliche aber beispielsweise auch Fixerstuben[412] werden diese Vorgaben umgesetzt und unerwünschte Personengruppen von der Nutzung gewisser öffentlicher Räume ausgeschlossen.[413] Für die Polizei rechtfertigt diese Form der Kriminalisierung normaler Verhaltensweisen die Anwendung ihrer gesetzlichen Befugnisse, wodurch ihr Handlungs- und Gestaltungsspielraum erheblich ausgeweitet wird.[414] So wurden beispielsweise im Hamburger Stadtteil St. Georg 1992 schon 19.593 Platzverweise ausgesprochen; 1999 waren es dann 51.583. Im gleichen Zeitraum stieg die Anzahl der Ingewahrsamnahmen von Personen zur Durchsetzung eines Platzverweises von 930 auf 3.305. Dies bedeutet, dass 1999 ca. zehn Ingewahrsamnahmen pro Tag allein in St. Georg vollzogen worden sind.[415] Am weitesten fortgeschritten ist diese Entwicklung in semiprivaten Orten wie Bahnhöfen, Entertainment- und Shoppingcentern, die rechtlich privat organisiert sind, aber auch öffentliche Funktionen wahrnehmen und von sozialer Bedeutung sind. In der modernen Wettbewerbsstadt soll der Konsum nicht durch Bilder der Armut und Unordnung gestört werden.[416] In Großbritannien ist es aufgrund des so genannten „Antisocial Behaviour Order“ beispielsweise möglich, (vorwiegend) gegen Jugendliche wegen „antisozialer“, nicht strafbarer Verhaltensweisen unter anderem Quartier- und Pubverbote auszusprechen.[417]

Zwar ist der Ausschluss als sozialkontrollierender Mechanismus vor allem in den USA verbreitet und wird als solcher auch propagiert. Gleichwohl kann er nicht, wie es teilweise geschieht, als Gegenmodell zum kontinentaleuropäischen

410 Siehe *Beckett/Herbert* 2008, 7, 24.

411 Siehe aus rechtlicher Sicht *Hecker* 2006.

412 Dazu *Lindenberg/Schmidt-Semisch* 2000, 311 f. Gleichwohl weisen Fixerstuben natürlich eine Ambivalenz auf, da sie beispielsweise bessere hygienische und humanere Bedingungen für den Drogenkonsum bereitstellen als die „Straße“.

413 Zu neueren Tendenzen in den USA *Belina* 2006; *Beckett/Herbert* 2008, 13 ff.

414 Siehe für die USA *Beckett/Herbert* 2008, 8 ff., 16.

415 Zahlen nach *Wehrheim* 2006, 60.

416 *Beckett/Herbert* 2008, 16 f.; *Wehrheim* 2006, 125 ff.

417 *Meister* 2005.

Verständnis von sozialer Kontrolle angesehen werden.[418] Den USA kommt vielmehr eine Vorreiterrolle bei der Entwicklung zu, die zeitverzögert und in anderer Ausprägung auch in Kontinentaleuropa zu beobachten ist. Dies zeigt sich einerseits in der dargestellten empirischen Entwicklung von Formen des Freiheitsentzugs sowie dem faktischen Alltag in den Vollzugsanstalten.[419] Andererseits setzt sich auf rechtlicher Ebene zunehmend eine Entwicklung durch, die bestimmte Formen des Ausschlusses und der Entrechtung forciert. Neben den kriminalpolitischen Diskussionen über mögliche Formen der „Unschädlichmachung" von so genannten „Gefährdern" ist in der deutschen Strafrechtswissenschaft eine Diskussion im Gange, die ein Sonderstrafrecht zur Exklusion der „Feinde" der Gesellschaftsordnung nicht nur konstatiert. Sie fordert es auch in Abgrenzung zu einem rechtsstaatlichen „Bürgerstrafrecht".[420]

4.2.4 Zusammenwirken und Übergänge

Zusammenfassend kann festgestellt werden, dass im Arsenal der Techniken sozialer Kontrolle ein Ausbau und eine Ausdifferenzierung stattgefunden haben.[421] Selbstführungs-, Kontroll- und Ausschlusstechniken – die keine Erfindungen der Gegenwart sind – gewinnen an Bedeutung, ohne dabei die disziplinierende Intervention vollständig zu verdrängen.

Das Zusammenwirken der verschiedenen Techniken kann als Stufenfolge einer primär nicht sanktionsorientierten, sondern proaktiv ausgestalteten Formation sozialer Kontrolle beschrieben werden. Gerade die Selbstführungstechniken zielen darauf ab, den Einzelnen zu befähigen, sich flexibel an situativ differierende Anforderungen anzupassen. Verstöße können zwar Nachteile nach sich ziehen, müssen aber nicht notwendigerweise Sanktionen zur Folge haben.[422] Kontrolltechniken setzen dagegen zwar grundsätzlich die Fähigkeit des Individuums zu konformem Verhalten voraus. Allerdings sind sie manifester Ausdruck eines Misstrauens. Eine ständige Kontrolle soll das Risiko eines Fehlverhaltens ausschließen. Schlagen Selbstführung und Kontrolltechniken fehl, beachtet der Betroffene die in der konkreten Situation gültigen Regeln nicht oder tritt eine Kumulation von Risikofaktoren auf, kommen weitergehende Techniken zur Anwendung. Dabei kann disziplinierend interveniert und notfalls sanktioniert

---

418 Siehe auch *Sack* 2010, 75 ff.

419 Vgl. die Untersuchung von *Cavadino/Dignan* 2006.

420 Siehe näher unten 4.3.3. Zur Debatte vgl. *Kunz* 2005 mit weiteren Nachweisen.

421 So auch *Beste* 1996, 312: „Vielgestaltigkeit spätkapitalistischer Kontrollformen"; *Lindenberg/Schmidt-Semisch* 2000, 309; *Feeley/Simon* 1994.

422 *Lindenberg/Schmidt-Semisch* 1995 sprechen von „Sanktionsverzicht statt Herrschaftsverlust".

werden, etwa wenn der Betroffene als grundsätzlich anpassungsfähig angesehen wird. Andernfalls wird mit Techniken des Ausschlusses gearbeitet, wenn dies zur Verwaltung des empirisch Normalen erforderlich scheint.[423]

Erreicht beispielsweise ein in der Hausordnung eines Einkaufszentrums niedergelegtes Konsumverbot für Alkohol, das durch die sichtbare Installation eines Videoüberwachungssystems abgesichert wird, den Besucher nicht, so wird er seitens des zuständigen Sicherheitsdienstes ermahnt und eventuell auch sanktioniert. Gehört er zusätzlich zu einer Risikogruppe und/oder setzt er sich mehrfach über das Verbot hinweg, kann ein ausschließendes Hausverbot ausgesprochen werden. Diese Stufenfolge wird auch deutlich an der „Three Strikes you're out"-Regel des US-amerikanischen Strafrechts. Ersttäter – so lange sie kein Kapitalverbrechen begangen haben – werden zunächst im herkömmlichen Sinne bestraft. Bei dreimaliger Überführung wegen eines Verbrechens – wobei die einzel- und bundesstaatlichen Regelungen stark differieren[424] – wird auf lebenslange Freiheitsentziehung erkannt und damit der Ausschluss vollzogen.[425]

Die Übergänge zwischen den einzelnen Mechanismen und Techniken sind fließend und die Trennlinien nicht immer eindeutig zu ziehen, wie es sich beispielsweise an der so genannten „elektronischen Fußfessel" zeigen lässt, die sich nunmehr langsam auch in der Praxis durchzusetzen scheint.[426] Sie wirkt eigentlich disziplinierend und kontrollierend. Folge ihrer Anwendung ist aber der zumindest partielle Ausschluss aus dem gesellschaftlichen Leben, da der Betroffene in seinem eigenen Zuhause gefangen oder zumindest in seinem Bewegungsradius stark eingeschränkt ist. Ein ähnliches Bild zeichnet sich in den Lebensbedingungen illegalisierter Migranten ab. Deren prekärer Aufenthaltsstatus kann jederzeit durch eine Abschiebung beendet werden. Diese ständige Drohung eines räumlichen Ausschlusses führt dazu, dass die Betroffenen umfassende Selbstkontrollstrategien entwickeln, die auf eine Vermeidung eines Kontaktes mit staatlichen Behörden gerichtet sind. Folge dessen ist im Endeffekt ein weitest gehender Ausschluss aus dem sozialen Leben. Sodann können auch städtebauliche und architektonische Maßnahmen sowohl auf Selbstführung wie auch auf Kontrolle und Ausschluss abzielen. Schließlich findet sich eine Verbindung der verschiedenen Techniken auch in dem Konzept der Kommunalen Kriminalprävention. Denn zum einen sollen deren Agenturen möglichst frühzeitig Risiken entdecken und angehen. Zum anderen bringen sie damit massive Stigmatisierungen hervor und konstruieren durch die Zuschreibung von Risikopotentialen Risikogruppen, die wiederum zu Adressaten von Ausschlusstechniken werden.

---

423 Vgl. *Ziegler* 2001, 20 ff.; *Wacquant* 2009, 16.
424 *Legnaro* 2000, 208 f.
425 Vgl. dazu unter anderem die Darstellung bei *Kunz* 2011, 318 ff.
426 Vgl. dazu *Bergmann* 2004.

Die teilweise widersprüchlichen und mit konträren Zielsetzungen verbundenen Techniken sozialer Kontrolle ergeben so ein recht kohärentes Zusammenspiel, in dem die einzelnen Strategien zwar unterschiedliche Bereiche abdecken, aber trotzdem aufeinander aufbauen, so dass von einer gewissen Komplementarität von Selbstführung, Kontrolltechniken und Ausschluss gesprochen werden kann, die erst die Stärke der Kontrolle ausmacht.[427] Während erstere für jeden Einzelnen bzw. eine Vielzahl von Situationen im Bagatellbereich wirksam werden, finden Formen des Ausschlusses vor allem auf die „Unverbesserlichen" und die „gefährlichen Überflüssigen" Anwendung.

Infolge des Übergangs von der disziplinierenden wohlfahrtsstaatlichen Sozialkontrolle zur Verwaltung des empirisch Normalen wird soziale Kontrolle heute weniger im sozialen Nahraum ausgeübt, sondern verstärkt in das Individuum hineinverlagert bzw. mehr von depersonalisierten und umfassend wirkenden Techniken getragen. Dies schlägt sich im Übergang von der Selbstdisziplinierung zur Selbstführung, von der Überwachung zur Kontrolle, von der Integration zum Ausschluss nieder. Dabei handelt es sich um eine Ausdifferenzierung in verschiedene Richtungen. Zum einen ist eine Vorverlagerung durch die stärkere Bedeutung von Selbstführungs- und Kontrolltechniken zu beobachten. Zum anderen werden die Maßnahmen in ihren Auswirkungen auf das Individuum umfassender und grundsätzlicher, wie die Ausschlusstechniken zeigen.

4.3 Institutionelle Veränderungen

Der Wandel der gesellschaftlichen Bedingungen für soziale Kontrolle führt nicht nur zu einer erweiterten Ziel- und Zwecksetzung und einem Umbau der Mechanismen bzw. Techniken. Auch die Institutionen sozialer Kontrolle wandeln sich. Sie spiegeln die Auswirkungen gesellschaftlicher Transformationsprozesse wider und müssen sich (auch selbst) an den veränderten Bedingungen ausrichten. Hierbei stehen die strukturellen Tendenzen einer Internationalisierung, die Folgen der Ökonomisierung sowie die Neubestimmungen der Rolle von Recht, rechtsstaatlichen Prinzipien und demokratischer Verfasstheit im Vordergrund.

4.3.1 Globalisierung und Internationalisierung

Parallel zur Globalisierung der Kapitalbeziehungen internationalisieren sich auch die Sicherheitspolitik und Strukturen sozialer Kontrolle. Vorreiter dieser Ent-

427 Vgl. *Böhm* 2007, 180 f.; *Rinn* 2011; *Zedner* 2007, 264 f.

wicklung ist seit den 1960er Jahren – neben der Verfolgung politisch und militärisch oppositioneller Gruppen – das Feld der Bekämpfung des „internationalen Drogenhandels“ und der Migration. Diese sind wesentlicher Motor für die Herausbildung einer internationalen Zusammenarbeit, die Verpflichtungen zur repressiven, möglichst einheitlichen Verfolgung und eine Institutionalisierung internationaler polizeilicher Kooperation festschreiben.[428] Für die Konstruktion eines sicherheitsgeografischen Europas in den 1990er Jahren spielte außerdem die Verfolgung so genannter „Organisierter Kriminalität“ eine wesentliche Rolle. Nachdem die verdachtsunabhängigen polizeilichen Kontrollen an den EU-Binnengrenzen mit dem Schengener Abkommen wegfielen, gewann die Diskussion über grenzüberschreitende und damit angeblich nicht mehr kontrollierbare Kriminalität und Migration an Bedeutung. Sie führte zu einer Militarisierung und Technisierung der Kontrolle an den EU-Außengrenzen und einer verstärkten europäischen polizeilichen Kooperation. Im Weltmaßstab gilt vergleichbares in neuer Qualität seit dem 11. September 2001 für die Bekämpfung des „internationalen Terrorismus“.

4.3.1.1 Effekte der Internationalisierung

Als Effekte einer solchen Entwicklung sind im Wesentlichen drei Tendenzen zu beobachten. Mit der Internationalisierung von Sicherheitsinstitutionen und Rechtsansichten geht oft eine repressive Vereinheitlichung einher, die im europäischen Kontext an den Plänen einer gemeinsamen Drogen- und Migrationspolitik ablesbar ist, bei denen sich die jeweils repressivere nationalstaatliche Variante durchsetzt. So sind auf EU-Ebene die Niederlande mit ihrer vergleichsweise liberalen Drogenpolitik gescheitert, während sich die repressiven Regelungen Frankreichs und Schwedens durchzusetzen scheinen.

Auch der „Europäische Haftbefehl“ enthält Elemente, die einer repressiven Vereinheitlichung der europäischen Sicherheitspolitik Vorschub leisten können. Das darin de facto aufgegebene Prinzip der beiderseitigen Strafbarkeit, wonach ein Mitgliedsstaat nur dann einen Bürger an einen anderen Mitgliedsstaat ausliefern kann, wenn die ihm dort vorgeworfene Handlung auch nach dem Recht des Heimatstaates strafbar ist, wurde durch das Prinzip der gegenseitigen Anerkennung ersetzt. Dieses Prinzip geht davon aus, dass nicht nur Entscheidungen eines mitgliedsstaatlichen Gerichtes von den anderen Staaten anerkannt werden, sondern auch die jeweiligen mitgliedsstaatlichen Bestimmungen über die Strafbarkeit von Verhaltensweisen. Der diesbezügliche EU-Rahmenbeschluss geht von

428 Vgl. zum Drogenhandel ausführlich *Busch* 1999.

einer weitgehenden „Harmonisierung“ der Katalogstraftaten aus, die indes eine Fiktion darstellt, wenn man sich etwa die Bereiche der Drogenprohibition, der Sterbehilfe und der Terrorismusverfolgung anschaut. Auch hier ist also zu befürchten, dass die Entwicklung zu einer „europaweiten Exekutierbarkeit der jeweils punitivsten Strafrechtsordnung“ führt.[429] Dieses Prinzip der gegenseitigen Anerkennung findet sich auch im 2. Haftbefehlsgesetz wieder.[430]

Parallel dazu ist eine Exterritorialisierung nationalstaatlicher Interessen zu beobachten. Die gesetzgeberische oder administrative Durchsetzung sicherheitspolitischer Interessen eines Staates findet ihre Schranken nicht (mehr) an den eigenen Grenzen, sondern wird anderen Staaten aufgezwungen. Beispiele dafür sind die Bekämpfung der Geldwäsche und wiederum des Drogenhandels, die sich international stark an US-amerikanischen Vorgaben ausrichtet.[431]

Zweitens ist eine Zunahme internationaler bzw. europäischer Institutionen zu beobachten, die einer demokratischen Kontrolle entzogen sind. Diese Einrichtungen fungieren als internationale Organe, die staatliche Aufgaben im Einvernehmen mit den nationalstaatlichen Exekutiven wahrnehmen, dies aber außerhalb eines rechtsstaatlichen Institutionengefüges tun, das auf Gewaltenteilung und gegenseitiger Kontrolle beruhen würde.[432] Beispiele dafür sind die auf europäischer Ebene agierenden Organe zur polizeilichen bzw. justiziellen Zusammenarbeit, EUROPOL und Eurojust, die von einer unmittelbaren rechtsstaatlichen Kontrolle weitgehend und systematisch freigestellt sind. Gleichwohl werden deren Zuständigkeitsbereiche ständig erweitert. So war EUROPOL ursprünglich als europäische Drehscheibe für nationale Informationen über Straftaten, Verdächtige und Ermittlungen gedacht. Neben dieser Funktion der Datensammlung und Datenauswertung ist die Einrichtung mittlerweile auch zuständig für den operativen Teil der Polizeiarbeit. Es kann an gemeinsamen Ermittlungsgruppen der Mitgliedsstaaten teilnehmen, die nationalen Polizeien auffordern, selbst Ermittlungen aufzunehmen, und diese Ermittlungen sogar selbst koordinieren. Die Zuständigkeit von EUROPOL wurde von fünf auf inzwischen 27 Delikte bzw. Deliktsbereiche ausgedehnt.[433] EUROPOL ist damit nicht mehr nur eine bedeutende Datensammelbehörde, die von außen kaum kontrolliert werden kann und im Gegensatz zu den nationalen Polizeien auch nicht den Weisungen

429 Vgl. die diesbezügliche Erklärung von etwa 120 Strafrechtslehrern, dazu *Schünemann* 2003a.

430 Vgl. *Hackner u. a.* 2006, 668. Das erste Gesetz zur Umsetzung des Rahmenbeschluss über einen EU-Haftbefehl vom 21. Juli 2004 wurde 2005 vom Bundesverfassungsgericht für verfassungswidrig und nichtig erklärt, BVerfG NJW 2005, 2289 ff.

431 Vgl. *Schünemann* 2003, 306 ff., der von (Rechts-)Imperialismus spricht.

432 *Busch* 1999, 292.

433 *Hayes* 2006, 47.

der Staatsanwaltschaft unterworfen ist.[434] Vielmehr entwickelt sich das Amt von einer reaktiven Analysestelle zu einer proaktiven und operativen Polizeizentrale.

Neben EUROPOL und Eurojust gibt es mit Frontex auch eine europäische Grenzschutzagentur, die vor allem die nationalen Grenzschutzpolizeien koordinieren soll[435], und mit Sit-Cen ein nachrichtendienstliches EU-Lagezentrum. Im Zuge des „war on terror" findet eine intensive Zusammenarbeit der westlichen Nachrichtendienste statt.[436] Mit dem Haager Programm wurde auf EU-Ebene[437] das „Prinzip der Verfügbarkeit" eingeführt, das es den nationalen Polizeien ermöglicht, auf die Datenbestände der Polizei eines anderen Mitgliedsstaates zuzugreifen. Der dabei erfolgende Transfer von Daten ist faktisch nicht kontrollierbar und nicht justiziabel.[438]

Drittens findet eine Verschränkung von äußerer und innerer Sicherheit statt, die sich sowohl durch eine Verpolizeilichung von Militärinterventionen[439], als auch durch eine Militarisierung der Polizei und der innerstaatlichen Gefahrenabwehr[440] auszeichnet. Polizeiliche Ziele werden ebenso mit militärischen Mitteln verfolgt wie polizeiliche Kräfte für militärische Aufgaben eingesetzt. Deutlich wird diese Entwicklung an dem im April 1999 beschlossenen neuen strategischen Konzept der NATO, in dem sich die Staaten des Paktes nicht mehr alleine auf die Verpflichtung zum gegenseitigen Beistand im Verteidigungsfall festlegen, sondern der Organisation die Bekämpfung einer Vielzahl militärischer und nichtmilitärischer Risiken zuweisen. So werden in dem Konzept als Ziele beispielsweise die Eindämmung der Migration, der Zugang zu Rohstoffen und Märkten, der Kampf gegen die „Organisierte Kriminalität" und gegen Instabilität im und rund um den euroatlantischen Raum genannt. Die Streitkräfte und Kampfeinheiten werden entsprechend den neuen Aufgaben umstrukturiert. Schnelle Eingreiftruppen etc. sollen nicht mehr unbedingt in der Lage sein, ein anderes Land zu besetzen, sondern im Rahmen einer operativen Kriegsführung in dieses eindringen können, um sich dort festzusetzen. Hauptziel ist die Besetzung kleinerer Zonen und Gebiete, die von ökonomischem oder strategischem Interesse sind.[441] Die NATO hat sich damit von einem Verteidigungsbündnis zu

434 *Gleß* 2001, 92.

435 Zur Grenzordnung der EU *Lederer/Busch* 2008

436 *Busch/Pütter* 2007, 3 ff.

437 Zur Rolle der Sicherheitsproduktion bei politischen Prozessen der EU *Hempel* 2011.

438 Vgl. *Busch/Tohidipur* 2011, 54 ff.

439 *Narr* 2001, 30 f.

440 Ausdruck dieser Entwicklungen sind die Diskussionen über den Einsatz der Bundeswehr im Inneren oder die Schaffung einer europäischen kasernierten, quasi-militärischen Polizei nach Vorbild der italienischen Carabinieri bzw. der französischen Gendarmerie.

441 Zu beobachten ist diese Strategie sowohl im Irak und in Afghanistan, als auch in Kolumbien und teilweise in Afrika. Die (Invasions-)Truppen sind nur in einigen Teilbereichen des Landes präsent, die logistisch (zum Waren- und Gütertransport) und ökonomisch (Ölfelder, Diamantenmi-

einer Interessenallianz gewandelt. Sie wird als flexibel einsetzbare Militärpolizei zu einem „Globalisator" westlicher Ideologie mit einem fast unbegrenzten Einsatzbereich.[442]

Parallel dazu wird in Deutschland schrittweise der Einsatz der Bundeswehr im Inneren etabliert. Zu diesem Zweck werden einerseits die militärischen Einsatzgrundsätze an die Erfordernisse der Gefahrenabwehr und der Katastrophenhilfe angepasst und die Bundeswehr regelmäßig an nationalen Koordinierungseinrichtungen von Sicherheitsbehörden beteiligt. So wurde in Kalkar beispielsweise ein „Nationales Lage- und Führungszentrum Sicherheit im Luftraum" gebildet, das aus Vertretern von Luftwaffe, Bundespolizei und Deutscher Flugsicherung besteht. Andererseits wird die Zusammenarbeit und Verflechtung mit zivilen Institutionen vorangetrieben. Im Ende 2006 erschienenen Weißbuch zur Sicherheitspolitik Deutschlands ist die „Zivil-Militärische Zusammenarbeit" (ZMZ) zwischen Polizei, Katastrophenhilfe und Bundeswehr institutionell festgeschrieben.[443] Die Landeskommandos der Bundeswehr sind danach den Bundesländern als Ansprechpartner für Krisenfälle zugeordnet, um Hilfs- und Unterstützungsleistungen zu erbringen. Auf kommunaler Ebene werden bei den Landrats- und Kreisämtern Kreis- und Bezirksverbindungskommandos gebildet, die meist aus Reservisten bestehen und direkt an Polizei, Rettungsdienste und Katastrophenschutz angebunden sind.

In aller Öffentlichkeit sichtbar wurde diese neue zivil-militärische Zusammenarbeit beim G8-Gipfel 2007 in Heiligendamm. Dort saßen nicht nur in allen Stäben Vertreter der Bundeswehr, sondern zum Schutz der Staatsgäste befanden sich auch 2.000 Soldaten im unmittelbaren Einsatz. Auf den Straßen konnten insgesamt zehn Spähpanzer vom Typ „Fennek" gesichtet werden, während Tornados und in einem Fall sogar Eurofighter über die Camps der Demonstranten flogen und Schiffe der Marine den Seeweg überwachten. Bereits im Januar 2007 hatte Oberst Manfred Pape, Chef des mecklenburg-vorpommerischen Bundeswehr-Landeskommandos, gegenüber dem NDR Sicherheitsübungen angekündigt, in deren Rahmen das Zusammenwirken zwischen Sicherheits- und Hilfskräften unter Einbeziehung der neuen zivil-militärischen Verbindungskommandos bei Demonstrationen von Globalisierungsgegnern trainiert werden sollte.[444]

---

nen) oder sicherheitspolitisch interessant sind. An diesen Orten werden auch vorzugsweise die internationalen „Hilfsgelder" investiert. Der Rest des Landes wird „sich selbst überlassen".

442 So *Reiter* 2007, 131 f.

443 *Bundesministerium der Verteidigung* 2006, 127.

444 Vgl. dazu *Heinelt* 2007.

4.3.1.2 Veränderung von Kriegsformen und Kriegszielen

Diese Veränderungen spiegeln sich in veränderten Formen und Zielen von Kriegen wider. Schon in den sechziger und siebziger Jahren des vergangenen Jahrhunderts wurden an der Militärschule „School of the Americas" in Fort Benning (Georgia, USA) Strategien des so genannten „low intensity warfare" (Kriegsführung niederer Intensität) entwickelt und vorwiegend in Lateinamerika eingesetzt. Kennzeichen dieser Strategie war das Fehlen einer offiziellen Kriegserklärung und die Abstinenz von offenen kriegerischen Auseinandersetzungen. Stattdessen wurde auf Formen der psychologischen Kriegsführung, der Desinformation, der Zerstörung der Lebensgrundlagen durch Sabotageakte, auf Folter, Vertreibungen und Morde durch Paramilitärs etc. gesetzt. Damit sollte eine Destabilisierung der betroffenen Region und so eine substanzielle Schwächung des Gegners ohne offizielle Kriegshandlungen erreicht werden.

„Moderne" Kriege verlieren mehr und mehr ihren „offiziellen" Charakter. Die Grenze zu Polizeieinsätzen ist fließend, wie die US-Invasion in Panama, die Bombardierung von Tripolis durch die USA und der Krieg in Afghanistan zur Ergreifung Bin Ladens sowie zum Sturz der Taliban zeigen. Dies ist nicht nur auf ausgedehnte polizeiliche Kompetenzen, sondern ebenso auf eine Ausweitung der Zuständigkeiten des Militärs zurückzuführen; beide Gebiete überschneiden sich zunehmend. Im militärischen Bereich wurde seit den 1990er Jahren und insbesondere nach dem 11. September 2001 der Begriff der Gefahr oder Bedrohung ersetzt durch das Konzept der ständigen Risikoabwehr, das entsprechende Interventionen notwendig macht. So wird das militärische Aufgabenspektrum ausgeweitet, was sich insgesamt in eine Entwicklung der Entgrenzung innerer und äußerer Sicherheit einordnen lässt.[445]

Auch hier wird das Zusammenspiel von Kontrolle und Ausschluss deutlich. Während ein ökonomisch interessantes oder sicherheitsrelevantes Gebiet eine hohe Kontrolldichte aufweist und – wenn auch nur im Rahmen einer Raubökonomie – in den Weltmarkt integriert wird, findet sich der Rest des Landes inklusive seiner Bevölkerung ausgeschlossen. Außerhalb der Kontrollzonen finden Interventionen nur noch in Form von „Razzien" statt, wenn die dortige Sicherheitslage allzu prekär wird. Dabei geht es nicht vorrangig um die Etablierung einer neuen Ordnung, sondern um die Verdeutlichung von Herrschaft, um reines Krisenmanagement, also um das, was sich als Problemverwaltung beschreiben lässt.[446]

445 Vgl. *Bauer* 2004.; siehe auch schon oben 4.3.1.1.
446 *Seibert* 2003, 24.

4.3.2 Ökonomisierung und Neuformierung

Infolge der Ökonomisierung zentraler Bereiche der Gesellschaft werden auch die Strukturen sozialer Kontrolle von einem Prozess der Privatisierung und Kommodifizierung erfasst, der einen Wandel der Institutionen sowie eine Entgrenzung und Verlagerung staatlicher Macht nach sich zieht, ohne dass damit unbedingt ein Schwinden staatlicher Möglichkeiten der Einflussnahme verbunden wäre.[447]

4.3.2.1 Privatisierung

Parallel zur Globalisierung und Internationalisierung findet eine Privatisierung sozialer Kontrolle statt. Die Tendenz zur Auslagerung vormals staatlich organisierter Bereiche in den privatwirtschaftlichen Sektor macht auch vor den staatlichen Sicherheits- und Kontrollagenturen nicht halt. Private Ermittler und Sicherheitsdienste[448], eine private Gefängnisindustrie, Maßnahmen der situativen und Kommunalen Kriminalprävention[449] sowie eine privatisierte Kriegsführung[450] sind Teile eines hoch entwickelten und spezialisierten Wachstumsmarktes, auf dem alle Angebote zur Sicherheitsproduktion verfügbar sind und der scheinbar unerschöpflich ist. So lag die Zahl der privaten Sicherheitskräfte im Irak (180.000) im Sommer 2007 nach Schätzungen unabhängiger Experten über der der US-Soldaten (167.000). In der „Quadrennial Review" – der alle vier Jahre aktualisierten Sicherheitsdoktrin des Pentagon – wurden private Sicherheitsfirmen 2006 erstmals offiziell als Teil der militärischen Gesamtstreitmacht der USA aufgeführt.[451] In Deutschland hat die Anzahl der bei Wach- und Sicherheitsunternehmen Beschäftigten von 115.000 (1996) auf 168.000 (2010) zugenommen. Im selben Zeitraum hat sich der Umsatz privater Sicherheitsdienste von 2,41 auf 4,5 Milliarden Euro fast verdoppelt.[452]

Wesentlicher Motor dieser Entwicklung ist einerseits die Tendenz zur Kommodifizierung gesellschaftlicher Bereiche, das heißt zur In-Wert-Setzung von vormals öffentlichen Gütern, die damit zu Waren werden. Dies geschieht gemäß neoliberalen Konzepten, die notwendigerweise auch das Feld der inneren und äußeren Sicherheit mit dem Ziel der Effektivierung erfassen. Andererseits

447 Zur städtischen Sicherheitspolitik siehe die Beiträge in *Eick/Sambale/Töpfer* 2007.
448 Vgl. dazu *Beste* 1996, 320 ff.; 2009, 186 ff.; *Briken/Eick* 2011; *Hefendehl* 2001; *Kirsch* 2002; *Sack u. a.* 1995.
449 Siehe dazu schon oben 4.2.2.
450 Vgl. dazu die Beiträge in *Azzellini/Kanzleiter* 2003.
451 Siehe Frankfurter Rundschau vom 20. September 2007.
452 Vgl. http://www.bdws.de; zu Großbritannien siehe *Zedner* 2007, 262 f.

kann die enorm gestiegene Nachfrage nach Sicherheit[453] nicht mehr allein durch staatliche Sicherheitsagenturen befriedigt werden. Stattdessen setzt sich eine Versicherungslogik durch, nach der man sich gegen etwaige zukünftige Risiken durch private Verträge absichert.

Folgen dieser Privatisierung sind eine Segmentierung und Differenzierung von Sicherheitsangeboten und Sicherheitszonen. Es werden Räume geschaffen, in denen voneinander differierende Ordnungsansprüche und Verhaltensanforderungen existieren, an die sich die betreffenden Personen anpassen müssen. Wir wandern somit von einer Vertragsgemeinschaft zur anderen, in denen unterschiedliche Absicherungen gegen Risiken gelten und damit auch divergierende Verhaltensanforderungen an uns gestellt werden. Deutlich wird diese Entwicklung an den semiprivaten oder voll privatisierten Bahnhöfen, Einkaufs- und Vergnügungszentren, aber auch auf Flughäfen, in Bibliotheken und in so genannten Gated Communities.[454] In deren Hausordnungen bzw. in den mit den beauftragten privaten Sicherheitsdiensten abgeschlossenen Verträgen werden Toleranzbereiche und Sanktionsgrenzen festgeschrieben, die sich an den jeweiligen – meist kommerziellen – Bedürfnissen des Auftraggebers orientieren.[455] In einigen britischen Einkaufszentren gilt etwa ein Verbot für das Tragen von Kapuzen, um der Angst der englischen Mittelschicht vor Jugendlichen der Unterschicht Rechnung zu tragen.[456]

Die Privatisierung der öffentlichen Sicherheit bedingt so eine wieder wachsende Bedeutung der öffentlichen Ordnung sowie eine Segmentierung und Abschottung, angesichts derer teilweise von der Wiederbelebung einer neofeudalen Stadtgesellschaft gesprochen wird.[457] Das Verwischen der Grenzen zwischen Staat, Gesellschaft und privaten Akteuren erschwert zugleich den Rechtsschutz für den Bürger, da für ihn nicht unmittelbar ersichtlich ist, in wessen Zuständigkeitsbereich er sich gerade befindet und wer daher für ihn der richtige Ansprechpartner ist. Die in diesem Raum entstehenden Institutionen, oft in Form eines Private-Public-Partnership, entziehen sich nicht nur der demokratischen Legitimation, sondern auch der demokratischen Kontrolle.[458] Für die internationale Öffentlichkeit wurde dies am Beispiel der privaten Ermittler im Foltergefängnis Abu Ghraib im Irak deutlich, die weder fassbar noch ermittelbar waren.

---

453 Siehe bereits oben 3.3.

454 Zu solchen abgegrenzten und gesicherten Wohnanlagen *Wehrheim* 2000; 2006, 125 ff.

455 In dem Einkaufszentrum „Altmarkt-Galerie" in Dresden ist beispielsweise nur sehr unbestimmt der „unnötige Aufenthalt" in der Hausordnung untersagt.

456 *Meister* 2005; zu weiteren Beispielen vgl. *Wehrheim* 2006, 125 ff.

457 *Eick* 2004, 22; *Shearing* 1995, 271.

458 Siehe *Roggan* 2008, 326 ff.; *Zedner* 2007, 263.

4.3.2.2 Kommodifizierung von Sicherheit

Die Privatisierung steht in enger Wechselwirkung mit einer Tendenz zur Kommmodifizierung von Sicherheit. Die Sicherheitsproduktion wird – ebenso wie andere Bereiche gesellschaftlichen Lebens – der Marktlogik unterworfen, obwohl staatliche Sozialkontrolle zu den zentralen Bereichen hoheitlichen Handelns gehört.[459] Besonders deutlich wird diese Tendenz bei der zunehmenden Privatisierung des Strafvollzuges und der damit verbundenen Entwicklung einer Gefängnisindustrie.[460] Dadurch wird ein sich ständig erweiternder Sicherheitsmarkt mit einem Angebot an hoch spezialisierten Waren geschaffen, auf dem die private, aber auch staatliche Nachfrage nach Sicherheit jederzeit bedient werden kann.[461] Sicherheitsstandards werden damit zunehmend an finanzielle Möglichkeiten gekoppelt. Derartige Tendenzen sind in einer sozial differenzierten Gesellschaft zwar allgemein angelegt,[462] nunmehr wird aber eine Angleichung der Schutzmöglichkeiten erst gar nicht mehr angestrebt.

Mit Kommodifizierung ist aber nicht nur gemeint, dass staatliche Aufgaben und Dienstleistungen zur Ware werden, sondern auch, dass die staatliche Produktion sich marktwirtschaftlich organisiert und nach ökonomischen Kriterien funktioniert. So wird auf Grundlage eines „New Public Management" eine postbürokratische Organisationsform geschaffen, die auf „veraltete, starre und ökonomisch ineffiziente Administrationsstrukturen" verzichtet und sich stattdessen auf mehr Flexibilität, weniger Hierarchie und ein informelles Agieren ausrichtet. Effektivität wird zum entscheidenden Kriterium staatlichen Handelns,[463] Kriminalpolitik unter Gesichtspunkten der Pragmatik, der Ökonomie und der Wettbewerbsfähigkeit betrachtet, Kriminalität gemanaged.[464] Ein Ausdruck davon sind die in einigen Bundesländern von der Innenverwaltung mit der Polizei abgeschlossenen Zielvereinbarungen, in denen anzustrebende Kriminalitätsraten vereinbart werden.[465] Aber auch im Strafrecht lässt sich das Leitbild der Effektivität finden, wie nicht nur der Rückzug des integrativen Behandlungsansatzes deutlich macht. Auch die massive Zunahme von Diversion, das heißt der Einstellungen von Strafverfahren mit oder ohne Auflage unter Verzicht auf ein förmliches Verfahren, ist Ausdruck von Effektivierungsbemühungen.

459 *Markantonatou* 2004, 165 führt dies darauf zurück, dass Kriminalpolitik als „der ‚sensible' Bereich der öffentlichen Administration" als letztes von der neuen Logik erfasst worden sei.

460 Vgl. zur internationalen Entwicklung *Cavadino/Dignan* 2006, 304 ff.

461 Siehe *Kreissl* 2008, 324 f.

462 Soziale Differenzierung und Differenzierung der Sicherheit durch staatliche Instanzen korrespondieren miteinander, siehe *Narr* 2001, 23.

463 Zum „New Public Management" *Markantonatou* 2004.

464 Siehe *Garland* 2001, 18 f.; *Ortner/Pilgram/Steinert* 1998 für das Beispiel New York.

465 Zu Mecklenburg-Vorpommern *Jasch* 2000.

Kommodifizierung bedingt damit einerseits eine Kommerzialisierung von Sicherheit, in deren Folge es zu einer zunehmenden Ungleichverteilung des Gutes Sicherheit und zu einem Ausschluss von ökonomisch diskriminierten Gruppen aus dem Sicherheitsmarkt kommt. Andererseits führt die interne Ausrichtung auf marktwirtschaftliche Effizienzkriterien zu einer Aufgabe der gleichförmigen Prozesse der Bürokratie, einer Aushöhlung rechtsstaatlicher Grundsätze und zu einer Ausrichtung auf symbolische Bereiche des Sicherheitsbedarfs.[466]

4.3.2.3 Ausdifferenzierung der Institutionen und Konzepte

Weiterhin lässt sich eine deutliche Ausdifferenzierung der Institutionen beobachten. Der Wandel bei den Formen sozialer Kontrolle sowie unterschiedliche regionale und kommunale Gegebenheiten führen zu einer Ausdifferenzierung der Kontrollagenturen und -angebote, die flexibel an konkrete Bedürfnisse, Situationen und lokale Begebenheiten angepasst werden.

Zwar sind in vielen Städten ähnliche Entwicklungen zu beobachten. Gleichwohl sind die Anforderungen an eine Sicherheitsstrategie in westdeutschen Kleinstädten nicht vergleichbar mit denen einer Metropole wie London. Des Weiteren treffen die Entwicklungen auf unterschiedliche regionale Vorgaben, sodass sich in verschiedenen Städten unterschiedliche Kontrollkulturen herausbilden.[467] Innerhalb kommunaler Einheiten wiederum differieren die Anforderungen zwischen Gated Communities der Oberschicht, der Innenstadt und den Wohnvierteln der Unterschichten. Dort wo sich die durch den Umbau des Sozial- und Wohlfahrtsstaates hervorgerufenen sozialen Verwerfungen konkret manifestieren, soll mit differenzierten Antworten gearbeitet werden.[468] Konzepte wie Kommunale Kriminalprävention und Community Policing versuchen mit einem solchen Ansatz zu agieren, indem sie eine lokal abgestimmte Strategie aufgrund einer Analyse der lokalen „Problemfelder“ entwickeln. So sind in fast allen Städten kommunale Präventionsräte installiert, wenngleich diese von ihrem selbst gesteckten Aufgabenfeld, ihrer Zusammensetzung und ihrem tatsächlichen Engagement her sehr heterogen sind.[469] Weiteres Beispiel für eine lokalisierte Sicherheitspolitik ist die Praxis der kommunalen Gefahrenabwehrsatzungen – auch als Bettelsatzungen bekannt –, die je nach Kommune das Nächtigen, Ska-

466 So auch *Garland* 2001, 18 f.; *Markantonatou* 2004, 170 f.
467 Empirisch zu Hamburg und München *Kreissl/Ostermeier* 2007.
468 Siehe zu den verschiedenen und jeweils variierenden Aspekten der städtischen Kontrollgesellschaft *Beste* 2009, 192 ff.
469 Dazu *Hohmeyer/Kant/Pütter* 2001.

ten, Betteln, Trinken oder andere Verhaltensweisen im städtischen Raum mit einem bußgeldbewehrten Verbot belegen.[470]

Diese Ausdifferenzierung sowohl des Angebots von als auch der Nachfrage nach Sicherheit lässt eine nationalstaatlich homogene Auffassung von Sicherheit und Ordnung verschwimmen. Stattdessen vervielfältigen sich die Vorstellungen darüber, womit Sicherheit eigentlich produziert bzw. was für eine Ordnung überhaupt geschützt oder hergestellt werden soll. Es kommt daher zur Etablierung einer Vielzahl von *Sicherheiten von Ordnungen*.[471]

4.3.2.4 Entgrenzung und Verlagerung staatlicher Macht

Mit den beschriebenen Entwicklungen ist nicht ohne weiteres ein Rückzug oder Machtverlust des Staates verbunden, wie er mitunter für andere privatisierte und kommodifizierte Bereiche konstatiert wird. Dies ist zum einen darauf zurückzuführen, dass ein steigender Bedarf an professioneller Sozialkontrolle besteht, der vom Staat befriedigt wird und damit einen Ausgleich für die an Private ausgelagerten Aufgaben darstellt.[472] Zum anderen führt der Rückgang der staatlichen Regelungskompetenz in der Sozial- und Wirtschaftspolitik zu einem Legitimationsverlust, der kompensiert werden muss, wofür im Wesentlichen der Bereich der Kriminal- und Sicherheitspolitik in Betracht kommt. Privatisierung ist aber auch grundsätzlich nicht ohne weiteres mit einem Machtverlust des Staates verbunden. Denn die Delegierung von Aufgaben und Tätigkeiten beinhaltet nicht notwendigerweise auch die Abgabe der Kompetenz, die zu erfüllenden Zielvorgaben zu definieren.[473] Der Staat gibt eher den regulatorischen Rahmen vor, innerhalb dessen private Akteure selbstständig Aufgaben des Staates wahrnehmen.[474]

Zusammengenommen führen diese Tendenzen zu einer Restrukturierung und Entgrenzung staatlicher Macht. Zwar lagert der Staat eine Vielzahl seiner ursprünglich hoheitlichen Aufgaben aus und lässt diese von Privaten vornehmen, andererseits dringt er zunehmend in Lebensbereiche ein, die ihm vorher verschlossen waren. So erlaubt auch gerade die Vermittlung von Normen und Verhaltensanforderungen über private oder parastaatliche Kontrollinstanzen dem

470 Zu Gefahrenabwehrsatzungen *Frehsee* 2000, 66 f.

471 *Nogala* 2001, 205.

472 *Kubink* 2002, 653 konstatiert eine Ergänzung statt einer Ersetzung staatlicher Sozialkontrolle; siehe auch *Wacquant* 2009, 309 f.

473 Siehe *Lemke* 2004 sowie *Beste* 1996, 327: Zunehmende Privatisierung und gleichzeitige Durchstaatlichung der Gesellschaft greifen ineinander und ergänzen sich in einer gewandelten Kontrollstruktur. *Kubink* 2002, 526: Staat als Letztverantwortlicher der Sicherheitsgewährleistung.

474 Zur Zusammenarbeit von staatlichen und privaten Ermittlungsinstanzen *Pütter* 2010a.

Staat ein kontrollierendes Vorgehen, ohne dass er sichtbar als Staat auftreten muss. Diese Form der Responsibilisierung und des „Regierens aus Distanz“[475] wird deutlich in der Praxis der Kommunalen Kriminalprävention, die beispielhaft für die gesteuerte Ausübung von Sozialkontrolle im Nahraum steht.[476] Vom Ende des Gewaltmonopols zu sprechen, wie es einige tun,[477] geht daher fehl. Vielmehr ist die Entstehung hoch entwickelter Sicherheits- und Kontrollarrangements zu beobachten, die eine neue Form der staatlichen Durchdringung von Gesellschaft ermöglichen.[478] Dadurch, dass der Staat private Initiativen zulässt und vormals eigene Aufgaben auf Private überträgt, behält er sich einerseits vor, die Rahmenbedingungen bestimmen zu können, innerhalb derer Private tätig werden. Andererseits kann er jederzeit den zur Verfügung gestellten „Freiraum“ einengen und die Verantwortlichkeit wieder an sich ziehen. Hier wird die Parallele zum Konzept des aktivierenden Sozialstaats deutlich, der sich angeblich zurückzieht, stattdessen aber seine Kontroll- und Einflussmöglichkeiten nur neu justiert.

Gleichwohl sind Privatisierung und Outsourcing von staatlichen Aufgaben nicht automatisch gleichzusetzen mit einer Ausdehnung von staatlicher Macht. Gerade die privaten Sicherheitsdienste und Militärunternehmen verfolgen nicht lediglich staatliche Zielvorgaben, sondern (auch) ihre eigenen Interessen. Da sie in vielen Fällen keiner direkten staatlichen Steuerung unterliegen, ist es ihnen möglich, innerhalb des staatlich gesetzten Rahmens eigene Normen und Regeln aufzustellen, womit sie sich zu quasi Recht setzenden privaten Akteuren entwickeln, deren Tätigkeit wiederum auf den Staat einwirkt.[479] Marktlogik und Autonomisierungstendenzen können schließlich dazu führen, dass Private sich selbständig machen und sich unter Umständen gegen ihren ursprünglichen Auftraggeber selbst wenden. Gerade im Bereich der privaten Kriegsführung finden sich – vor allem in Afrika aber auch in Lateinamerika – Fälle, in denen private Söldnertruppen sich von ihrem ursprünglichen Auftraggeber entfernen und auf eigene Rechnung weiter agieren.

Während oben für die lokale Ebene eine Ausdifferenzierung konstatiert wurde, kann für bestimmte Bereiche der staatlichen Sozialkontrolle eine Vereinheitlichung und ein Zusammenwachsen der Institutionen beobachtet werden. Von besonderer Bedeutung ist dabei die Verschmelzung von nachrichtendienstlicher Tätigkeit, polizeilicher Gefahrenabwehr und Strafverfolgung. Das – zumindest in der Bundesrepublik existierende – Gebot der Trennung von Polizei

475 Siehe oben 4.2.
476 Vgl. *Beste* 1996, 328.
477 Vgl. die Nachweise bei *Nogala* 2001, 202 ff.
478 So *Hirsch* 1998, 41.
479 Vgl. dazu *Shearing* 2005, 88 ff.

und Nachrichtendiensten ist mittlerweile reduziert worden auf die Einhaltung einer institutionellen Trennung zwischen den Sicherheitsbehörden. Überschneidungen in den zugewiesenen Aufgabenbereichen und den zur Zielerfüllung zugestandenen Mitteln fallen nach Ansicht der Exekutive und Teilen der Sicherheitspolitik nicht darunter. Dies hat zur Folge, dass Polizei und Staatsanwaltschaften mittlerweile in erheblichem Umfang auf vormals den Nachrichtendiensten vorbehaltene heimliche Ermittlungsmethoden zurückgreifen können, wie die Überwachung des Wohnraums und der Telekommunikation und den Einsatz verdeckter Ermittler.

Gleichzeitig werden der Bundesnachrichtendienst (BND) und der Verfassungsschutz für die Strafverfolgung und damit für originär polizeiliche Aufgabenbereiche eingesetzt.[480] So haben einige Landesverfassungsschutzämter eine Zuständigkeit für die Überwachung „Organisierter Kriminalität" erhalten,[481] während der BND im Rahmen der strategischen Fernmeldeüberwachung Sachverhalte wie die Geldwäsche, die unbefugte Verbringung von Betäubungsmitteln aus dem Ausland und die im Ausland begangene Geldfälschung erfassen soll.[482]

Die durch die Nachrichtendienste erlangten Daten können in nicht unerheblichem Umfang auch in Strafverfahren eingeführt werden.[483] Da die Herkunft und Vollständigkeit der Informationen oft nicht ermittelt werden kann, weil Nachrichtendienste grundsätzlich verdeckt arbeiten und an einer Offenlegung ihrer Quellen nicht interessiert sind, ist eine Steuerung von Strafverfahren durch die Geheimdienste möglich. Sie entscheiden nach eigenem Ermessen darüber, ob, wann und in welchem Umfang Daten an die Strafverfolgungsbehörden weitergegeben werden und können so eine Strafverfolgung initiieren oder behindern. Gerade diese Unkontrollierbarkeit macht die Verschmelzung von Aufgaben der Strafverfolgung und geheimdienstlicher Tätigkeit gefährlich, da die Nachrichtendienste die Polizei mit Informationen versorgen können, die Letztere gar nicht hätten erlangen können, während die Polizeibehörden aufgrund ihrer Zwangsbefugnisse Maßnahmen vornehmen können, zu denen Verfassungsschutz und BND nicht berechtigt sind.[484]

Darüber hinaus lässt sich nunmehr immer stärker auch ein schrittweises institutionelles Zusammenwachsen von Polizei und Geheimdienst beobachten, wobei wiederum die Terrorismusbekämpfung das Einfallstor bildet.[485] Während

480 Dazu *Roggan* 2006.

481 Siehe zu Bayern *Koch* 1995; zur teilweisen Verfassungswidrigkeit der Regelungen im Sächsischen Verfassungsschutzgesetz das Urteil des SächsVerfGH, Vf. 67-II-04 vom 21. Juli 2005.

482 Strategische Fernmeldeüberwachung gemäß §§ 1, 5 Artikel 10-Gesetz, dazu *Schafranek* 2002.

483 Die Übermittlungs- und Verwendungsregeln differieren: §§ 19 ff. Bundesverfassungsschutzgesetz, §§ 9 ff. BND-Gesetz, §§ 11 f. MAD-Gesetz, §§ 4 Abs. 4, 7 Abs. 4 Artikel 10-Gesetz.

484 Detailliert hierzu *Hefendehl* 2011.

485 Dazu *Roggan/Bergemann* 2007, 876 ff.

die so genannte Anti-Terror-Datei die Zusammenarbeit noch auf Datenaustausch beschränkt, stehen Koordinierungseinrichtungen, wie zum Beispiel das Gemeinsame Terrorismus-Abwehrzentrum in Berlin-Treptow dafür, dass die verschiedenen Behörden zusammen an einem Tisch sitzen und arbeiten. Eine Entgrenzung staatlicher Macht findet somit nicht nur nach „außen" statt – mehr Kompetenzen, mehr Zugriffsmöglichkeiten –, sondern auch nach „innen" in Form der Verschmelzung der behördlich getrennten Aufgabenbereiche. Damit verbunden sind eine Verlagerung staatlicher Funktionen auf die Ebene der Exekutive und ein erheblicher Bedeutungsverlust der Legislative.[486] Vergleichbares lässt sich für den Bereich der Strafverfolgung konstatieren. Die dort zu beobachtenden Veränderungen führen zu einem erheblichen Machtzuwachs auf Seiten der Exekutive, der unter anderem durch eine Verschiebung rechtlicher und faktischer Kompetenzen zwischen den an der Strafverfolgung beteiligten Instanzen bedingt ist.[487]

Mit diesen Entwicklungen steht die zunehmende Bedeutung von polizeilichen Bundesbehörden in einer Reihe.[488] Die Wahrnehmung polizeilicher Aufgaben ist in der Bundesrepublik eigentlich Ländersache, wovon lange nur eng begrenzte Ausnahmen vorgesehen waren, wie etwa das Bundeskriminalamt (BKA) oder der ehemalige Bundesgrenzschutz. Mit dem Umbau des letzteren zur Bundespolizei sowie dem BKA-Gesetz von 2009 zeigen sich indes immer stärkere Bestrebungen, Bundeskompetenzen im Sicherheitsbereich auszuweiten und diese Aufgaben also bei Bundesbehörden zu zentralisieren. Ein weiterer Schritt in diese Richtung wäre die geplante, inzwischen aber wieder auf Eis gelegte Fusion von BKA und Bundespolizei.

4.3.3 Neubestimmung von Funktion und Reichweite des Rechts

Die gestiegene gesellschaftliche Bedeutung von Sicherheit führt auch zu einer Neubestimmung der Funktion und Reichweite von Recht, die sich insbesondere in einem schleichenden Wandel des Verständnisses vom Rechtsstaat und seines materiellen Gehalts niederschlägt.[489] Dies steht in Zusammenhang mit der allgemeinen Entwicklung hin zu einem positivistischen Rechtsverständnis, das sich übergreifender Rechtssätze entledigt. Gesetze stellen in dieser Perspektive – ganz

486 *Holert* 2004, 247.

487 *Albrecht* 2010, 210; *Singelnstein* 2011, 14.

488 Zur wachsenden Bedeutung der Polizei bei der Sicherheitsproduktion aus rechtlicher Sicht umfassend *Söllner* 2011.

489 *Haffke* 2005, 20 f. ordnet die Entwicklung von Sozialkontrolle insofern in den Wandel vom Rechts- zum Präventionsstaat ein. Zusammenfassend *P.-A. Albrecht* 2010, 74 ff., 145 ff.

im Sinne der Verwaltung des empirisch Normalen – nur noch das Handwerkszeug für Verwaltung und Politik dar.

4.3.3.1 Legitimierung statt Limitierung von Eingriffen

Wesentliche Teile des Rechts – und insbesondere das Strafrecht – dienen im aufklärerischen Sinne der Begrenzung staatlicher Macht. Gerade die Regelungen über strafprozessuale Zwangsmaßnahmen gehen wesentlich auf den bürgerlichen Widerstand gegen behördliche und absolutistische Willkür zurück. Diese begrenzende Funktion tritt immer mehr in den Hintergrund.[490] Das ist einerseits ablesbar an einem Wandel der Bedeutung von Grundrechten und ihrer Funktion, die zunehmend als staatliche Handlungsermächtigungen herangezogen und nicht mehr nur als Abwehrrechte gegen hoheitliche Gewalt verstanden werden.[491] Andererseits fungieren Rechtsnormen heute weniger zur Limitierung von staatlicher Gewalt, sondern zur Legitimierung staatlicher Eingriffsansprüche.[492]

Paradigmatisch hierfür steht der Datenschutz, der aufgrund von Vorgaben des Bundesverfassungsgerichts gesetzlich geregelt werden musste. Die daraufhin geschaffenen Datenerhebungs- und -verarbeitungsregelungen sind heute jedoch derart umfassend und erlauben eine so weitgehende Verwendung von höchstpersönlichen Daten, dass zwar den formalen rechtsstaatlichen Anforderungen – Stichwort Gesetzesvorbehalt – Genüge getan, eine Begrenzung der Datenverarbeitung aber kaum erreicht wurde.[493] Sobald das Parlament seinen Segen erteilt hat, kann nur noch der Missbrauch der Daten thematisiert werden. Der gesetzlich geregelte umfassende Gebrauch der Daten ist dagegen der Auseinandersetzung weitgehend entzogen. Die Verrechtlichung bleibt daher ohne nachhaltigen Gewinn.[494]

Gerade im Bereich der Datenerhebung und des Einsatzes technischer Mittel folgt die Gesetzgebung dem Prinzip: Was technisch möglich ist, soll auch rechtlich erlaubt sein. Diese Vorgehensweise zeigt sich etwa in der Diskussion um die Etablierung des „genetischen Fingerabdrucks“ als Standardmaßnahme im Ermittlungsverfahren oder an der Gesetzgebung im Bereich der europaweiten Strafver-

490 Vgl. *Frehsee* 2003, 363 ff.

491 So auch *Degenhardt* 2003, 309 in Bezug auf die europäischen Institutionen der Strafverfolgung. Zur Begründung eines eigenen „Grundrechts auf Sicherheit“ *Isensee* 1983, dazu *Kutscha* 2006, 31 ff. Daneben werden zunehmend die Schutzpflichten als Grundrechtsfunktion bemüht.

492 Ein eklatantes Beispiel dafür ist das vom Bundesverfassungsgericht für verfassungswidrig erklärte Luftsicherheitsgesetz vom 11. Januar 2005, BGBl. I, 78 ff.

493 Vgl. *Busch* 2004, 6 ff.; *Singelnstein* 2008, 892 f. zum Strafverfahren.

494 Vgl. *Busch* 2006a.

folgung[495]. „Kleiner" und „großer Lauschangriff", Telefon- und Videoüberwachung und der Einsatz Verdeckter Ermittler sind mittlerweile nicht mehr nur zur Strafverfolgung, sondern auch zur Gefahrenabwehr und teilweise gar zur Vorfeldprävention einsetzbar. Mit Extrembeispielen und -szenarien werden neue Maßnahmen begründet und eingeführt, deren ursprünglich begrenzter Anwendungsbereich immer mehr ausgedehnt wird. So dürfen Gespräche in der Wohnung heute nicht nur bei besonders schweren Straftaten wie Mord, Totschlag und Geiselnahme abgehört werden, sondern schon wenn der Verdacht besteht, dass der Betroffene als Mitglied einer Bande sich zur fortgesetzten Begehung von Diebstahlsdelikten entschlossen hat (vgl. § 100c Strafprozessordnung). Hierunter lassen sich aber auch lose Gruppen von Jugendlichen fassen, die öfter Ladendiebstähle begehen.

So ist ein System exekutiver Eingriffsbefugnisse entstanden, das rechtlich und faktisch kaum noch zu kontrollieren ist. Denn zum einen werden solche Maßnahmen aufgrund der personellen und technischen Gegebenheiten ganz überwiegend von Institutionen der Exekutive nicht nur durchgeführt, sondern auch durch Beantragung initiiert bzw. in vielen Fällen gar direkt angeordnet. Zum anderen laufen die vorgesehenen rechtlichen Schutzmechanismen oftmals leer.[496] Die Wirksamkeit des Richtervorbehalts beispielsweise, wie er vor allem bei heimlichen strafprozessualen Maßnahmen vorgesehen ist, wird dadurch eingeschränkt bzw. faktisch wirkungslos, dass die Richter massiv überlastet und bei ihrer Entscheidung von den Informationen der ermittelnden Behörden der Exekutive abhängig sind.[497] So ist eine Untersuchung der strafprozessualen Telekommunikationsüberwachung aus dem Jahr 2003 zu dem Ergebnis gekommen, dass etwa 90 Prozent der beantragten Überwachungen genau so angeordnet werden wie sie beantragt wurden, die Richter also vollumfänglich Antrag und Begründung der Staatsanwaltschaft übernehmen. Lediglich in weniger als einem Prozent der Fälle wird der Antrag der Staatsanwaltschaft formell abgelehnt. Die Begründungstätigkeit erfolgt dabei nahezu ausschließlich durch die Polizei. Die Staatsanwälte und die entscheidenden Richter übernehmen diese Begründungen regelmäßig oder geben gar nur den Gesetzestext wider.[498]

Verfassungsrechtliche Vorgaben und Grenzen stellen für die Exekutive oft nur noch ärgerliche Hindernisse dar, wie sich zum Beispiel an der Diskussion über die Zulässigkeit des Abschusses von mit Zivilisten besetzten Flugzeugen zeigt, die zum Zwecke eines Terrorangriffs entführt worden sind. Obwohl die verfassungsrechtlichen Vorgaben durch das Bundesverfassungsgericht eindeutig

495 Vgl. dazu *Degenhardt* 2003, zusammenfassend 195 ff., 308 ff.
496 Siehe *H.-J. Albrecht/Dorsch/Krüpe* 2003, 30; *Asbrock* 1997, 255, 258.
497 S. *Eisenberg* 2011, Rn. 2456; zur Telekommunikationsüberwachung *Backes/Gusy* 2003, 45 ff.
498 *H.-J. Albrecht/Dorsch/Krüpe* 2003, 446 f., 452 f.

sind, propagierte der ehemalige Verteidigungsminister Franz-Josef Jung im September 2007 ein solches Vorgehen. Einzig vollkommen anlasslose, das heißt auch lagebildunabhängige Eingriffe durch die Polizei sind grundsätzlich (noch) nicht möglich, weshalb von einigen Juristen Überlegungen angestellt werden, wie man diese Hürde umgehen könnte. Dabei werden Konstruktionen wie ein durch alle Bürger zu erbringendes Sonderopfer, die Einführung von Grundpflichten bzw. eines Grundrechts auf Sicherheit oder eine generelle Beschränkung des Grundrechts auf informationelle Selbstbestimmung im Hinblick auf sozial offenbarte Daten diskutiert.[499]

Parallel dazu werden die Strafrechtsprinzipien[500] als Grundlage eines rechtsstaatlichen Strafrechts ausgehöhlt und verlieren ihre verfahrens- und damit grundrechtsschützende Wirkung. So ist das heutige Strafprozessrecht gekennzeichnet durch eine Zunahme von technisch unterstützter, heimlicher Ermittlungstätigkeit. Die entscheidenden Weichen für den Ausgang des Verfahrens werden im Ermittlungsverfahren gestellt, die Hauptverhandlung hat an Bedeutung eingebüßt.[501] Verteidigerrechte greifen in diesem Stadium nur partiell und werden erst wirksam, wenn das Beweismittel schon erlangt bzw. produziert wurde. Beobachter sprechen in diesem Zusammenhang von einer Verpolizeilichung und Vernachrichtendienstlichung[502] des Strafverfahrens. Die Polizei ist zur eigentlichen „Herrin des Verfahrens" geworden, während sich die Staatsanwaltschaft entweder auf ihre Aufgabe als Anklagebehörde beschränkt oder die polizeiliche Sichtweise übernimmt und damit in vielen Fällen ihre Kontrollpflicht gegenüber der Polizei aufgibt.[503] Gleichzeitig erhält die Staatsanwaltschaft selbst mehr Entscheidungskompetenzen, indem ihr Befugnisse übertragen werden, die vormals Richtern vorbehalten waren.

4.3.3.2 „Feindstrafrecht", Folter und Ausnahmezustand

Eine qualitative Steigerung erfährt diese Tendenz mit der Begrenzung der Geltung rechtsstaatlicher Garantien, indem bestimmte Personen(-gruppen) und Sachverhalte von deren Schutz ausgenommen werden und einer Entrechtung ausgesetzt sind.[504] Zwar ist diese Entwicklung nicht neu, sondern dem herr-

499 Hierzu *Hansen* 1999, 240 ff.; *Waechter* 2005.

500 Dazu gehören unter anderem die Unschuldsvermutung, das Recht auf den gesetzlichen Richter und auf ein faires Verfahren sowie der Grundsatz des rechtlichen Gehörs.

501 Zur Entwicklung *P.-A. Albrecht* 2006; *Eisenberg* 2005, § 27, Rn. 25 ff., 64 ff. Zu entsprechenden Änderungen des Strafprozessrechts in den vergangenen Jahrzehnten *Busch* 2004.

502 *Paeffgen* 2002.

503 Vgl. dazu auch *Busch* 2004, 19; *Frehsee* 2003, 262 ff., 282 ff.

504 Siehe dazu auch 4.2.3.

schenden Rechtssystem immanent, wie sich an der Anwendung extralegaler Mittel im Rahmen der „Terrorismusbekämpfung" in den siebziger und achtziger Jahren des vorigen Jahrhunderts ablesen lässt. Allerdings war dieser Ausnahmezustand zeitlich, persönlich und räumlich begrenzt und offiziell auch nicht anerkannt. Nach dem 11. September 2001 wird demgegenüber nun – zum Teil sogar offen – ein permanenter Ausnahmezustand gefordert und praktiziert.[505] So existiert mittlerweile ein von den USA betriebenes paralleles Gefängnis- und Rechtssystem, das den so genannten „enemy combattants" – einer dem Völker- und Kriegsrecht bisher unbekannten „Rechtsfigur" – elementare Rechtsgarantien vorenthält. Die ehemalige US-Außenministerin *Condoleezza Rice* hat dieses Vorgehen damit begründet, dass die Genfer Konvention nur dann erhalten werden könne, wenn bestimmte Menschen von ihrem Schutz ausgeschlossen werden würden.[506] *Peter-Alexis Albrecht* hat diese Entwicklung als Weg zu einer globalen Sicherung von Herrschaftsansprüchen ohne Recht bezeichnet.[507]

Diese Entwicklung findet sich auch in Deutschland wieder. In der Debatte um die Androhung von Folter im Frankfurter Entführungsfall *Jakob von Metzler* wurde von verschiedenen Seiten gefordert, das absolute Folterverbot für bestimmte Konstellationen aufzuheben. Bei schweren Gefahren für einen Einzelnen (das Entführungsopfer) oder für eine Vielzahl von Menschen (die potentiellen Opfer eines Terroranschlags) solle die Polizei willens- und damit würdebrechenden Zwang anwenden dürfen. Getragen wurde die seitdem immer wieder aufflammende Diskussion nicht nur von einzelnen Journalisten, sondern in wesentlichen Teilen von Polizisten, Politikern und Juristen, die sich in Feuilletons und Fachzeitschriften zu Wort meldeten.[508] Dies macht deutlich, dass ein größer werdender Teil in der öffentlichen Debatte bereit ist, einen vermeintlich nur gegen eine Minderheit gerichteten Ausnahmezustand und die damit verbundene Gewalt und Außerkraftsetzung zentraler rechtlicher Standards in Kauf zu nehmen.

Rechtsdogmatische Unterstützung erhält eine solche im Widerspruch zu elementaren Verfassungsgrundsätzen stehende Diskussion durch die Forderung nach einer partiellen, aber permanenten Aufhebung von elementaren Rechtssätzen für die „Feinde des Systems", wie sie vom Rechtswissenschaftler *Günther Jakobs* erhoben wurde. Ein rechtsstaatliches Strafrecht, so *Jakobs*, könne nur für die die Gesellschaftsordnung akzeptierenden Bürger gelten, während für diejenigen, die die Gesellschaftsordnung ablehnen würden, ein „Feindstrafrecht" in

505 *Busch/Pütter* 2007, 3 ff.; zum Ausnahmezustand im Rechtsstaat grundlegend *Frankenberg* 2010.
506 Gemeint sind die Gefangenen von Guantánamo.
507 *P.-A. Albrecht* 2007, 28.
508 Vgl. nur *Brugger* 2000; *Erb* 2005; *Götz* 2005; *Herdegen* 2010, Rn. 50 f.

Betracht kommen müsse.[509] Tendenzen eines derartigen „Feindstrafrechtes" finden sich schon jetzt in verschiedenen rechtlichen Bereichen, wie im Aufenthalts- bzw. Ausländerrecht und den Gesetzen zur Bekämpfung von Terrorismus und „Organisierter Kriminalität" der vergangenen 30 Jahre.[510] Vor allem im Rahmen der „Bekämpfung der Organisierten Kriminalität" wurden Tatbestände und Ermittlungsmaßnahmen eingeführt, die von der Begründung her für besonders schwere und gefährliche Kriminalität gelten sollten, tatsächlich aber einen Anwendungsbereich aufweisen, der auch leichte bis mittlere Kriminalität umfasst.[511] Ausländer hatten demgegenüber schon immer einen begrenzten Zugang zu Rechtsgarantien. Im Rahmen der faktischen Abschaffung des Asylrechts wurde mit der Drittstaaten-Regelung darüber hinaus eine ganz erhebliche Verkürzung des Rechtsschutzes eingeführt. Diese rechtliche Prekarität wird verstärkt durch Arbeitsverbote, Residenzpflicht, Illegalisierung und Lagerunterbringung. Vereinzelt wird von Rechtswissenschaftlern im Anschluss an das Konzept des Feindstrafrechts weitergehend ein gefahrenvorsorgendes Präventionsrecht gegenüber „gefährlichen Feinden" oder gar die Zulässigkeit der Schädigung von Unbeteiligten nach kriegsrechtlichen Grundsätzen vorgeschlagen.[512]

Flankiert wird die gesamte Entwicklung durch die zunehmenden rechtlichen Diskussionen um die Reichweite der Menschenwürdegarantie in Art. 1 Abs. 1 Grundgesetz einerseits[513] sowie eine Neudefinition des Rechtsstaates angesichts des „internationalen Terrorismus" andererseits. Letzterer erfordere ein neues verfassungsrechtliches Verständnis, demzufolge nicht nur der Feind außerhalb der Rechtsordnung gestellt werden, sondern zum Schutz des Gemeinwesens auch jeder Bürger ein „Sonderopfer" bringen müsse. Staatliche Eingriffe werden in ihrer Intensität heruntergespielt und Sicherheit überbetont,[514] der faktische Ausnahmezustand nicht mehr durch rechtliche Regelungen kaschiert, sondern der „Ernstfall in der Normallage"[515] als solcher anerkannt. Mit dieser Argumentation bemüht sich ein Kreis konservativer Staatsrechtler um eine Umdeutung des Grundgesetzes und rührt an verfassungsrechtlichen Tabus. Er verschiebt so langsam aber stetig den Maßstab für verfassungsrechtliche Abwägungen und liefert die juristische Grundlage für die sicherheitspolitischen Vorstöße der Politik.

Zusammenfassend betrachtet bilden das Grundgesetz, seine rechtsstaatlichen Garantien und insbesondere die Wesensgehaltsgarantie der Grundrechte

509 Siehe *Jakobs* 2004.

510 Zu „Feindstrafrecht" und „Organisierte Kriminalität" vgl. *Hefendehl* 2005.

511 Siehe, auch zu strafprozessualen Maßnahmen, *Eisenberg* 1993; *Kinzig* 2004.

512 Dazu kritisch *Schild* 2010, 41 ff.

513 So *Herdegen* 2010, Rn. 41 ff., der zwischen einem evidenten „Würdekern" und einem „peripheren abwägungsoffenen Schutzbereich" differenzieren will.

514 Siehe zum Beispiel *Hillgruber* 2007.

515 So *Depenheuer* 2007.

(Art. 19 Abs. 2 Grundgesetz) keine wirksamen Begrenzungen staatlichen Zugriffs.[516] Sie wirken teilweise vielmehr als Feigenblatt, wenn es um den Abbau bürgerlicher Freiheiten geht. Die begrenzende Funktion des Rechts befindet sich auf dem Rückzug und macht partiell uneingeschränkter Herrschaft Platz.[517] Im Zuge dessen verschwindet der Rechtsstaat nicht, sondern wandelt sich hin zu einer Regulationsstruktur, die Ausdruck eines Strebens nach umfassender, allgemeiner, präventiver Sicherheit ist.[518] *Frankenberg* hat diese Entwicklung als Spurwechsel von der rechtsstaatlichen Grammatik der Freiheit zur ausnahmerechtlichen Logik der Sicherheit beschrieben.[519] Von Grenzen zunehmend entledigt und mit immer neuen staatlichen Eingriffsbefugnissen ausgestattet wird dabei ein partieller, aber permanenter Ausnahmezustand geschaffen, der nicht umfassend erklärt, sondern schrittweise Bestandteil des Alltags wird. Die damit verbundene Rechtssuspendierung für und Gewalt gegen bestimmte Gruppen und Situationen nehmen gleichwohl noch für sich in Anspruch, Recht zu sein.[520] Der Ausnahmezustand lässt sich gar als „äußerstes Kennzeichen rechtlicher Potenz“[521] statt als Entgleisung interpretieren, denn indem das Recht den Ausnahmezustand kontrolliert zulässt, schließt es mit Rechtlosigkeit und Gewalt ein, was ihm fremd ist. Die so eröffnete rechtsfreie Zone, für die das Lager als Raum und die Logik der Polizei stehen, bringt Flüchtlinge und Lagerinsassen als Rechtlose hervor.[522]

4.3.4 Demokratie und Bürgerkontrolle

Joachim Hirsch hat geschrieben: „Was heute Demokratie, Gleichheit, Recht und die Geltung universaler Prinzipien heißen kann, bestimmt sich nach völlig anderen Bedingungen als zu der Zeit, als sie sich historisch entwickelt haben.“[523] Die formale Existenz eines demokratischen Rechtsstaats hält also heute nicht notwendig denselben materiellen Gehalt an Demokratie und Rechtsstaatlichkeit bereit, wie vor 30 Jahren.

In diesem Sinn sind demokratische Entscheidungsprozesse heute weit stärker an Sachzwängen orientiert als am Ziel der Problemlösung und Bedürfnisbefriedigung. Sie verlieren ihre Integrationskraft und an demokratischer Legitimität

516 Vgl. auch *Krasmann/Wehrheim* 2006; zum Strafrecht *Naucke* 2010, 135 f.
517 So *P.-A. Albrecht* 2007, 28.
518 Zu dieser Rolle und Bedeutung des Rechtsstaates *Buckel/Kannankulam* 2002, 35.
519 *Frankenberg* 2010, 243.
520 *Fisahn* 2008, 369 ff.
521 *Diefenbach* 2006, 54.
522 *Diefenbach* 2006, 54 f. zu *Agamben* 2004; siehe auch *Steinhauer* 2009.
523 *Hirsch* 1998, 87, 92.

und Bedeutung. Zum anderen findet ein größer werdender Teil der „demokratischen Willensbildung" in unkontrollierbaren staatlich-privaten Verhandlungssystemen statt, wie den Hartz-, Rürup- oder Süssmuth-Kommissionen. Im Bereich der EU spielen vor allem Arbeitsgruppen der „Friends of the Presidency" (FOP), die von Experten aus dem Generalsekretariat des Rates, der Kommission und der Mitgliedsstaaten besetzt werden, eine große Rolle bei der Entwicklung der europäischen Innen- und Außenpolitik.[524] Gleichzeitig hat der Einfluss des Lobbyismus ein Ausmaß erreicht, das zur unauflöslichen Verstrickung politischer Entscheidungen mit den Interessen von Unternehmen und Verbänden führt. Schließlich sehen sich die einzelnen Abgeordneten heute einer solchen Flut von Aufgaben gegenüber, dass sie eigentlich nur noch einzelne von diesen tatsächlich ernsthaft und gründlich bearbeiten können. Dem Parlament als Gesetzgeber kommt damit vorrangig die Aufgabe zu, die von der Verwaltung entworfenen Gesetzesvorhaben formell zu legitimieren. Dieser Bedeutungsverlust der Legislative und des Rechts zeigt sich auch in der Exekutivierung staatlichen Handelns. Hierdurch rücken Effizienz, Kosten-Nutzen-Berechnungen und Pragmatismus in den Vordergrund, die mit demokratischer Beteiligung, Rechtsschutzgarantien und Grundrechten in einem Spannungsverhältnis stehen und diese zurücktreten lassen.

Eine Zuspitzung erfährt diese Entwicklung durch die Umgehung der direkten parlamentarischen Kontrolle. Insbesondere die Europäische Union weist nach wie vor nicht nur ein erhebliches Demokratiedefizit auf, sondern auch eine hohe Intransparenz bei der Entscheidungsfindung, die eine demokratische Kontrolle erschwert. Den nationalen Gesetzgebern verbleibt nicht selten nur noch die Ratifizierung der von der EU-Kommission oder vom EU-Rat gefassten Beschlüsse, ohne dass der Entscheidungsprozess durch die nationalen Parlamente direkt beeinflussbar wäre. Das Verfahren über die Ratifizierung der EU-Verfassung, in dessen Rahmen das Ergebnis mehrerer Volksabstimmungen übergangen wurde, ist dafür ein beredtes Beispiel. Im Fall der Vorratsspeicherung der Telekommunikationsdaten beispielsweise wurde eine parlamentarische Debatte in Deutschland dadurch umgangen, dass diese Maßnahme einfach in einer EU-Richtlinie festgelegt wurde, die den nationalen Gesetzgeber zur Umsetzung in Gesetzesform verpflichtet. Auch die Setzung von Strafnormen, wie die Strafbarkeit des Betruges zum Nachteil der EU, und die Strafverfolgungsinstitutionen EUROPOL und Eurojust weisen diesen Demokratiemangel einer gubernativen Rechtsetzung[525] auf. Noch eklatanter zeigt sich der Widerspruch zwischen demokratischem Anspruch und Realität bei internationalen Verhandlungsrunden beispielsweise im Rahmen der WTO, wie den GATS-, GATT- und TRIPS-Runden,

524 Hierzu *Hayes* 2006, 48 ff.
525 Dazu unter anderem *Lüderssen* 2003.

wo Entscheidungen von enormer Reichweite getroffen werden, die kaum ein demokratisches Entscheidungsfindungsverfahren durchlaufen haben.

4.4 Systematisierung und Zusammenschau

Die gegenwärtige Formation sozialer Kontrolle ist durch eine grundlegende Neuausrichtung gekennzeichnet. So sind Tendenzen einer Globalisierung und Internationalisierung, Privatisierung, Kommodifizierung und Ausdifferenzierung der Institutionen sozialer Kontrolle zu beobachten. Darüber hinaus zeichnet sich gegenwärtige Sozialkontrolle durch eine Erweiterung der Mechanismen aus. Neben die disziplinierende Intervention tritt ein Konzept sozialer Kontrolle, das statt der normierenden Zurichtung des Individuums die Verwaltung der empirischen Realität zum Konzept hat. Der Schwerpunkt sozialer Kontrolle verlagert sich damit von der sozialen Integration des Individuums mittels sozialer Netzwerke und Institutionen und der disziplinierenden Intervention des Staates hin zu einer bloßen Kontrolle und Verwaltung von Abweichung und sozialen Konflikten. Diese Verschiebung schlägt sich in einer steigenden Bedeutung von Selbstführungs-, Kontroll- und Ausschlusstechniken nieder, die sich komplementär ergänzen, frühzeitig eingreifen, eine umfassende Kontrolle anstreben und zum Teil schwerwiegende Eingriffe darstellen.

Diese Veränderungen im System sozialer Kontrolle, die zunächst in den USA und seit den 1990er Jahren verstärkt auch in Kontinentaleuropa zu beobachten sind, gehen zurück auf umfassende gesellschaftliche Transformationsprozesse. Angesichts dessen scheint es uns angemessen, von einem grundlegenden Wandel zu sprechen, auch wenn ein Abschluss der derzeitigen Entwicklungen nicht abzusehen ist. Die sich dabei herausbildende Formation von Sozialkontrolle kann unseres Erachtens mit dem Begriff der Sicherheitsgesellschaft treffend umschrieben werden.

4.4.1 Wandel sozialer Kontrolle

Grundlage der Veränderungen im System sozialer Kontrolle ist ein Wandel der diesbezüglichen *gesellschaftlichen Bedingungen* (siehe oben 3). Dieser ist einerseits geprägt von den ökonomischen, sozialen und kulturellen Transformationsprozessen der vergangenen Jahrzehnte (dazu 2), die eine grundlegende *Veränderung der gesellschaftlichen Strukturen* für soziale Kontrolle bewirkt haben (siehe oben 3.2). Andererseits haben sich auch neue *gesellschaftliche Diskurse und ein neues Verständnis* von Bedrohungen und Sicherheit herausgebildet (oben 3.3).

Innerhalb dieses Rahmens wirken verschiedene *Akteure und Ideologien*, die die Entwicklung und deren Tempo beeinflussen und jeweils eigene Akzente setzen (dazu 3.4).

Gleichzeitig sind die gegenwärtig zu beobachtenden Mechanismen und Techniken sozialer Kontrolle nicht nur Ergebnis dieses Prozesses, sondern auch deren Motor. Sie werden zwar durch die veränderten gesellschaftlichen Bedingungen hervorgebracht, wirken aber andererseits auch auf diese zurück und verändern damit den Rahmen, innerhalb dessen sich soziale Kontrolle konstituiert.[526] Dies zeigt sich beispielhaft an den verschiedenen Formen der Kriminalprävention, deren frühzeitig eingreifender Charakter Ausdruck veränderter gesellschaftlicher Bedingungen ist. Indem sie Risikopotentiale erkennen und zuschreiben, bringen diese Techniken jedoch auch neue Bedrohungen hervor und beeinflussen so die gesellschaftliche Wahrnehmung und Diskurse. Prävention und Risikovorsorge setzen immer die Annahme von Bedrohungslagen voraus, vor denen man sich schützen und gegen die man vorgehen muss.

Die Disziplinargesellschaft des 19. und 20. Jahrhunderts war gekennzeichnet durch ein allgemein gültiges Normen- und Wertgefüge, bei dessen Verletzung das Individuum diszipliniert und an der präskriptiven Norm ausgerichtet wurde. Soziale Kontrolle und Normvermittlung wurden im Wesentlichen durch Institutionen des sozialen Nahraums ausgeübt oder durch Interventionen staatlicher Institutionen, die unter den Bedingungen des fordistischen Wohlfahrtsstaates als Instrumente der (Re-)Integration von Individuen und zur Akzeptanzmehrung der herrschenden Ordnung fungierten. Zwar ist die Disziplinierung als *Mechanismus* nicht verschwunden. Die gesellschaftlichen Bedingungen aber, die dieses Konzept sozialer Kontrolle getragen haben, lösen sich angesichts der ökonomischen, soziokulturellen und diskursiven Veränderungen auf. Parallel dazu gewinnen die neoliberale Ideologie – die die Selbstverantwortung des Individuums und die regulative Kraft des Marktes betont – und ein religiös-moralischer Konservatismus – der eine Renaissance traditioneller Werte als Leitprinzipien gesellschaftlicher Ordnung und individueller Lebensweise propagiert – Einfluss auf die politische und gesellschaftliche Debatte.

Soziale Kontrolle passt sich diesen veränderten gesellschaftlichen Bedingungen an. An die Stelle der herkömmlichen Normen und ihrer disziplinierenden Vermittlung und Überwachung tritt ein Konzept, das die empirische Realität zum Ausgangspunkt nimmt und diese durch Kontrolle und verwaltende *Techniken* innerhalb flexibler Toleranzgrenzen absichert. Dem Rückzug sozialintegrativer Instanzen im sozialen Nahraum und dem Schwinden einer allgemeingültigen Moral wird mit einer Zunahme von Kontrolltechniken begegnet. Diese orientie-

526 Siehe *Feeley/Simon* 1992, 459 f.

ren sich nicht mehr am Individuum, sondern richten sich an Risiken aus. Soziale Kontrolle wird damit anlass- und personenunabhängiger. Sie bezieht sich nicht mehr auf konkrete Gefahren oder Konfliktsituationen, sondern auf statistisch errechnete Risikolagen, die weit im Vorfeld konkreter Schädigungen oder Gefährdungen verortet werden. Mithin geraten nicht mehr konkrete Individuen in den Blick sozialer Kontrolle, sondern Gruppen, Situationen und Räume oder auch die Gesellschaft als Ganzes.

Gleichzeitig gewinnen Selbstführungstechniken an Bedeutung, die den Handlungsrahmen eines vermeintlich selbstbestimmten Individuums strukturieren und es dadurch anhalten, sich wechselnden Anforderungen und Wertprioritäten entsprechend zu verhalten. Diese Veränderungen lassen sich nicht einfach als Zu- oder Abnahme von Freiheit beschreiben. Zwar hat der Einzelne im Alltag mehr individuelle Entfaltungsmöglichkeiten und ist weniger durch ein festes Normkorsett eingeengt. Auf der anderen Seite findet aber in den gesellschaftlich wichtigen Bereichen in steigendem Maße eine frühe Kontrolle und subtile Führung statt. In deren Folge werden Werte und Handlungsziele Dritter verinnerlicht und als eigene Verhaltensmaßstäbe definiert.

Darüber hinaus ist eine Renaissance des sozialkontrollierenden Ausschlusses zu beobachten. Dieser wird bei Individuen eingesetzt, denen die Fähigkeit zur Selbstführung abgesprochen wird und denen aufgrund ihrer sozialen Lage kaum Möglichkeiten der sozialen Teilhabe offen stehen. Die entstandene Risikowirklichkeit, eine popularisierte Kriminalpolitik und ein religiös-moralischer Konservatismus reproduzieren dabei neue Abgrenzungsbedürfnisse und halten Argumentationsmuster bereit, mittels derer ein Ausschluss der „gefährlichen Überflüssigen" propagiert werden kann. Während zu Zeiten des fordistischen Wohlfahrtsstaates noch Kontrolle über die Wirtschaft ausgeübt wurde, um die Freiheiten der Ökonomie zugunsten von sozialer Sicherheit zu beschränken, wird die Freiheit des Marktes nun zunehmend mit dem Ausschluss der Anderen erkauft. Vor diesem Hintergrund dienen Sicherheitsstrategien der Absicherung vor den Folgen wirtschaftlicher Freiheiten.[527]

Vor allem der institutionelle Rahmen staatlich organisierter sozialer Kontrolle erfährt eine grundlegende Veränderung. Lokalisierungs-, Regionalisierungs- und Globalisierungstendenzen gehen einher mit einer Delegation von Aufgaben der Kontrolle, Prävention und Überwachung auf kommerzielle Anbieter, staatlich-private Mischformen oder den Bürger selbst.

527 Siehe auch *Garland* 2001, 197 ff.

4.4.2 Die Sicherheitsgesellschaft

Zur analytischen Erfassung dieser Formation sozialer Kontrolle werden unterschiedliche Begriffe vorgeschlagen. So wird von einigen Beobachtern das Entstehen einer Kontrollgesellschaft konstatiert, die nicht mehr durch Internierung funktioniere, sondern durch unablässige Kontrolle und Kommunikation im offenen Milieu. Die für die Disziplinierungen prägenden Einschließungsmilieus als feste Gussformen, so *Deleuze*, würden ersetzt durch sich ständig verändernde Modulationen,[528] womit eine situationsspezifische Anpassung in einer Gesellschaft beschrieben werden könne, die sich nicht mehr durch einen vergleichsweise homogenen Wertekanon auszeichne.[529] Eine derartige Beschreibung erfasst vor allem Kontrolltechniken und teilweise solche der Selbstführung. Für Ausschlussstrategien ist der Begriff der Kontrollgesellschaft indes zu eng.[530]

Auch der Begriff einer neoliberalen oder postmodernen Sozialkontrolle greift zu kurz, da damit jeweils nur einzelne Elemente der gegenwärtigen Entwicklung benannt sind. Ebenso erfasst der aus der Strafrechtsdogmatik entwickelte Begriff des Risikostrafrechts[531] nur Teilbereiche und umschreibt vor allem Vorverlagerungstendenzen im Strafrecht vom Rechtsgüterschutz zur Risikoabschirmung. Begriffe wie Präventions-, Überwachungs- oder Sicherheitsstaat führen zwar weiter. Sie können aber nur zur Analyse von staatlichen Formen sozialer Kontrolle herangezogen werden. Die Expansion kommerzieller Sicherheitsproduktion durch private und privatisierte Sozialkontrolle beispielsweise und das generalisierte Bedürfnis der Bevölkerung nach Sicherheit[532] werden damit nur am Rande erfasst.

In diesem Sinne ist es unseres Erachtens notwendig, einen analytischen Rahmen zu finden, der als Klammer die Gesamtheit der teilweise auch widersprüchlichen Mechanismen, Techniken und Institutionen gegenwärtiger Sozialkontrolle wie auch ihre vielfältigen Entstehungsbedingungen umfassen kann. Hierfür ist zum einen zu berücksichtigen, dass das vielfältige Regime der Sicherheitsproduktion quer zu einer Differenzierung von Staat, Wirtschaft und Individuum liegt.[533] Daher erscheint es uns im Zusammenhang mit sozialer Kontrolle treffender, von Gesellschaft statt von Staat zu sprechen.

Zum anderen halten wir den die gesamte Entwicklung kennzeichnenden Umstand für wesentlich, dass (individuelle) Sicherheit in den vergangenen Jahr-

---

528 *Deleuze* 1992, 182; 1993, 250 f.

529 *Lindenberg/Schmidt-Semisch* 1995, 4.

530 Dazu *Prömmel* 2006, 251.

531 Ähnlich *Kaiser* 2005, 1355. Vgl. zu Risiko und Strafrecht *Prittwitz* 1993.

532 Siehe dazu auch *Lindenberg/Schmidt-Semisch* 2000, 310.

533 *Lemke* 2004.

zehnten zum zentralen Bezugspunkt und einem Schlüsselkonzept westlicher Gesellschaften geworden ist. Dieser Bedeutungszuwachs spiegelt sich im Aufkommen neuer Sicherheitsdiskurse wider,[534] die sich parallel zu den gesellschaftlichen Umbrüchen – auch unabhängig von objektiven und subjektiven Sicherheitslagen – entwickeln, sowie in dem gesteigerten Interesse des Staates, über „Sicherheitsdemonstrationen" symbolische Politik zu betreiben.[535] Die Auflösung sozialer Netzwerke und Institutionen und die Prekarisierung größer werdender Teile der Bevölkerung bilden die Grundlage für dieses Streben nach Sicherheit. Die darauf aufbauende Risikowirklichkeit schafft ein steigendes Bedürfnis nach Sicherheit, die nicht mehr als Problemlösung in Form von sozialer, kollektiver Absicherung verstanden wird, sondern in einem technokratischen Sinne als Einhegung, Kontrolle und Abwehr von Risiken.[536]

Der im Zuge dessen aufkommende Mechanismus der Verwaltung des empirisch Normalen mit seinen Techniken der Selbstführung, der Kontrolle und des Ausschlusses reproduziert seine Grundlagen in Form permanenter Verunsicherung und eines grenzenlosen Sicherheitsstrebens täglich neu. Er hat sich vom Anspruch der Lösung sozialer Probleme und Konflikte zugunsten einer effektiven Verwaltung verabschiedet, entdeckt dabei ständig neue Risikofaktoren und bringt so neue Bedrohungen hervor. Der Staat und die Gesellschaft reagieren auf diese stete nicht widerlegbare Behauptung, dass es sich bei dieser Situation oder jener Handlung um einen neuen Risikofaktor handeln würde, mit immer neuen Maßnahmen und halten damit einen kontinuierlichen Kreislauf in Gang.

Dieses Streben, jede Form von Risiko auszumachen und auszuschalten, führt zu einer Ausweitung und Vorverlagerung sozialer Kontrolle.[537] Den Techniken sozialer Kontrolle kommt damit nicht mehr alleine die Funktion basaler sozialer Integration und der Kontrolle von Abweichung zu. Vielmehr ist die Herstellung von umfassender sozialer Ordnung das Ziel: Die Ermöglichung einer allgegenwärtigen Kontrolle der Gesellschaft durch ihre Mitglieder unter der Prämisse der Risikoverwaltung. Dieses tägliche Streben nach mehr Sicherheit ist nicht nur Aufgabenfeld staatlicher Institutionen, sondern begegnet uns zunehmend in staatlich-privater Aufteilung und Verschränkung sowie als Aufgabe aller Gesellschaftsmitglieder. Sicherheit wird somit zum Bestandteil alltäglicher Handlungsmodi, zu einem Regime des täglichen Lebens.[538]

534 *Baratta* 1993, 402 hat den „Sicherheitsstaat" vor diesem Hintergrund als Entsprechung der Risikogesellschaft auf politischer Ebene bezeichnet.
535 Siehe dazu auch *Lindenberg/Schmidt-Semisch* 2000, 310; zum Strafrecht *Jasch* 2009.
536 Ähnlich *Lindenberg/Schmidt-Semisch* 1995, 3; *Zedner* 2007, 262.
537 *Haffke* 2005, 20 ff.
538 *Legnaro* 1997, 271.

Folge dessen ist einerseits, dass Sicherheit anderen gesellschaftlichen Prinzipien, Werten und Zielvorgaben immer weiter übergeordnet und zum Wert an sich wird. Dem Einzelnen werden zu diesem Zweck Sonderopfer als allgemeine Bürgerpflicht abverlangt.[539] Individuelle Freiheit im rechtsstaatlichen und aufklärerischen Sinne hat gegenüber Sicherheitsbedürfnissen das Nachsehen.[540] Andererseits bleiben der Bedeutungszuwachs von Sicherheit und die permanente Verunsicherung nicht ohne Folge für die einzelnen Individuen und Formen der Subjektivierung. Prekarisierung und Angst funktionieren als Strategien, um eine Akzeptanz und Konformität der Mehrheit herzustellen. Das Versprechen von Sicherheit ersetzt das Versprechen von sozialer Teilhabe und sozialer Inklusion.[541] Die symbolische Produktion von (subjektiver) Sicherheit wird damit zur zentralen Legitimation staatlichen Handelns und die ständige Unsicherheit zu einer Grundkonstante der Politik. Entsprechend ist Sicherheit zwar stets das angestrebte und proklamierte Ziel. Dieses kann und darf jedoch niemals erreicht werden. Vielmehr ist die allgemeine Prekarität zur Grundlage für das Funktionieren des gegenwärtigen Systems geworden.[542]

Angesicht dieser zentralen Bedeutung von Sicherheit scheint es uns angemessen, von der Herausbildung einer Sicherheitsgesellschaft[543] zu sprechen, deren zentraler Mechanismus – die Verwaltung des empirisch Normalen – auf die umfassende Herstellung sozialer Ordnung als solcher gerichtet ist.[544] Damit lässt sich das komplementäre Zusammenwirken der verschiedenen Techniken ebenso erfassen wie die Grundlagen dieser Entwicklung – von den durch die Transformationsprozesse veränderten gesellschaftlichen Bedingungen über die Diskurse der Sicherheit und Verunsicherung sowie die Bedeutung, die persönliche Sicherheit für den eigenen Alltag und die Umwelt erlangt hat,[545] bis hin zu den Ideologien und sonstigen Protagonisten einer veränderten Sozialkontrolle.

539 So *P.-A. Albrecht* 2007, 28.

540 Vgl. zu diesem Verhältnis *Frankenberg* 2010, 235 ff.; zum insofern plastischen Beispiel der Sicherungsverwahrung *Haffke* 2005, 22 ff.

541 Vgl. *Buckel/Kannankulam* 2002, 39 ff.

542 Vgl. auch *Beste* 1996, 314 f., 324 ff.: Unsicherheit als Produktivkraft.

543 Damit greifen wir auf einen Begriff zurück, der bereits von anderen Autoren verwendet wurde, vgl. *Baratta* 1993, 402; *Lemke* 1997, 191 zu *Foucault*; *Haffke* 2005; *Hansen* 1999; *Legnaro* 1997; *Lindenberg/Schmidt-Semisch* 2000; *Lemke* 2004; *Rzepka* 2003.

544 Siehe *Legnaro* 1997, 281; differenzierend *Groenemeyer* 2010.

545 Siehe *Kreissl* 2008, 331 f.: Sicherheit als kultureller Masterframe.

5 Grundzüge einer Kritik

In den vorangegangenen Teilen wurde gezeigt, dass sich Sozialkontrolle in den vergangenen Jahrzehnten grundlegend verändert hat. Neben die Disziplinierung des Individuums, die sich an einem umfassenden Normensystem orientiert, tritt zunehmend ein Konzept der Verwaltung des empirisch Normalen. Im Zuge dessen gewinnen Techniken der Selbstführung, der Kontrolle und des Ausschlusses an Bedeutung bzw. passen sich in ihrer Ausgestaltung den neuen gesellschaftlichen Bedingungen an. An dieser Stelle wollen wir uns nun mit möglichen Ansätzen einer Kritik an der Sicherheitsgesellschaft und ihren verschiedenen Formen sozialer Kontrolle auseinandersetzen.

Dabei beziehen wir uns auf einige Theorien, die in der kritischen Kriminologie diskutiert werden. Diese werden in ihren Grundaussagen dargestellt, um daraus Elemente für eine Kritik der Sicherheitsgesellschaft zu gewinnen (dazu 5.1). Anschließend wollen wir Ausgangspunkte für eine alternative Perspektive auf soziale Kontrolle zur Diskussion stellen (unten 5.2).

5.1 Theoretische Ansätze

Wir konzentrieren uns im Folgenden auf vier theoretische Ansätze,[546] die Sozialkontrolle und Abweichung als gesellschaftlich bedingte Phänomene verstehen und in der Lage sind, Sozialkontrolle auch über den strafrechtlichen Bereich hinaus zu erfassen. Diese vier Betrachtungsweisen – konflikttheoretische und hegemonietheoretische Ansätze, Labeling Approach und Gouvernementalität – sollen auf ihre Anwendbarkeit auf die neuen Mechanismen und Techniken sozialer Kontrolle hin untersucht werden. Einige Theorien betreffen dabei vorwiegend die Normsetzungsebene, andere legen den Schwerpunkt auf die Analyse der Durchsetzungsebene.

546 Zu weiteren Theorien und deren Kombination vgl. zum Beispiel *Hess/Scheerer* 1997 sowie die Überblicke bei *Lamnek* 2008; *Peters* 2009, 118 ff.

5.1.1 Sozialkontrolle und soziale Konflikte

Aus der Sicht der Konflikttheorie stellt das Recht keine Kodifizierung universaler Normen dar, sondern ein Produkt gesellschaftlicher Konflikte. Ausgangspunkt dieses Ansatzes ist die Annahme, dass die Menschen stets darum bemüht sind, ihre Lebenschancen und -aussichten zu verbessern. Da gesellschaftliche Güter und Ressourcen nur begrenzt vorhanden sind, entsteht danach ein ständiger Konflikt um den Zugang zu Ressourcen, die entsprechend gesellschaftlicher Macht- und Einflussstrukturen ungleich verteilt sind.[547] Die davon profitierenden Gruppen und Klassen versuchen, das Resultat des Konflikts durch Normen abzusichern. Soziale Kontrolle im Allgemeinen und Kriminalisierung im Besonderen können als Instrumente innerhalb dieser Auseinandersetzung angesehen werden, mit denen gesellschaftlich mächtige Gruppen aufgrund ihrer höheren Einflussmöglichkeiten und Definitionsmacht ihre Position festigen.[548]

Konflikttheoretische Ansätze sind daher vor allem zur Analyse von Normsetzungsprozessen geeignet. Soziale Regeln werden danach von Akteuren in Willensbildungs- und Machtprozessen durchgesetzt.[549] Sie können als Ausdruck der Interessen herrschender sozialer Gruppen interpretiert werden, die einen privilegierten Zugang zu Prozessen der Regelsetzung haben. Die Verteilung der Definitionsmacht darüber, was als gesellschaftliches Problem angesehen wird und mit welchen Mitteln es bearbeitet werden soll, entspricht in etwa der sonstigen asymmetrischen Verteilung von Macht in der Gesellschaft. Der Zugang zu den Instanzen der Regelsetzung und insbesondere zu denen der Rechtsetzung verläuft, ebenso wie die Rechtsanwendung, weitgehend vermachtet und undemokratisch, das heißt ohne tatsächliche Einflussmöglichkeiten für weite Teile der Gesellschaft.[550] Damit werden bei der Bestimmung sozialer Regeln und somit des Gegenstandes sozialer Kontrolle vorwiegend Interessen mächtiger gesellschaftlicher Klassen bzw. Schichten kodifiziert und mittels der dafür eingesetzten Techniken auch durchgesetzt.[551] Diese Interessen entscheiden darüber, welches Verhalten als normkonform und welches als abweichend definiert wird und bestimmen so die Verfasstheit der jeweiligen Gesellschaft entscheidend mit.

Der Einfluss auf die Genese von *Strafrechts*normen im Speziellen und damit auf den Prozess der Kriminalisierung ist in diesem Zusammenhang von besonderer Bedeutung. Strafrechtliche Normen legen Verhaltensanforderungen für alle Gesellschaftsmitglieder fest. Darüber hinaus ist die Verfolgung ihrer Über-

547 Vgl. zum Ganzen *Eisenberg* 2005, § 6, Rn. 9 ff.; *Hebberecht* 2010, 131 f.; *Lamnek* 2008, 35 f.
548 Vgl. *Lamnek* 2008, 35.
549 Zur historischen Entwicklung des Gefängnisses aus einer solchen Perspektive *Rehmann* 2003.
550 Allgemein ebenso *Bast u. a.* 1999, 318.
551 Vgl. *Eisenberg* 2005, § 25, Rn. 10 ff.

tretung durch weit reichende staatliche Eingriffsbefugnisse abgesichert. Der unterstellte gesellschaftliche Konsens über das, was als strafwürdig angesehen wird und welcher Mittel sich die staatlichen Ermittlungsbehörden bedienen können, weist den Strafrechtsnormen eine besondere Legitimität zu und lässt sie so für die verdeckte Durchsetzung von Partikularinteressen als besonders geeignet erscheinen.[552]

Sozialkontrolle durch Strafe beansprucht für sich zwar, auf die Resozialisierung des Delinquenten und damit auf dessen gesellschaftliche Integration abzuzielen. Dabei bedient sie aber in wesentlichem Umfang Partikularinteressen. So ist beispielsweise die Beantwortung der Frage, ob Ladendiebstahl, Beförderungserschleichung und Urheberrechtsverletzung durch „Raubkopien" als sozialschädliche Vermögensverletzungen eingestuft werden, deren Begehung kriminalisiert werden muss, oder ob stattdessen die Gefährdung bzw. Abschaffung sozialer Sicherungssysteme, die Ruinierung kommunaler Haushalte oder das Auslösen von internationalen Wirtschaftskrisen als Straftaten angesehen werden davon abhängig, welcher sozialen Gruppe durch diese Handlungen die Eigentums- und Vermögensverfügungsrechte entzogen oder beschnitten werden. Die Kriminalisierung der Entwendung von Waren im Selbstbedienungshandel etwa dient dem Schutz der Interessen der Einzelhandelsunternehmen, die die Sicherungsschranken für ihre Waren aus ökonomischem Kalkül abgebaut haben. Die Verschwendung oder Gefährdung öffentlicher Haushaltsmittel betrifft dagegen die gesamte Bevölkerung. Paradigmatisch dafür steht auch die Holzdiebstahlsgesetzgebung des 19. Jahrhunderts, die das Sammeln von Holz unter drastische Strafandrohungen stellte. Betroffen davon waren weite Kreise der mittellosen Bevölkerung, die auf das Feuerholz angewiesen waren; Nutznießer dieser Regelung waren die Grundeigentümer.

Art und Inhalt sozialer Normen sowie die Art und Weise ihrer Durchsetzung dienen aus konflikttheoretischer Perspektive also vorrangig der Absicherung von Partikularinteressen bestimmter sozialer Gruppen.[553] Zweitrangig ist es für diesen Zweck, *wie* soziale Problemkonstellationen abgewehrt werden. Der Einsatz sozialer Kontrolle zur integrativen Problemlösung ist damit nicht notwendigerweise ausgeschlossen; allerdings kann sie diese Funktion nur innerhalb des übergeordneten Ziels der Machterhaltung erfüllen. Staatliches Strafen, Kontrollieren und Ausschließen ist damit nicht vorrangig unter dem Aspekt des Schutzes des Einzelnen vor Rechtsgutsverletzungen oder der Lösung gesellschaftlicher Probleme zu interpretieren, sondern unter den Aspekten der Durch-

552 *Lamnek* 2008, 35 f.
553 Siehe *Menzel/Wehrheim* 2010, 514 f.; vgl. auch *Groenemeyer* 2003a, 23 f.

setzung von Partikularinteressen[554] und der Erhaltung des gesellschaftlichen Status quo.[555] Dementsprechend kommt sozialer Kontrolle eine herrschaftsstabilisierende und integrierende Funktion zu, die auf Kosten sozial unterprivilegierter Klassen und Gruppen ausgeübt wird.[556] Vor diesem Hintergrund ist es plausibel, dass der Umfang und die gesellschaftliche Bedeutung sozialer Kontrolle angesichts der Zunahme und Verschärfung gesellschaftlicher Konflikte ansteigen.

In diesem Zusammenhang sei auch daran erinnert, dass die herrschenden gesellschaftlichen Bedingungen eine wesentliche Grundlage sozialer Probleme und Konflikte darstellen. Eine Gesellschaft, die auf Konkurrenz, Wettbewerb und soziale Ungleichverteilung aufbaut, bedingt, dass sich ihre Mitglieder über die geltenden Grenzen hinwegsetzen, um sich eine Teilhabe am gesellschaftlichen Reichtum zu sichern oder um bereits vorhandenes Kapital zu vermehren. Gerade die aktuell als besonders drängend empfundenen Probleme – soziale Ungleichheit, Umweltverschmutzung, „internationaler Terrorismus", Migration – sind auch Folge der gesellschaftlichen Transformationsprozesse.

5.1.2 Kulturelle Hegemonie

Das theoretische Konzept der kulturellen Hegemonie wurde aus der ideologiekritischen Interessentheorie von *Karl Marx* entwickelt und geht im Wesentlichen zurück auf die Arbeiten von *Antonio Gramsci*. Dieser hat den Versuch unternommen, die als zu einseitig ökonomisch identifizierte marxistische Theorie den sich wandelnden Gegebenheiten in den zunehmend komplexer funktionierenden Industriegesellschaften anzupassen. Insbesondere arbeitete *Gramsci* die eigenständige Bedeutung der von ihm so bezeichneten Zivilgesellschaft neben dem Staat heraus, die nicht bloß Ausdruck der ökonomischen Verhältnisse sei, sondern ein Mittel zu deren Absicherung.[557] Macht setzt sich dieser Vorstellung zufolge in pluralen Gesellschaften nicht vorrangig durch unmittelbare (ökonomische) Gewaltausübung durch, sondern wird vielmehr über kulturelle und mediale Einflusswege beständig ausgebaut und verfestigt. In diesem Zusammenhang prägte *Gramsci* den Begriff der „kulturellen Hegemonie" als kultureller Verankerung und damit verbundener Anerkennung der gesellschaftlichen Kräftever-

554 Man denke nur an den einen wesentlichen Teil erfasster Kriminalität ausmachenden Diebstahl oder alleine der wirtschaftlichen Verwertbarkeit dienende Anforderungen an abhängig Beschäftigte. Vgl. zur formellen Sozialkontrolle *Eisenberg* 2005, § 6 Rn. 6; zur Analyse dessen durch den frühen Marx anhand der Debatten über das Holzdiebstahlsgesetz *Arnold* 2005.

555 Vgl. *Lüderssen* 1999, 497; 2003, 76 f.

556 Zum Ganzen *Eisenberg* 2005, § 10.

557 Siehe insbesondere zum Recht *Buckel* 2009, 117 ff.

hältnisse. Die Hegemonie fungiert danach sowohl als Instrument wie auch als Ziel der Machtausübung. Wem in der gesellschaftlichen Auseinandersetzung die Vorherrschaft zukommt, wer Themen und Akzente setzen und durchsetzen kann, der hat in modernen Gesellschaften die Macht. Das System wird also durch eine Hegemonie der herrschenden Klassen und Gruppen sichergestellt, die ihre Interessen als die der Gesellschaft darzustellen vermögen. Diesem Ansatz zufolge ist das kapitalistische Gesellschaftssystem immer wieder in der Lage, sich in strukturellen Krisen zu modernisieren und geänderten Verhältnissen anzupassen, indem es soziale und politische Auseinandersetzungen und Widersprüche in einem gewissen Maße zulässt, teilweise integriert und so Konsens schafft, ohne sich dabei grundsätzlich zur Disposition zu stellen. Hegemonie ist demnach die Führung im Konsens, der regelmäßig freiwillig befolgt wird, während Zwang die Ausnahmesituation darstellt.[558]

Hegemonietheoretische Ansätze werden auch zur Erklärung von sozialer Kontrolle – vor allem auf der Ebene der Regelsetzung – in (spät-)modernen kapitalistischen Gesellschaften fruchtbar gemacht.[559] Demzufolge wird auch Sozialkontrolle in den politischen Systemen der entwickelten, bürgerlichen Industriegesellschaften zunehmend durch Strukturen des Ausgleichs und der Integration, durch die Sicherung einer kulturellen und diskursiven Hegemonie herrschender Auffassungen hergestellt. Das gesellschaftliche Machtsystem hat sich dieser Vorstellung zufolge in Richtung einer hegemonialen Dominanzkultur entstrukturiert.[560]

Hegemonietheoretischen Ansätzen liegt ein differenziertes Machtmodell zugrunde. Sie sind in der Lage, die Ebene des Subjekts zumindest insofern einzubeziehen, als dieses durch sein soziales Handeln und seine Praktiken die hegemonialen Strukturen ständig reproduziert und so beispielsweise die Konstruktion von Konformität und Abweichung aufrechterhält bzw. bestimmt. Über die Ausgrenzung der Anderen internalisieren die Angepassten – vor allem in Zeiten von Krisen und drohender Anomie – die gesellschaftliche Ordnung und finden Bestätigung durch die Betonung der eigenen Konformität und die Ablenkung von der eigenen „Schwäche". Auf diesem Weg kann aufgezeigt werden, wie handlungsbezogene Macht in der Interaktion und strukturelle Machtformen zusammenwirken.

Zusammenfassend kann daher festgehalten werden, dass sowohl die Konflikttheorie als auch hegemonietheoretische Ansätze ihren Schwerpunkt auf die

558 Siehe *Gramsci* 1971, 169 f.
559 Vgl. zum Beispiel *Böhnisch* 2010, 81 ff.; *Hebberecht* 2010, 132.
560 Allgemein zu dieser Perspektive *Candeias* 2009.

Ebene der Genese von Normen[561] und auf die Frage legen, wie sich dabei Effekte von Macht und Herrschaft niederschlagen. Während die Konflikttheorie sich aber eher den gesellschaftspolitischen Hintergründen und Entstehungszusammenhängen von Normen auf der Makroebene widmet, legen hegemonietheoretische Ansätze einen Schwerpunkt darauf, wie in den westlichen Industriegesellschaften Partikularinteressen hegemonial werden und sich in Form von Normen durchsetzen können. Nach beiden Ansätzen ist Sozialkontrolle bereits auf der Ebene der Normgenese macht- und herrschaftsförmig strukturiert.

5.1.3 Der Etikettierungsansatz

Der Etikettierungsansatz – oder auch Labeling Approach – geht davon aus, dass *kriminell* keine Eigenschaft einer Person ist, sondern das Ergebnis eines Zuschreibungsprozesses (Labeling).[562] Auch wenn dieser Ansatz ursprünglich vor allem für den strafrechtlichen Kriminalisierungsprozess angewendet wurde, lässt er sich auf andere Formen sozialer Kontrolle übertragen. Seine Kritik betrifft zwei Ebenen: einerseits die Funktionalität sozialer Kontrolle als Ausgangspunkt einer kritischen Dekonstruktion, andererseits die Etikettierung bestimmter Verhaltensweisen und Personen als konkreten Ausdruck der Herrschaftsförmigkeit von Sozialkontrolle.

5.1.3.1 Ebenen

Insbesondere die deutsche Rezeption des Etikettierungsansatzes geht von einer Funktionalität sozialer Kontrolle und insbesondere des Strafrechts aus. Danach besteht eine Diskrepanz zwischen den offiziell proklamierten Zwecke des Strafrechts und den eigentlichen Zielen, die mit dem staatlichen Strafen verfolgt werden.[563] Dies wird daran deutlich gemacht, dass das Strafrecht zwar von der gesetzlichen Bestimmung her zur Bearbeitung und Verhinderung von Delinquenz eingesetzt, dieser Rolle aber nicht gerecht wird, sondern selbst nach seinen eigenen Maßstäben als ineffektiv angesehen werden muss. Präventive Wirkungen des Strafrechts – das heißt die Verhinderung zukünftiger Straftaten durch Wirken

561 Siehe zu einer solchen Perspektive *Ziegler* 2001: „Die normativ fixierten Präventionsziele werden selbst nach den ihnen inhärenten Interessenstrukturen, Herrschafts-, Politik- und Staatsformen befragt. Prävention ist damit letztlich Gesellschaftspolitik mit dem Ziel einer Veränderung der kapitalistischen Gesellschaft und der Rolle des Staates."

562 Hierzu *Sack* 1968, 433, 470; 1972.

563 Siehe aktuell zu den USA *Wacquant* 2010, 107 f.

auf die Allgemeinheit (Generalprävention) bzw. auf den erfassten Delinquenten (Spezialprävention) – lassen sich als Folge staatlicher Strafeinwirkung kaum feststellen.[564]

Stattdessen wird Delinquenz als Kehrseite der Existenz sozialer Normen und notwendiger Bestandteil von Gesellschaften angesehen. Die Häufigkeit krimineller Verhaltensweisen hängt demnach davon ab, in welchem Umfang Verhaltensweisen unter Strafe gestellt werden. Der Anwendung delinquenzkontrollierender Strategien muss daher eine über die Kontrolle von Straftaten hinausgehende Funktion zukommen.[565] Diese besteht nach dem Labeling-Ansatz vor allem in der mit der exemplarischen Sanktionierung einiger Verhaltensweisen erfolgenden Verdeutlichung und Bestätigung von Normen, mit denen eine integrative Wirkung erreicht und zugleich eine Demonstration und Verfestigung staatlicher Macht ermöglicht werden soll. Denn für eine Norm, gegen die nicht verstoßen wird, besteht nicht nur kein Bedarf; sie wirkt auch nicht mehr als Norm, weil ihr Bestehen und ihre Wirkung erst über den Verstoß und dessen Sanktionierung sichtbar und aktualisiert werden. Insofern erfüllen Normverstöße eine notwendige Funktion für die Gesellschaft und deren Normensystem.[566]

Der Etikettierungsansatz geht weiterhin davon aus, dass abweichendes Verhalten ubiquitär ist, da sich alle Gesellschaftsmitglieder in der einen oder anderen Form deviant verhalten, nicht alle aber als *kriminell* etikettiert werden. Abweichung ist demnach kein bestimmtes Merkmal einer Person, anhand dessen eine Unterscheidung etwa zwischen kriminell und nichtkriminell erfolgen könnte, sondern das Ergebnis eines selektiven Zuschreibungsprozesses, der Kriminalisierung.[567] Kriminell bzw. abweichend zu sein ist also eine Eigenschaft, die einer Person von den Instanzen der strafrechtlichen Sozialkontrolle von außen zugeschrieben wird.

Nach der marxistisch inspirierten Variante des Labeling-Ansatzes geraten vor allem gesellschaftliche Minderheiten und Randgruppen in den Prozess sozialer Kontrolle, so dass gerade an ihnen die Geltung sozialer Normen verdeutlicht wird. Diese selektive Betroffenheit wird damit erklärt, dass die Eigenschaft *kriminell*, wie andere negative und positive Güter auch, in Prozessen gesellschaftlicher Auseinandersetzung verteilt und zugeschrieben wird. Entsprechend ist nicht jede soziale Gruppe in gleichem Maße von staatlicher Strafverfolgung betroffen, denn die Selektion erfolgt nicht zufällig, sondern anhand von herrschaftsförmi-

564 Dazu bereits oben 3.2.1.

565 Zur Funktion von Kriminalität bzw. ihrer Bearbeitung *Eisenberg* 2005, § 9 ff.

566 Umgekehrt würde das Normensystem zusammenbrechen, wenn alle Verstöße aufgedeckt würden und sich so die beschränkte Gültigkeit sozialer Normen offenbarte, vgl. bereits *Popitz* 1968.

567 Hierzu *Sack* 1968, 433, 470; 1972; *Peters* 2000, 262 f.

gen Kriterien.[568] Sie findet danach zwar auf der individuellen Ebene statt, ist aber abhängig von der Definitionsmacht der Beteiligten und orientiert sich an Kriterien wie Klassen- bzw. Schichtzugehörigkeit, Migrationshintergrund und familiärer Herkunft.[569] Es ist somit wahrscheinlicher, für einen Normverstoß sanktioniert zu werden, wenn man der Unterschicht zugerechnet wird, Jugendlicher ist, aus sonstigen Gründen eine geringe Beschwerdemacht aufweist oder nicht den Normen der weißen Dominanzkultur entspricht. Hierfür wird angeführt, dass sich das Strafrecht – trotz einiger Veränderungen in den vergangenen Jahrzehnten – in der Praxis vorwiegend auf typische Unterschichtsdelinquenz – wie Diebstahl, Raub, Beförderungserschleichung, Körperverletzung – und jugendtypische „Kriminalität" – wie Verstöße gegen das Betäubungsmittelgesetz und Graffiti – konzentriert.[570] Dagegen werden viele Fälle, die der Wirtschaftskriminalität zugerechnet werden können, durch Verfahrenseinstellung erledigt oder nach Absprachen zwischen Staatsanwaltschaft, Gericht und Verteidigung („Deal") vergleichsweise milde sanktioniert, obwohl sie viel höhere Schadenssummen aufweisen als klassische Delikte gegen Eigentum und Vermögen.[571]

Der Selektionsprozess basiert nach dieser Ansicht nicht auf objektiven Maßstäben, sondern auf hegemonialen Moral- und Wertvorstellungen. Damit werden durch das Strafrecht nicht nur scheinbar allgemein gültige Normen exekutiert, die auf einem gesellschaftlichen Konsens beruhen, sondern auch substrafrechtliche Wertprioritäten. Man gerät umso eher ins Visier anzeigender Bürger und kontrollierender Polizei, je weniger man den herrschenden Wert- und Moralmaßstäben entspricht. Dies führt dazu, dass das Strafrecht über seine offizielle (ultima ratio-)Funktion hinaus nicht nur „Straftaten" sanktioniert, sondern auch eine darüber hinausgehende Konformität erzwingt, indem mittelbar auch sonstige soziale Normen durchgesetzt werden. Folge dieses selektiven Zuschreibungsprozesses ist die gesellschaftliche Ungleichverteilung des Etikettes „kriminell".

Zusammenfassend lässt sich feststellen, dass nach dem Labeling-Ansatz die Funktion von Sozialkontrolle nicht in der Verhinderung von Abweichung, sondern in der Ausübung von Macht und in der Verdeutlichung sozialer Normen besteht, die vor allem auf Kosten gesellschaftlicher Minderheiten erfolgt. Das Strafrecht erscheint vor diesem Hintergrund als intendierte Übelszufügung ge-

568 Dies gilt mitunter auch für den Ausschluss und teilweise auch für Kontrollstrategien. Zu letzteren wie auch zu solchen, die jedenfalls nicht wertend zuschreiben, *Krasmann* 2003a, 45 ff.

569 *Sack* 1968, 469 ff. Zur schichtspezifischen Kriminalisierung siehe den Überblick bezüglich der verschiedenen Stufen des Kriminalisierungsprozesses bei *Geißler* 1994.

570 Siehe *P.-A. Albrecht* 2010, 191 ff. mit Nachweisen zur Selektion bei der Polizei, die mitunter auch durch strukturelle Benachteiligung zustande kommen soll. Einschränkend *Peters* 1996 mit Beispielen für Nicht-Selektion. Zu den verschiedenen Ansätzen *Eisenberg* 2005, § 8 Rn. 3 ff.

571 Vgl. *PSB* 2006, 234 ff.

genüber ohnehin sozial Benachteiligten, die von den gesellschaftlich mächtigen Gruppen und ihren Repräsentanten für ihre Zwecke funktionalisiert werden.[572]

5.1.3.2 Reichweite

Der Prozess der Etikettierung hat sich zu einer etablierten Forschungsperspektive entwickelt und ist insoweit zum festen Bestandteil kriminologischer Erkenntnis geworden, als anerkannt ist, dass Umfang und Struktur der registrierten Kriminalität ganz wesentlich vom Wirken der Instanzen formeller Sozialkontrolle abhängig sind.[573] Für eine Kritik gegenwärtiger Sozialkontrolle ist der Labeling-Ansatz in zweierlei Hinsicht von Relevanz. Er kann zunächst überzeugend erklären, dass Repressionskonjunkturen gegen bestimmte Verhaltensweisen deutlich von funktionalen Interessen gesellschaftlich mächtiger Gruppen abhängig sind, die sich in der Strafverfolgungspraxis niederschlagen (können). Darüber hinaus liefert der Ansatz theoretische und empirische Erklärungen für die selektive Kontrolle und Verfolgung von unterschiedlichen Bevölkerungsteilen, wie Migranten, Jugendlichen und anderen so genannten Risikogruppen. Dieser Erkenntnis kommt vor dem Hintergrund der Renaissance des Ausschlusses als Technik sozialer Kontrolle besondere Bedeutung für die Frage zu, warum und mit welchen Mitteln bestimmte gesellschaftliche Gruppen überproportional exkludiert werden. Der Labeling Approach ist damit vor allem für die Analyse der Norm*durch*setzung bzw. -anwendung nutzbar.

Gleichwohl ist die Reichweite des Labeling-Ansatzes mit seinen zentralen Aspekten – dem Verständnis der Funktionalität und der Selektivität sozialer Kontrolle – begrenzt. Dies gilt zum einen, da er die Ebene des Subjekts nur eingeschränkt berücksichtigt. Zum anderen entfalten die neuen Techniken nur teilweise selektive Wirkungen. In ihrer präventiven Grundausrichtung richten sie sich zum großen Teil nicht mehr ausschließlich an das Individuum, sondern sind raum- oder gruppenbezogen. Dies gilt insbesondere für die Maßnahmen situativer Kriminalprävention.[574] Die Verwaltung des empirisch Normalen zeichnet sich daher nur bedingt durch einen selektiven Charakter aus. Trotzdem haben die zuschreibenden Techniken sozialer Kontrolle überlebt und bilden einen festen Bestandteil sozialer Kontrolle in der Sicherheitsgesellschaft. Daher stellt der Etikettierungsansatz unverzichtbare Bausteine für eine Kritik gegenwärtiger Sozialkontrolle bereit.

---

572 Vgl. *Peters* 2000, 265.

573 So die vorherrschende Auffassung, vgl. beispielsweise *Kunz* 2011, 162 ff., 202 ff.

574 Siehe oben unter 4.2.2.

5.1.4 Gouvernementalität und interpretative Ansätze

Beginnend in den 1990er Jahren hat sich der Blickwinkel einer Kritik sozialer Kontrolle deutlich verschoben. Dies hängt insbesondere mit einer stärkeren Rezeption des auf *Michel Foucault* zurückgehenden Ansatzes der Gouvernementalität zusammen, der eine veränderte Perspektive auf Macht sowie bestimmte Formen sozialer Kontrolle eröffnet.[575] Dabei knüpft dieser Ansatz an das interpretative Paradigma der Soziologie an.

5.1.4.1 Interpretative Ansätze

Dem interpretativen Paradigma – wozu sich sowohl diskursanalytische, als auch konstruktivistische Ansätze wie zum Beispiel der Labeling-Ansatz zählen lassen – zufolge ist die Frage nach den Entstehungszusammenhängen einer Formation sozialer Kontrolle nicht primär mit dem Wirken bestimmter Ideologien und Akteuren verbunden, sondern mit der Konstituierung einer herrschenden Form von Wirklichkeit. Ausgangspunkt dieser Auffassung ist die Feststellung, dass es keine objektive Wahrheit gibt, sondern nur verschiedene Interpretationen der Wirklichkeit. Damit stellen die Vertreter dieses Ansatzes die Existenz natürlicher Gegebenheiten in Frage. Bei dem, was als wahr und real existierend erfahren wird, handelt es sich danach lediglich um eine bestimmte Interpretation des materiell Existenten, die nicht objektiv ist. Realität wird verstanden als ein vielschichtiger Bestand von Wissen und Bedeutung, der sich herausbilden konnte, aber kontingent ist – also nur ein mögliches, aber kein zwingendes Verständnis darstellt. Welche Interpretation von Wirklichkeit sich dabei durchsetzen und als scheinbar objektive Realität gesellschaftlich verankern kann, ist nicht zufällig, sondern folgt bestimmten Regeln und ist abhängig und geprägt von gesellschaftlichen Machtstrukturen.

Diese Wirklichkeit wird etwa durch Diskurse immer wieder hergestellt. Deren Festlegungen wirken als Rahmen,[576] der selbst nicht statisch ist, sondern sich verändern kann, so dass innerhalb dessen Modifikationen und gesellschaftliche Entwicklungen erfolgen (können). Unterschiedliche Interpretationen sind nur innerhalb dieses Rahmens möglich. Welche Verhaltensweisen als Abweichung definiert werden, was als Sicherheit, Bedrohung oder zwingend notwendiges, geradezu zwangsläufiges Element der Sicherheitsproduktion betrachtet wird, ist

---

575 Dazu *Krasmann* 2003, 67 ff.; *Böhm* 2007; *Singelnstein* 2009, 172 ff. sowie die Beiträge in *Purtschert/Meyer/Winter* 2008. *Quensel* 2002, 47 sieht die Gouvernementalität gar sich anschicken, „führendes Paradigma der theoretischen Kriminologie zu werden".

576 Siehe zu verschiedenen Ansätzen der Diskursanalyse *Keller u. a.* 2006.

danach Ergebnis von diskursiven Formationen, die für uns Wirklichkeit darstellen und als objektiv verstanden werden. So bringt die Wirklichkeit sozialer Kontrolle gesellschaftliche Konflikte durch die Produktion und Strukturierung sozialer Kollektive und Interessengruppen hervor, verlangt die Anerkennung von Realitäten, konstruiert Feindbilder und blendet Alternativen bis zur Unsichtbarkeit aus.[577] Die beschriebenen Mechanismen und Techniken sozialer Kontrolle wenden einerseits eine solche Wirklichkeit an bzw. folgen ihr, um sie andererseits damit gleichzeitig zu (re-)produzieren, indem beispielsweise die so produzierte Wirklichkeit neue Mechanismen hervorbringt,[578] die dann erst in politische Konzepte sozialer Kontrolle integriert werden.

5.1.4.2 Fremd- und Selbstführung

Hieran knüpft der Ansatz der Gouvernementalität mit der Frage an, wie und warum sich gerade eine bestimmte Interpretation von Wirklichkeit als Wahrheit durchsetzt, die sich in Praktiken der Subjekte niederschlägt, die diese Wirklichkeit bestätigen und ständig neu (re-)produzieren. Im Zentrum steht dabei eine spezifische Form von Macht, die so genannten Regierungstechniken, die das Handeln der Individuen leitet.[579] Der Begriff der Regierung geht dabei über seine politische Bedeutung hinaus. Er umfasst diverse Techniken und Handlungsformen, „die in vielfältiger Weise auf die Lenkung, Kontrolle, Leitung von Individuen und Kollektiven zielen“[580].

Macht ist nach *Foucault* nicht mit Herrschaft im herkömmlichen Sinne gleichzusetzen,[581] sondern es handelt sich vielmehr um vielfältige, organisierende Kräfteverhältnisse und bewegliche Strategien, die allgegenwärtig sind und von unten nach oben verlaufend alles durchdringen.[582] Hierauf aufbauend entwickelte *Foucault* das Konzept der Regierungstechniken im Sinne der Gouvernementalität, die er als grundlegend für die modernen Gesellschaften und Staaten ansieht.[583] Regierung in diesem Sinne meint eine Einwirkung auf das Subjekt, indem Selbstführungstechniken gefördert und hervorgebracht bzw. umgekehrt in Herrschaftsstrukturen integriert werden.[584] Regierungstechniken verknüpfen also

---

577 *Groenemeyer* 2003, 213 verweist darauf, dass deviante Personen ebenso inkludierend als moralisch Schwache wie auch exkludierend als gefährliche Fremde konstruiert werden können.

578 Vgl. hierzu *Garland* 2004, 57 ff.

579 *Lemke* 1997, 308 f.; zur Entwicklung *Lemke/Krasmann/Bröckling* 2000, 8; *Marti* 2008, 291 f.

580 *Lemke/Krasmann/Bröckling* 2000, 10; zum Verhältnis zum Recht siehe *Singelnstein* 2011, 7 f.

581 Zu dieser *Lemke* 1997, 98 ff.

582 Siehe dazu *Bührmann* 2005, Abs. 23 f.

583 *Foucault* 1994, 248 ff.

584 Vgl. *Lemke/Krasmann/Bröckling* 2000, 29 f.

die Selbstführung der aktiven, verantwortlichen Subjekte mit Elementen der Fremdführung. Die Subjekte sollen sich selbst entsprechend den abstrakten Vorgaben und Bedürfnissen führen.[585] Der Einzelne trifft dabei selbst die Entscheidung, ob und wie er diesen Anforderungen gerecht zu werden sucht, um seine Handlungsfähigkeit aufrechtzuerhalten.

Regierungstechniken arbeiten nicht vordergründig mit Zwang und Unterdrückung. Eine direkte Beherrschung der Subjekte ist im Grundsatz unproduktiv, da sie einerseits Widerspruch provoziert und andererseits das Potential der Subjekte nicht nutzt, sich in einem Raum der Freiheit kreativ selbst zu leiten und optimale Lösungen zu kreieren. Mit Mitteln der Unterdrückung und des Zwangs kann der Mensch nie in seiner Gesamtheit, sondern immer nur in Teilen seiner Individualität erreicht werden. Regierungstechniken gewähren daher dem Einzelnen stets einen Raum von Freiheit, so dass er sich zwischen verschiedenen Handlungsalternativen entscheiden kann.[586] Sie zwingen das Subjekt nicht zu einem bestimmten Verhalten, sondern lenken es lediglich auf eine bestimmte Art von Verhalten innerhalb einer prinzipiell unbegrenzten Zahl möglicher Verhaltensweisen hin. Dieses Lenken kann mitunter auch als Zwang oder als Zumutung empfunden werden, wenn das Zugeständnis von individuellen Freiheiten mit der Anforderung verbunden ist, diese Freiheit in einem spezifischen Sinne zu gebrauchen.

Bei dieser Freiheit handelt es sich nicht um eine natürliche Gegebenheit, die durch die Regierung eingeschränkt würde. Vielmehr ist es gerade die Gouvernementalität, die diese Entscheidungsspielräume schafft, die für diese Form der Macht konstitutiv und unentbehrlich sind. Deutlich wird dieser Zusammenhang in der Responsibilisierung von Individuen durch staatliche Apparate und Institutionen. Dieser Prozess, der sich als Ausübung von Selbstbestimmung und Wahlfreiheit darstellt, korrespondiert mit dem Zwang, sich als rationales und verantwortliches Individuum zu verhalten.[587]

Diese Sichtweise beinhaltet eine Akzentverschiebung weg von der Konzentration auf Staat und Herrschaft und von einer Dichotomie aus Unterdrückung und Freiheit.[588] Der Ansatz der Gouvernementalität geht nicht von einer intentionalen Instrumentalisierung sozialer Kontrolle als Mittel zur Ausübung von Macht aus. Er betont vielmehr den allgegenwärtigen Charakter von Macht in der Gesellschaft und in inter-subjektiven Beziehungen. Das Regieren ist dabei von einer ökonomischen Zweckbestimmung geprägt, die die Perfektionierung und Maximierung der von ihr geleiteten Vorgänge und das Bestreben zum Ziel hat,

585 *Foucault* 1994, 255.
586 Siehe *Krasmann* 2000, 201; *Lemke* 1997, 183 f.
587 Vgl. *Lemke/Krasmann/Bröckling* 2000, 29 f.
588 Siehe *Rose* 2000, 93.

das Wohlbefinden und die Aktivität der Regierten zu erhöhen, um so ihre Kräfte zu steigern.[589] Die so weitgehend perfektionierte und ausgeweitete Macht ist nicht auf Abschöpfung und Entzug gerichtet, sondern soll Kräfte hervorbringen, ordnen und stärken, statt sie zu hemmen oder zu vernichten.[590]

Mit diesem analytischen Instrumentarium lassen sich vor allem Techniken der Selbstführung und der Kontrolle erfassen[591] und als subtile Anreize zur Anpassung verstehen. Statt die problemgenerierenden Bedingungen zu ändern, werden die Individuen dazu angeleitet, sich von sich aus anders zu verhalten. Der Schwerpunkt dieser Führung liegt dabei nicht auf der Unterdrückung unerwünschter Verhaltensweisen, sondern vielmehr in der Lenkung des formal freien Einzelnen hin zu erwünschten Verhaltensweisen, hat also einen positiven, produktiven Effekt. Dies spiegelt sich beispielsweise in Formen der situativen Kriminalprävention wider. Veränderungen der äußeren Umwelt sollen ebenso wie Responsibilisierungen die scheinbar Freien lenken. Der Einzelne wird angehalten, das zu wollen, was er auch soll. Anstatt eines umfassenden Systems aus Regeln und sozialen Normen – die einmal verinnerlicht für zahllose Situationen wirksam werden sollen – regulieren Techniken der Selbstführung und bestimmte Kontrolltechniken so das Verhalten in einem „produktiven" Sinn.

5.1.5 Zusammenschau

Zusammenfassend kann festgehalten werden, dass ein wesentlicher Effekt bzw. eine zentrale Funktion sozialer Kontrolle in der Erhaltung gesellschaftlicher Verhältnisse und Strukturen und damit in der Durchsetzung von Macht und Herrschaft besteht. Entsprechend ist für eine kritische Auseinandersetzung die Identifizierung und Analyse von Macht auf der Ebene der Normsetzung und der Normanwendung von zentraler Bedeutung. Dabei kann zwischen verschiedenen Formen von Macht differenziert werden. Neben der Herrschaft als institutionalisierter Macht und strukturellen Formen von Macht betrifft dies auch Formen von Macht zwischen Individuen im sozialen Alltag sowie auf der Ebene des Subjekts.

Auf der *Ebene der Normsetzung* können – konflikttheoretisch besehen – gesellschaftliche Gruppen, die über ausreichend Ressourcen und Definitionsmacht verfügen, ihre Interessen im Verteilungskonflikt normativ absichern, indem entgegengesetzte Bestrebungen als abweichend klassifiziert und – wenn erforderlich – auch kriminalisiert werden. Allerdings wird damit die gesellschaftliche Wirk-

589 *Opitz* 2004, 20.
590 *Lemke* 1997, 134 ff.
591 Siehe oben 4.2.1 und 4.2.2.

lichkeit nur sehr abstrakt beschrieben. Gerade die Sicherheitsgesellschaft zeichnet sich dadurch aus, dass ihr eine hohe gesellschaftliche Akzeptanz entgegengebracht wird, auch wenn sozialkontrollierende Maßnahmen de facto vor allem eine Beschneidung individueller Rechte bedeuten. Dem kann man sich mit dem Konzept der kulturellen Hegemonie nähern. Danach erfolgt die Genese sozialer Normen nicht unbedingt transparent und erkennbar machtförmig. Die Moral- und Normvorstellungen der Individuen werden stattdessen von der jeweiligen hegemonialen Kultur geprägt, die für die Akzeptanz und den Bestand der herrschenden Ordnung sorgt. Macht wird nach diesem Ansatz eher subtil und nicht in Form von Zwang ausgeübt, wenn beispielsweise Partikularinteressen und das neue Verständnis von Sicherheit als gesamtgesellschaftliche Werte dargestellt, akzeptabel gemacht und so konsensual durchgesetzt werden. Daher haben hegemonietheoretische Ansätze zugleich auch einen gewissen Erklärungswert für Selbstführungs- und Kontrolltechniken, die auf die Freiwilligkeit des Individuums bauen, ohne dass direkter äußerer Zwang ausgeübt werden müsste.

Aspekte von Macht und Herrschaft finden sich aber nicht nur auf der Ebene der Normsetzung, sondern prägen auch die Norm*anwendung*. Hier führt zum einen der selektive Einsatz von Sanktionen zur Durchsetzung sozialer Normen und Regeln zu einer Kriminalisierung bestimmter Klassen oder Randgruppen (Labeling Approach). Zum anderen gewinnen Selbstführungs- und Kontrolltechniken an Bedeutung, die auf eine gelenkte Freiheit des Individuums aufbauen und den Einzelnen anleiten, sich selbst zu führen (Ansatz der Gouvernementalität). Darüber hinaus sind für eine Kritik auch Ausschlusstechniken von Bedeutung, die auf diejenigen abzielen, die als nicht mehr beeinflussbar und damit als nicht mehr von den Kontrolltechniken lenkbar angesehen werden. Diese Personen(-gruppen) sind nicht nur unter ökonomischen Aspekten „überflüssig", sondern werden als gesamtgesellschaftliches Risiko konstruiert, womit ihr Ausschluss aus bestimmten Räumen oder sozialen Strukturen gerechtfertigt wird.

Interpretative Ansätze betonen in diesem Zusammenhang die Bedeutung des gesellschaftlichen Verständnisses von Abweichung und sozialen Konflikten für die Wahrnehmung und Definition von Risiken, Sicherheit und sozialer Kontrolle. Die beschriebenen Sicherheitsdiskurse produzieren erst unsere Wirklichkeit von Abweichung und Kontrolle. Das in Folge dessen steigende Sicherheitsbedürfnis dient einerseits als Begründung für die Schaffung von neuen Sicherheitsmaßnahmen und reproduziert andererseits das Bedürfnis nach mehr Sicherheit. Das Bild, das wir von sozialen Problemen haben, ist damit ebenso kontingent wie die gegenwärtige Formation sozialer Kontrolle und somit Folge einer bestimmten, sich durchsetzenden Interpretation der Welt.

In den verschiedenen theoretischen Ansätzen, die wir hier für eine Kritik sozialer Kontrolle herangezogen haben, finden sich somit die eingangs beschriebenen gesellschaftlichen Grundlagen für die Entwicklung sozialer Kontrolle – ökonomische und soziokulturelle Strukturen, Diskurse und Protagonisten – in unterschiedlicher Gewichtung wieder. Zusammengenommen führt Sozialkontrolle danach zu einer Absicherung gesellschaftlicher Strukturen, die Ausdruck wie Bedingung von Ungleichheit, Herrschaft und Macht sind. Während der strafenden Disziplinierung und dem Ausschluss vor allem die Funktion der Machtdemonstration durch Normverdeutlichung zukommt, also einen nach außen gerichteten Charakter aufweist, dienen Selbstführungstechniken der Einschreibung von Macht in das Individuum. Macht setzt sich dabei im Wege von Akzeptanz und Zustimmung durch und tritt nicht offen als Herrschaft zutage. Vermeintliche Freiwilligkeit ersetzt offen ausgeübten Zwang.

Im Zuge dessen verlagert sich soziale Kontrolle teilweise von Institutionen des sozialen Nahraums in die Individuen hinein bzw. hin zu professionellen Institutionen, die so eine erhebliche Ausweitung ihres Wirkungsbereichs erfahren. Konflikte divergierender Interessen und die Strategien, die zu ihrer Eindämmung eingesetzt werden, präsentieren sich damit immer weniger sicht-, verhandel- und änderbar. Die Techniken, die mittels Zwang, Disziplinierung und Ausschluss versuchen, eine soziale Ordnung herzustellen, sind dabei auf die *Verwaltung* von sozialen Problemen gerichtet, nicht auf die Bearbeitung ihrer Entstehungszusammenhänge.

Die Sicherheitsgesellschaft steht vor diesem Hintergrund in einer Traditionslinie mit Formen von Kontrolle und Repression in vergangenen Jahrhunderten. Zwar hat sich das System von der Vergeltung über die Disziplinierung hin zur Verwaltung des empirisch Normalen durch Kontrolle und Ausschluss verschoben. Diese unterschiedlichen Mechanismen verbindet jedoch die Simplifizierung und Individualisierung von sozialen Problemen und Konflikten und die Verdeckung der dahinter stehenden gesellschaftlichen Machtverhältnisse. Dabei hat die kontinuierliche Entwicklung von der peinlichen[592] Strafe über das Gefängnis bis zu Kontrolle und Selbstführung zu einer Ausweitung und Effektivierung sozialer Kontrolle geführt.

592 Darunter werden Körper- und Leibesstrafen verstanden. Die „peinliche Strafe“ gewann erst im 16. Jahrhundert mit dem Erlass der ersten Reichsstrafprozessordnung (Constitutio Criminalis Carolina) 1532 Dominanz. Vorher wurde vor allem das Bußstrafrecht angewandt, das auf Ausgleich und Wiedergutmachung gerichtet war.

5.2 Alternative Perspektiven

Im folgenden Abschnitt soll der Frage nachgegangen werden, wie vor diesem Hintergrund alternative Perspektiven auf soziale Kontrolle aussehen können. Unter Rückgriff auf die oben dargestellten theoretischen Ansätze lassen sich dafür drei Säulen identifizieren. Aus dem Blickwinkel des Labeling Approach, der Konflikttheorie und hegemonietheoretischer Ansätze bedarf es einer Zurückdrängung macht- und herrschaftsförmiger Strukturen, etwa durch eine Demokratisierung der gesellschaftlichen Willensbildungs- und Entscheidungsprozesse und die Eröffnung von Partizipationsmöglichkeiten. Aus einer interpretativen Perspektive sind demgegenüber eine Auseinandersetzung mit der gegenwärtigen Interpretation von Abweichung und eine Infragestellung der bestehenden Risikowirklichkeit erforderlich. Da die Sicherheitsgesellschaft zentral auf der Freiwilligkeit des Individuums und dessen Fähigkeit zur Selbstführung aufbaut, stellt sich schließlich die Frage, wie eine alternative Bestimmung von Freiheit und Autonomie aussehen kann. Zunächst soll als Voraussetzung jedoch geklärt werden, inwieweit soziale Regeln und ihre Kontrolle einer Gesellschaft notwendig immanent sind.

5.2.1 Zur gesellschaftlichen Immanenz sozialer Kontrolle

Soziale Regeln sind Grundlage sozialer Handlungen und Beziehungen.[593] Sie bewirken eine gewisse Regelmäßigkeit und Gleichförmigkeit sozialer Handlungsabläufe, wirken daher als Entlastung für das Individuum und befördern soziale Beziehungen. Angesichts dessen wird heute weithin davon ausgegangen, dass soziale Regeln für die Lösung von Konflikten und für das Funktionieren von Gesellschaft grundsätzlich erforderlich sind. Allerdings ist diese Sichtweise nicht zwingend, da sie auf bestimmten Vorstellungen von Normalität, Vergesellschaftung und Sozialem fußt, die vom Denksystem und Menschenbild einer aufklärerischen Vernunftorientierung geprägt sind. Dieses Denksystem bestimmt unsere Vorstellungen von Gesellschaft und sozialer Kontrolle grundlegend, obwohl es nicht selbstverständlich oder historisch dauerhaft ist. Im Gegensatz dazu wäre etwa auch ein Konzept vorstellbar, das das Aufstellen von sozialen Regeln und einer damit korrespondierenden Verhaltenskontrolle ablehnt und stattdessen umfassende individuelle Freiheit propagiert.[594]

Geht man gleichwohl von der Notwendigkeit sozialer Normen (auch für eine alternative Perspektive) aus, so stellen sich die weitergehenden Fragen, wie

593 Zu unterschiedlichen Normbegriffen *Menzel/Wehrheim* 2010, 511 f. Zu Definitionen oben 1.2.
594 Vgl. hierzu *Kreissl* 1996.

soziale Regeln ausgestaltet sein und welche Verhaltensweisen als Regelverletzung definiert werden sollten. Dazu bedürfte es eines eigenen materiellen Begriffs von Abweichung. Schließlich stellt sich die Frage, ob sozialen Verhaltensnormen dadurch Geltung verschafft werden muss, dass ihre Einhaltung kontrolliert und ein Verstoß dagegen sanktioniert wird. Diese Frage wird zumeist mit der Überlegung bejaht, dass eine Regel nur dann Geltung beanspruchen könne, wenn sie von der Mehrheit eingehalten und Verstöße dagegen sanktioniert würden.[595] Eine Gesellschaft ohne Regelverstöße und daraus resultierender Konflikte sei nicht denkbar. Vielmehr seien Normübertretungen quasi die Bedingung für die Geltung der Norm – da diese dadurch erst sichtbar werde – und gleichzeitig Ausdruck der Komplexität und Vielfältigkeit von Gesellschaft.[596] Dem stünde es jedoch nicht entgegen, auf Normkonflikte und Abweichung anders als durch Sanktionierung zu reagieren, so dass diese ebenso wie eine umfassende Kontrolle der Normeinhaltung nicht als notwendiger Bestandteil einer Gesellschaft mit sozialen Normen erscheinen müssen.

Will man dennoch der Prämisse von der Notwendigkeit sozialer Kontrolle und Sanktionierung von Normverstößen folgen, ließen sich diese jedenfalls auf Bereiche beschränken, die zur Lösung gesellschaftlicher Konflikte und zum Ausgleich von unterschiedlichen Interessen als unerlässlich erscheinen. In diesem Sinne wird Sozialkontrolle von verschiedenen Vertretern im positiven Sinne als ein Mechanismus der Sozialintegration verstanden, der darauf ausgerichtet ist, die Integration des Einzelnen in die Gesellschaft zu erreichen.[597]

5.2.2 Demokratisierung und Partizipation

Unabhängig davon, ob durch eine alternative Perspektive auf Sozialkontrolle bereits die Notwendigkeit von sozialen Regeln in Frage gestellt wird oder ob von einer gesellschaftlichen Immanenz sozialer Kontrolle ausgegangen wird, legen konflikt- und hegemonietheoretische Ansätze eine umfassende gesellschaftliche Demokratisierung und die Eröffnung weitgehender Partizipationsmöglichkeiten nahe, um die Macht- und Herrschaftsförmigkeit von sozialer Kontrolle zurückzudrängen.

---

595 Ähnlich bereits *Durkheim* (vgl. *Eisenberg* 2005, § 10, Rn. 1 ff.); *Popitz* 1968.

596 Zur Aufrechterhaltung des sozialen Gefüges als gesellschaftlicher Hauptfunktion des Rechts durch Verhaltenssteuerung und Konfliktbereinigung *Rehbinder* 2009, 92 ff.

597 Dazu sowie zum Verhältnis zu anderen Formen der Integration *Schimank* 2000, 452 f., 460 ff. – Dies stellt keinen Widerspruch zum Mechanismus des Ausschlusses dar. Vielmehr sorgt die Ausschließung einiger gerade für die Integration der anderen, so dass er sich als Integrationsmechanismus begreifen lässt, der freilich nicht zu umfassend eingreifen darf.

Aus dem Blickwinkel hegemonie- und konflikttheoretischer Ansätze dient Sozialkontrolle unter den gegenwärtigen gesellschaftlichen Bedingungen der Absicherung gesellschaftlicher Strukturen, die soziale Ungleichheit produzieren und bestehende Machtverhältnisse absichern. Eine Veränderung der Zwecksetzungen und Wirkungen von sozialer Kontrolle setzt danach eine Umgestaltung der gesellschaftlichen Verhältnisse durch eine Demokratisierung der individuellen und kollektiven Mitbestimmungsmöglichkeiten voraus. Demokratische Teilhabe meint in diesem Sinne nicht alleine eine Teilnahme an repräsentativen und legitimierenden Prozessen, wie Wahlen, sondern muss auch partizipatorische Elemente enthalten, die einerseits einer Zentralisierung der Meinungsbildungs- und Entscheidungsstrukturen entgegenstehen, andererseits eine Selbstermächtigung und Selbstbefähigung von Individuen ermöglichen.

Um etwa zu verhindern, dass sich bei der Normsetzung informelle soziale Regulierungssysteme oder Normen gesellschaftlicher Subgruppen durchsetzen und den Normsetzungsprozess machtförmig strukturieren, wäre eine Demokratisierung dieses Verfahrens erforderlich. Eine solche Partizipation in einem möglichst transparenten politischen Meinungsbildungs- und Entscheidungsfindungsprozess könnte außerdem dazu beitragen, dass Normen, die lediglich der Absicherung von Partikularinteressen mächtiger Gruppen und der Aufrechterhaltung von Strukturen sozialer Ungleichheit dienen, zurückgedrängt werden. Auf der Ebene der Normdurchsetzung bzw. -anwendung könnten eine Demokratisierung und eine gerechtere Ressourcenverteilung dazu beitragen, dass sich Unterschiede in der Durchsetzungskraft und Beschwerdemacht weniger stark auswirken, so dass der selektiven und diskriminierenden Definition und Sanktionierung abweichender Verhaltensweisen teilweise die Grundlage entzogen wäre.

Partizipatorische Demokratie und eine Dezentralisierung gesellschaftlicher Entscheidungsprozesse sind in diesem Sinne aber nicht gleichzusetzen mit einer Privatisierung staatlicher Aufgabenfelder und Entscheidungsmacht. Privatisierung führt vielmehr zur Umgehung von förmlichen Meinungsbildungs- und Entscheidungsstrukturen, wie sie für Formen staatlichen Handelns kennzeichnend sind. Dies hat zur Folge, dass strukturelle Ungleichheiten verstärkt werden, die durch ein formelles Verfahren minimiert werden sollen.[598] Partizipative Demokratie kann demgegenüber nur dann eine tatsächliche Demokratisierung bewirken, wenn sie mit einem Abbau von Strukturen sozialer Ungleichheit einhergeht und etwa einen gleichberechtigten Zugang zu gesellschaftlichen Ressourcen ermöglicht, denn kollektive und individuelle Entfaltung und soziale Sicherheit

598 Nach *Maier* 2005, 1411, 1417 f. institutionalisieren und verstärken die gegenwärtigen Verfahrensordnungen für den Straf- und Zivilprozess diese Wirkung eher als dass sie einer Machtförmigkeit entgegenwirken.

setzen eine materielle Absicherung voraus.[599] Dies dürfte zugleich nicht auf Deutschland oder Europa beschränkt sein, sondern stellt eine weltweite Herausforderung dar.[600]

Schließlich bedürfte es einer – zumindest teilweisen – Rückgabe der Konfliktlösung an gesellschaftliche Institutionen und an das soziale Umfeld und der Förderung sozial ausgleichender und wiedergutmachender Mechanismen sozialer Kontrolle. Die gegenwärtige Form der Konfliktlösung durch staatliche Akteure steht einer eigenständigen und selbstbestimmten Lösung von Konflikten entgegen und verhindert bei den so entmündigten Beteiligten letztendlich die Herausbildung von Fähigkeiten zur eigenverantwortlichen Konfliktbewältigung und Problemlösung.[601] Eine Rückgabe der Konflikte mit der daraus folgenden notwendigen Auseinandersetzung könnte dagegen sowohl den Einzelnen als auch die gesamte Gesellschaft dazu befähigen, sich verstärkt an der selbständigen Lösung von Konflikten weiterzuentwickeln. In diesem Sinne wirken die derzeit zu konstatierenden Tendenzen der Abschottung und der Flucht vor Unsicherheit in umfassende Sicherheitstechniken kontraproduktiv. Wer sich in einer gleichförmigen Umwelt nur unter seinesgleichen bewegt, sich nicht mit gesellschaftlichen Unterschieden und Andersartigkeit auseinandersetzt, der verlernt den Umgang mit einem „Leben inmitten der Differenz“[602] innerhalb der gegenwärtigen Gesellschaften.

Eine solche Vergesellschaftung der Konfliktbearbeitung – die teilweise mit theoretischen Ansätzen des Kommunitarismus verbunden wird[603] – begegnet aber auch grundlegenden Bedenken, denn sie können auch eine Verstärkung gesellschaftlicher Machstrukturen bedeuten. Kommunitaristische Ansätze negieren oft, dass die gegenwärtige Gesellschaft auf einer Ungleichverteilung von Ressourcen beruht, die auch zu ungleichen Möglichkeiten der Beschwerdemacht und Konfliktlösung führt.[604] Dieser Widerspruch wird beispielsweise deutlich, wenn Vertreter der Kommunalen Kriminalprävention sich auf kommunitaristische Grundsätze berufen, um Strategien einer präventiven Sicherheitsproduktion in Form sich selbst regulierender Felder zu installieren.[605] Eine derartige Delegation der Zuständigkeit auf die Individuen, die selbstverantwortlich ihre Sicherheitsinteressen umsetzen sollen, entspricht dem neoliberal geprägten Verständnis

---

599 *Castel* 2005, 80; zur Bedeutung sozialer Aufwärtsmobilität für gesellschaftliche Wiedereingliederung *Albrecht* 2010a, 62.

600 *Baumann* 2008, 13 f.

601 *Beste* 1996, 326.

602 *Baumann* 2008, 132.

603 Siehe *Kubink* 2002, 538 ff., 655 ff. Zur sozialintegrativen Wirkung *Schimank* 2000, 463 f.

604 Vgl. zu Bürgerwehren als zweifelhafter Form einer solchen Privatisierung und zur künstlichen Schaffung von Kontrollmechanismen im sozialen Nahraum *Beste* 1996, 321 ff.

605 *Ziegler* 2001.

von eigenverantwortlicher Sicherheitsvorsorge in Form der Selbstführung.[606] Eine Vergesellschaftung sozialer Konfliktbearbeitung – die auf eine offene Auseinandersetzung um den Konflikt ausgerichtet sein sollte, um so dessen Bewältigung zu ermöglichen[607] – setzt dementsprechend eine Demokratisierung der existierenden gesellschaftlichen Strukturen und Beziehungen voraus. Ansonsten werden gesellschaftliche Ungleichheit und bestehende Machtstrukturen lediglich reproduziert.

5.2.3 Freiheit und Autonomie

Die Freiheit und die Autonomie des Individuums als Elemente einer alternativen Perspektive auf Sozialkontrolle zu begreifen, ist ambivalent. Obwohl der Freiheitsbegriff oft als Gegenpol zum herrschenden Sicherheitsverständnis in der öffentlichen Debatte positioniert wird, begegnet dieses Vorgehen doch durchgreifenden Bedenken. Insbesondere stellt Freiheit auch einen zentralen Grundpfeiler neoliberaler Vorstellungen dar. Hierbei handelt es sich indes um einen Freiheitsbegriff, der auf eine Vorstellung von „Marktfreiheit"[608] begrenzt ist, die dem Individuum die Möglichkeit geben soll, sich selbstverantwortlich auf dem Markt zu behaupten, gleichzeitig aber auch die Aufforderung enthält, diese Freiheit in einem spezifischen Sinne zu gebrauchen. Dem Individuum wird damit nur ein klar abgegrenzter Bereich zur Verfügung gestellt, innerhalb dessen es agieren kann.[609] Ebenso führen die bloße Vervielfältigung individueller Handlungsoptionen und die als Befreiung des Individuums von staatlicher Bevormundung getarnte Responsibilisierung nur zu einer scheinbaren Autonomie.

Formen eigenverantwortlicher und kollektiver Konfliktlösung, wie sie bereits in der Mediation, der Gruppenarbeit am Arbeitsplatz oder im Rahmen des kollektiven Lernens in der Schule zur Anwendung kommen, sind Ausdruck dieser Ambivalenz. Durch das gemeinsame Arbeiten und Lernen bei der Lösung von Problemen können sie zwar zur Herausbildung von Selbstermächtigungsstrategien führen. Sie sind jedoch einerseits nur bedingt ein Mittel, um strukturelle Ungleichheiten aufzuheben. Andererseits bleiben diese Selbstermächtigungen sekundär und stehen unter dem Vorbehalt der ökonomischen Verwertbarkeit. So sind diese Modelle oftmals darauf ausgerichtet, Fähigkeiten zu entwickeln, damit sich das Individuum am Markt behaupten und sich entsprechend bestimmter Verhaltensanforderungen selbst führen kann.

606 *Holert* 2004, 248.
607 Vgl. *Frehsee* 2003, 25 ff., der Vor- und Nachteile eines solchen Ausgleichs zusammenträgt.
608 *Legnaro* 2000, 214 f.
609 *Lemke* 1997, 185 f.

Eine alternative Perspektive auf Sozialkontrolle stellt diesem Verständnis einen Freiheitsbegriff gegenüber, der auf Offenheit, Respekt, Solidarität und Toleranz aufbaut.[610] In diesem Sinne bedeuten Freiheit und Autonomie nicht die Abwesenheit von jeglicher ungewollter Beeinflussung durch Dritte oder durch gesellschaftliche Strukturen, da eine solche umfängliche Befreiung von allen Formen von Macht angesichts der Verklammerung von Macht und Subjektivierung nicht möglich erscheint.[611] Aber ein derart differenzierter Begriff von Freiheit beinhaltet die Möglichkeit, sich der eigenen Subjektposition und damit des Standorts im gesellschaftlichen Macht- und Privilegiengefüge bewusst zu sein.

5.2.4 Dekonstruktion der Risikowirklichkeit

Aus einer interpretativen Sichtweise bedarf es schließlich eines radikal anderen Verständnisses von Abweichung und sozialer Kontrolle, das der gegenwärtigen Wirklichkeit sozialer Kontrolle entgegengesetzt werden kann, um die bestehende Risikowirklichkeit und die herrschenden Sicherheitsdiskurse zu dekonstruieren. Als erster Schritt in diese Richtung wäre die gegenwärtige Lesart von Sozialkontrolle und Abweichung als kontingent darzustellen und dem eine alternative Analyse und Beschreibung gegenüberzustellen, um so hegemoniale Ansprüche auf Wahrheit und Gültigkeit zu relativieren; um die vermeintliche Gewissheit zu demontieren, auf die sich die Mechanismen sozialer Kontrolle stützen; um deutlich zu machen, dass der Verzicht auf bestimmte Strategien von Sozialkontrolle nicht (notwendig) zu einer Zunahme von sozialen Problemkonstellationen führt; um die Unsicherheit zu reduzieren statt die Zukunft in einer Sicherheitshysterie mit Ungewissheit und Angst aufzuladen.[612]

Auf diesem Wege könnten die auf Zuschreibung beruhenden Dichotomien von gut und böse, angepasst und abweichend, homogener Mehrheitsgesellschaft und unangepasster Minderheit aufgebrochen werden, um der gesellschaftlichen Vielfalt und Unterschiedlichkeit ausreichend Raum geben zu können.[613] Voraussetzung dafür ist, Risiko und Gefährlichkeit nicht als Eigenschaften von Individuen oder Situationen zu begreifen, sondern als Produkt von Aushandlungsprozessen und Zuschreibungen.

Eine diskursive Intervention kann darüber hinaus über eine Neudefinition der Begriffe Freiheit und Sicherheit, einer Thematisierung der Funktionalität von

610 Vgl. hierzu *Frehsee* 2003, 271 ff.: „Regulationsformen des sozialen Feldes" zur Konfliktbewältigung; „Aushandeln und Einigen" als Mechanismus der Regulation.

611 *Krasmann* 2003, 13.

612 Vgl. *Castel* 2005, 87, 129 f.; *Kreissl* 1996, 34 f.

613 Vgl. *Baratta* 1993, 396.

sozialer Kontrolle und einer Entdramatisierung des Umfangs und der Folgen delinquenten Verhaltens erfolgen. Die derzeit geführte Sicherheits- und Risikodebatte, die unter anderem auf einer verzerrten Wahrnehmung von Devianz und insbesondere von Kriminalität basiert, könnte damit hinterfragt werden. So wird im öffentlichen Diskurs der Normverstoß an sich skandalisiert, obwohl fast jeder Bürger (zumindest) Bagatelldelikte begeht – empirischen Untersuchungen zufolge sind leichte und mittelschwere Normüberschreitungen eher die Regel, als die Ausnahme.[614] In der öffentlichen Debatte wird suggeriert, dass Kapitalverbrechen ständig und überall stattfinden würden und damit jeder der permanenten Gefahr ausgesetzt sei, Opfer einer schweren Straftat zu werden, obwohl die tatsächliche Wahrscheinlichkeit höchst gering ist. Durch eine Entdramatisierung und Entskandalisierung könnten der so produzierten Unsicherheits- und Risikobilder entgegengetreten und damit der herrschenden Formation von Sozialkontrolle eine wesentliche Grundlage entzogen werden.

Parallel dazu müsste jedoch auch die Basis der gesellschaftlichen Verunsicherung angegangen werden. Wie oben gezeigt[615] hängen Verunsicherung und Kriminalitätsfurcht vorwiegend mit sozialer Unsicherheit und Abstiegsängsten zusammen und lassen sich kaum auf einen Anstieg abweichenden Verhaltens zurückführen.[616] Eine Reduktion gesellschaftlicher Verunsicherung lässt sich demnach vor allem mit einer auf soziale Absicherung orientierten Sozialpolitik erreichen, nicht aber durch soziale Kontrolle.

5.3 Das Strafrecht im Besonderen

Im Folgenden wollen wir die dargestellten Überlegungen am Beispiel des Strafrechts als einem zentralen Bereich staatlicher Sozialkontrolle exemplifizieren, da diesem in der öffentlichen Auseinandersetzung eine herausragende Rolle zukommt.

5.3.1 Zur Funktion strafrechtlicher Sozialkontrolle

Strafrechtliche Sozialkontrolle dient in der Praxis – das wurde oben bereits dargestellt (siehe 5.1.3) – nicht vorrangig dem Schutz individueller und kollektiver Rechtsgüter.[617] Ebenso ist die Behauptung, dass die Bestrafung des Delinquenten

614 Vgl. für Jugendliche nur *Kreuzer* 1993, 185; für Erwachsene *Sessar* 1997, 3.
615 Siehe 3.3.2.
616 Siehe *Hirtenlehner/Hummelsheim* 2011.
617 Zum Rechtsgüterschutz als Aufgabe des Strafrechts *Hefendehl* 2002; *Swoboda* 2010.

erforderlich sei, um dessen soziale (Re-)Integration zu ermöglichen und das Vertrauen der Bevölkerung in den Bestand der gesellschaftlichen Ordnung sicherzustellen, lediglich ein Postulat herrschender Kriminalpolitik.[618] Darauf deutet bereits der Umstand hin, dass die Strafe erst relativ spät die Bühne der Geschichte betreten und ihre Legitimität auf wechselnde Straftheorien gestützt hat.[619] Die Funktion des Strafrechts wird vor diesem Hintergrund zum einen in der Moralisierung und Skandalisierung interindividueller und der Entpolitisierung sozialer Konflikte gesehen. Der Staat selbst setzt darüber hinaus das Strafrecht und seine Kontrollagenturen als Mittel für eine symbolische Politik ein, um durch Sicherheitsdemonstrationen Kompetenzverluste vor allem bei der Regulierung ökonomischer und sozialer Konflikte zu kompensieren.

Die normative Funktion des Strafrechts besteht danach im Wesentlichen in der Darstellung und Verdeutlichung herrschender Moral- und Wertvorstellungen anhand von individuellen Konflikten. So zeigte sich in Untersuchungen, dass Bürger das Strafrecht nutzen, um eigene Konflikte in moralische Auseinandersetzungen zu transformieren und damit zu skandalisieren. Dies gelingt vor allem dann, wenn Handlungen als Normbruch präsentiert werden, denn dies ermöglicht ein „Sprechen im Namen der Gesellschaft", womit die Allgemeinverbindlichkeit des Anliegens offensichtlich gemacht werden kann. Auf diesem Wege werden Strafrechtsnormen als Verkörperung herrschender Moral konstituiert und gleichzeitig benutzt – auch von progressiven und damit „atypischen Moralunternehmern"[620], um beispielsweise eine strafrechtliche Verfolgung von sexualisierter und rassistischer Gewalt und von Verbrechen gegen die Menschlichkeit anzumahnen.[621]

Gerade bei als abweichend oder moralisch anstößig empfundenen Handlungen, die noch nicht unter Strafe gestellt sind, bedarf es der Skandalisierung und der Mobilisierung der Öffentlichkeit, um eine Tätigkeit des Gesetzgebers zu erzwingen. Hier stellt sich die Frage, inwieweit es den Protagonisten gelingt, sich damit durchzusetzen und ihre Interessen als (vermeintlich) konsensuales Anliegen darzustellen. Diese Funktion der Strafnorm kann indes auch von ande-

618 *Kunz* 2004, 76 f. betont, dass das Gegenteil ebenso wenig beweisbar ist, so dass die Beantwortung vom jeweils vertretenen Gesellschaftsbild abhängig sei. Das Modell der Straflosigkeit erscheine jedoch mangels empirischer Entsprechung vielen als unrealistisch, während dem bestehenden Modell der Vorteil zukomme, dass es eine erlebbare, institutionalisierte Praxis aufweist.

619 Siehe bereits oben 1.2.; vgl. auch *Scheerer* 1993, 79, 87 f.; *Stehr* 1993, 116.

620 Zu diesem Begriff vgl. *Cremer-Schäfer* 1993, 93 ff. – Dazu gehören unter anderem Verbände, die Opfer sexueller und/oder rassistischer Gewalt unterstützen oder sich dem Schutz der Menschenrechte verschrieben haben.

621 Zu den Problemen, die entstehen, wenn strafrechtskritische Positionen den Einsatz von Strafrecht einfordern, siehe *Stolle/Singelnstein* 2007, 46 ff.

ren gesellschaftlichen Institutionen, wie zum Beispiel den Medien, erfüllt werden, wie empirische Erkenntnisse bestätigen.[622]

Weiterhin wird das Strafrecht – das nur *eine* und zudem äußerst voraussetzungsvolle und riskante Ressource der Konfliktbearbeitung darstellt[623] – bei *Alltagskonflikten* eingesetzt, ohne dass dessen Anwendung für eine soziale Konfliktlösung tatsächlich erforderlich wäre.[624] Die Bearbeitung von Schäden und Beeinträchtigungen durch die Betroffenen selbst ist oft viel pragmatischer und kommt in den meisten Fällen auch ohne das Strafrecht aus. Die Interessen der beteiligten Individuen in Form der Folgenbewältigung durch Konfliktbegrenzung und Schadensausgleich sind andere als die des Staates. Teile des Strafrechts ließen sich also ohne weiteres durch alternative Mechanismen ersetzen, die den pragmatischen Interessen der beteiligten Individuen dienen. So werden beispielsweise Mechanismen der Wiedergutmachung als Wiederherstellung des Status quo ante oder die Leistung von Schadensersatz in Form der finanziellen Entschädigung als Alternativen zu strafrechtlichen Sanktionen vorgeschlagen.[625]

Während das Strafrecht für die Lösung der meisten interindividuellen Konflikte nicht unbedingt erforderlich wäre, führt es bei einem Teil der sozialen Konflikte zu einer Entpolitisierung. So entzieht beispielsweise das Umwelt- bzw. Wirtschaftsstrafrecht soziale Interessenkonflikte den beteiligten Gruppen und überträgt die Bearbeitung den staatlichen Kontrollinstanzen, die dazu aber nur bedingt in der Lage sind.[626] Der Raum für eine politische Auseinandersetzung kann zwar durch die Initiierung von Strafverfahren beispielsweise gegen ehemalige Diktatoren eröffnet werden.[627] Gleichzeitig besteht aber auch die Gefahr, dass damit einer sich daran anschließenden gesellschaftlichen Konfliktlösung entgegengewirkt wird.[628] Diese Folge der Kriminalisierung (auch) von Makrokriminalität wird von denjenigen übersehen, die beispielsweise Forderungen nach einer Beschränkung des Strafrechts auf die Verfolgung der „wirklich" gefährlichen Übeltäter, der Makroprobleme, wie beispielsweise Wirtschafts- und „Organisierter Kriminalität", erheben und damit gleichzeitig eine Individualisierung gesellschaftlicher Probleme und politischer Konflikte betreiben.[629] Die Verteilung des gesellschaftlichen Reichtums, die Zerstörung der Umwelt oder

622 Siehe genauer *Cremer-Schäfer* 1993, 93 ff., 99 ff.

623 Zu den Folgen von Strafe für den Bestraften vgl. *Stolle* 2006, 29 f.

624 So beispielsweise *Stehr* 1993, 115 ff.

625 Siehe *Christie* 2005, 140 ff.; *Maier* 2005, 1418, 1422 f.

626 Das Recht und eine Formalisierung von Prozessen können den strukturell Schwächeren indes auch Schutz bieten, wie etwa arbeitsrechtliche Regelungen zeigen. Eine Reprivatisierung dieser Konflikte würde unter den derzeitigen Bedingungen deren Position weiter schwächen.

627 Vgl. *Kaleck* 2010 anhand des Beispiels Argentinien.

628 Vgl. auch *Lüderssen* 1993, 492.

629 Dazu *Stolle/Singelnstein* 2007, 37 ff.

das Verhältnis der Geschlechter werden nicht als Teil der gesellschaftlichen Ordnung und sozialer Auseinandersetzungen betrachtet, sondern als Ergebnis der Verfehlungen Einzelner.

Darüber hinaus dient das Strafrecht der Stigmatisierung von bestimmten Personen(-gruppen). Die Etikettierung mit dem Label *kriminell* ist nicht nur im privaten Bereich Synonym für soziale Ächtung von Individuen oder bestimmten Handlungen. Gerade auch der selektive Einsatz der Ressource Strafrecht – vorwiegend gegen Unterschichts- und Jugenddelinquenz – führt zu einer gesellschaftlichen Stigmatisierung der davon Betroffenen. Eine Renaissance erfährt das Strafrecht auch als Instrument zur Diskreditierung von politisch oppositionellen Gruppen durch deren Etikettierung als „Terroristen".

5.3.2 Reformansätze

Neben einer grundsätzlichen Infragestellung des Strafrechts sind Ansätze in der Diskussion, die auf eine Einschränkung der staatlichen Strafe gerichtet sind. Dies betrifft zum einen Möglichkeiten der Ersetzung des Strafrechts durch nichtstrafrechtliche Konfliktlösungsmechanismen und Einschränkungen der stigmatisierenden Wirkung von Strafe.[630] Zum anderen wird eine Entkriminalisierung vorgeschlagen, etwa für den Verkehr mit Betäubungsmitteln[631], für die Eigentums- und Vermögensdelinquenz im Bagatellbereich, aber auch für Teile des politischen und des Ausländerstrafrechts.[632]

Im Hinblick auf alternative Wege in der Konfliktbearbeitung wird beispielsweise die Etablierung eines sozialen Interventionsrechts vorgeschlagen, das mit Elementen vor allem aus Zivil- und Verwaltungsrecht Normkonflikte lösen soll. Dem könne ein erhebliches Lösungspotential zukommen, das bislang aufgrund der Zuständigkeit des Strafrechts brach liege.[633] Derartige Ansätze begegnen – wie oben bereits angedeutet – verschiedenen Bedenken. So verlagert die Überführung der Strafzwecke in ein neues Rechtsgebiet lediglich das Problem und schafft ein „Strafrecht light",[634] anstatt pönale Elemente durch solche des Ausgleichs und der Wiedergutmachung zu ersetzen. Diese sind am ehesten im Zivilrecht zu finden, das ohnehin bei den meisten strafrechtlichen Sachverhalten

630 Siehe die Übersicht bei *Eisenberg* 2005, § 43, Rn. 1 ff., 13 ff., 25 ff.

631 Das Betäubungsmittelstrafrecht differenziert recht willkürlich in legale und illegale Drogen und belegt den Verkehr mit letzteren mit drastischen Strafen. Die Probleme, die durch Handel und Konsum von Drogen auftreten, werden dadurch nicht gemindert, sondern vergrößert.

632 Vgl. dazu *P.-A. Albrecht u. a.* 1992; *P.-A. Albrecht/Hassemer/Voß* 1992; *Stolle* 2006, 36 ff.

633 *Lüderssen* 1993, 492 ff.

634 *Seelmann* 2004, 152 verweist darauf, dass beispielsweise die zivilrechtliche Haftung (in gleichwohl differenzierterer Form) an das Zurechnungskriterium der Schuld anknüpft.

zur Schadensregulierung ebenfalls zur Anwendung kommt, so dass eine Verlagerung gar nicht erforderlich ist. Einzufordern wäre daher eher eine konsequente Umsetzung des Subsidiaritätsprinzips[635] entgegen der Allzuständigkeit des Strafrechts.[636]

Weitere Vorschläge betreffen die Durchsetzung des staatlichen Strafanspruchs und zielen auf eine Entschärfung der strafrechtlichen Sanktionen.[637] Hier geht es darum, den stigmatisierenden und verletzenden Charakter der klassischen Strafe durch „weiche" Formen der Verfahrensbeendigung zu mildern. Dazu gehören beispielsweise die folgenlose Einstellung, die Verpflichtung zu einem Täter-Opfer-Ausgleich etc. Solche Mechanismen orientieren sich derzeit noch weitgehend an den Zwecken des Strafrechts. Zur Verhinderung eines Zielkonflikts wäre es indes angezeigt, sie als Alternative zum Strafrecht und nicht als dritte Spur strafrechtlicher Sanktionen zu konzipieren[638] und auf eine offene Auseinandersetzung um den Konflikt abzuzielen. Dabei ist die Gefahr zu berücksichtigen, dass solche Ansätze eine Ausweitung anderer Formen von Sozialkontrolle nach sich ziehen können. Dies kann beispielsweise der Fall sein, wenn sie im Endeffekt zu einem net-widening führen, weil Verhaltensweisen, auf die sonst mit Verfahrenseinstellung reagiert wurde, jetzt zum Gegenstand von Täter-Opfer-Ausgleichs- oder Wiedergutmachungsverhandlungen werden.[639]

Ebenso wenig kann es bei einer Reformierung darum gehen, das Strafrecht durch polizeiliche, präventive und kontrollierende Instrumente zu ersetzen. Gerade Techniken der situativen Prävention und polizeirechtliche Maßnahmen greifen oft viel intensiver in Grundrechte ein und betreffen eine Vielzahl von Personen. In diesem Sinne sollte es nicht notwendige Folge eines Rückzugs des Strafrechts sein, dass niedrigschwelligere, aber umfassendere Techniken sozialer Kontrolle zunehmen.[640] Anders herum kann es aber auch nicht darum gehen, das Strafrecht zu stärken, um so dem allgemeinen Trend einer Vorverlagerung und Ausweitung staatlicher Sozialkontrolle entgegenzutreten. Eine solche Vorgehensweise würde zu einer künstlichen Aufspaltung von Strafrecht und Kontrolltechniken führen, obwohl beide im Rahmen sozialer Kontrolle untrennbar miteinander verbunden sind.

Kunz hat angesichts dieser Befunde und unter Verweis darauf, dass sich die gesellschaftliche Funktionalität der Strafe und ihre präventive Zweckerfüllung

---

635 Damit ist gemeint, dass das Strafrecht das letzte Mittel zum Rechtsgüterschutz sein soll.

636 So auch *Frehsee* 2003, 18 ff.

637 Zu den verschiedenen Strängen vgl. *Seelmann* 2004, 158 f.

638 Vgl. *Maier* 2005, 1422 f.; *Stolle* 2006, 41 ff.; zu Formen *Frehsee* 2003, 32 f.

639 Zu Komplementärerscheinungen, das heißt Neukriminalisierungen im Zuge von Entkriminalisierung oder den Ausgleich durch andere Kontrolltechniken, siehe *Kubink* 2002, 600 f.

640 Vgl. *Lüderssen* 1993, 497 f.

nicht beweisen lassen, eine doppelte Minimalisierungsstrategie vorgeschlagen.[641] Danach besteht die Strafe aus zwei Komponenten: der rechtsförmigen Prozedur staatlicher Reaktion sowie dem dabei zugefügten Leid. Letzteres sei kriminologischen Befunden zufolge regelmäßig selbst für das Opfer kaum von Bedeutung, so dass man zunächst die Sanktion auf eine Schwelle symbolischer Missbilligung des Normbruchs absenken könnte. Hierfür sei mitunter auch die Komponente des rechtsförmigen Aktes entbehrlich, wenn die Symbolik durch anderweitige Konfliktaufarbeitung erreicht werden könnte.

5.4 Zusammenschau

Die dargestellten theoretischen Ansätze formulieren mit unterschiedlicher Schwerpunktsetzung eine Kritik an der gegenwärtigen Form der Durchsetzung von gesellschaftlichen Verhaltensanforderungen durch soziale Kontrolle. Ausgangspunkt der verschiedenen Ansätze ist die Annahme des Bestehens einer Verbindung zwischen sozialer Kontrolle und den jeweiligen gesellschaftlichen Bedingungen – sei es in Form von strukturellen Vorgaben, herrschenden Sicherheitsdiskursen oder agierenden Akteuren. Dementsprechend ergeben sich auch jeweils unterschiedliche Ansatzpunkte für alternative Perspektiven, die in variierenden Ausprägungen eine Veränderung dieser gesellschaftlichen Grundlagen sozialer Kontrolle voraussetzen.

Aus der Sicht des Labeling Approach, der Konflikt- und der Hegemonietheorie bedürfte es einer Demokratisierung der sozialen Strukturen und damit auch der Normsetzungsprozesse und einer Gewährleistung umfassender Teilhaberechte. Diese Eckpfeiler einer alternativen Perspektive auf soziale Kontrolle sind ebenso wie der Schutz individueller Freiheiten nicht ersetzbar, sondern bauen aufeinander auf. Freiheit ist nur denkbar in einer demokratischen Gesellschaft, genauso wie individuelle Selbstbestimmung nur gewährleistet werden kann, wenn es einen gerechten, gleichberechtigten Zugang zu gesellschaftlichen Ressourcen gibt. Aus der Sicht interpretativer Ansätze ist eine Auseinandersetzung mit den bestehenden gesellschaftlichen Bildern von Abweichung und sozialer Kontrolle erforderlich, um die Risikowirklichkeit und die herrschenden Sicherheitsdiskurse zu dekonstruieren. Die für die gesellschaftlichen Grundlagen sozialer Kontrolle vorgenommene Differenzierung in strukturelle und diskursive Bedingungen lässt sich somit sowohl bei den Ansätzen einer Kritik, als auch bei den Alternativen wieder finden.

---

641 *Kunz* 2004, 75 ff.: „weniger“ an Strafe und „anders“ als Strafe.

6 Gesellschaftspolitischer Ausblick

Im vorangehenden Kapitel haben wir aufgezeigt, wie verschiedene kritische Ansätze soziale Kontrolle und ihre Entwicklung theoretisch analysieren und welche alternativen Perspektiven sich hieraus jeweils ergeben. Im Folgenden wollen wir nun diese analytische Ebene verlassen und uns der Frage widmen, wie eine rechts- und gesellschaftspolitische Antwort auf die gegenwärtigen Entwicklungen aussehen kann. Zu diesem Zweck untersuchen wir zunächst gängige Argumentationsmuster, um davon ausgehend Ansatzpunkte für einen Umgang mit der Sicherheitsgesellschaft zu formulieren.

6.1 Kritik gängiger Argumentationsmuster

Die gegenwärtige Entwicklung sozialer Kontrolle steht, wie gezeigt, in enger Verbindung mit einem Wandel der gesellschaftlichen Bedingungen. Eine Kritik der Sicherheitsgesellschaft muss diese Bedingungen einbeziehen, auch wenn sie einzelne Verschärfungen im Bereich der Sicherheitspolitik in den Blick nimmt, um so eine alternative Perspektive in der Debatte wahrnehmbar zu machen. Vor diesem Hintergrund sollen an dieser Stelle verbreitete Argumente auf ihre Aussagekraft und ihre Grenzen hin untersucht werden.

6.1.1 Rechtsstaat und Datenschutz

Eine häufig anzutreffende Kritik an einzelnen sicherheitspolitischen Verschärfungen betrifft deren Unvereinbarkeit mit rechtsstaatlichen Grundsätzen. Häufig werden zum Beispiel das Fehlen einer rechtlichen Grundlage für bestimmte staatliche Eingriffe kritisiert – wie beispielsweise bei der „Online-Durchsuchung" –, die mangelnde Verhältnismäßigkeit betont – Stichwort Vorratsspeicherung von Telekommunikationsdaten – oder der schleichende Abbau von Grundrechten skandalisiert.[642] Eine derartige Position ist mitunter sehr erfolgreich und kann vor allem in der juristischen Auseinandersetzung stark gemacht

642 Vgl. exemplarisch *Bielefeldt* 2004.

werden. So konnten in der jüngeren Vergangenheit vor den Gerichten (Teil-)-Erfolge errungen werden. Erinnert sei nur an die Urteile des Bundesverfassungsgerichts zum „großen Lauschangriff", zur Untersuchungshaft, zum Europäischen Haftbefehl, zur Vorratsdatenspeicherung und zur Sicherungsverwahrung.

Allerdings wird das Rechtsstaatsargument vorwiegend als formales Argument benutzt und nicht zur inhaltlichen Positionierung. Das Rechtsstaatsprinzip schreibt vor, nach welchen formalen Kriterien staatliches Handeln erfolgen muss. So darf beispielsweise der Staat nur dann in Grundrechte seiner Bürger eingreifen, wenn ihm dafür eine gesetzliche Grundlage zur Verfügung steht. Gegen diese Eingriffe wiederum muss er dem Bürger die Möglichkeit des Rechtschutzes einräumen. Diese Grundsätze sagen aber noch nichts darüber aus, zu welchem Zweck staatliches Handeln erfolgen darf. Die Argumentation betrifft daher vor allem das *wie* staatlicher Eingriffe, weniger das *ob* und das *warum*.

Diese begrenzte Funktion des Rechtsstaatsarguments lässt sich am Umgang mit datenschutzrechtlich problematischen Regelungen exemplarisch verdeutlichen. Hier bezieht sich eine solche Kritik oft auf die fehlende gesetzliche Grundlage zur Erhebung und Verarbeitung personenbezogener Daten durch die Behörden. Allerdings greift eine Kritik, die etwa eine ungesetzliche Weitergabe von Daten von den Nachrichtendiensten an die Polizei oder das polizeiliche Filmen von Versammlungen ohne Vorliegen eines Gefahrentatbestandes thematisiert, zu kurz, wenn sie nur deren fehlende gesetzliche Kodifizierung beklagt, nicht aber die Weitergabe bzw. das Filmen an sich zum Gegenstand macht – unabhängig davon, ob es ein Gesetz erlaubt oder nicht. Denn nach dem Grundgesetz ist zwar für jede Form der Datenerhebung und Datenverarbeitung eine gesetzliche Grundlage erforderlich, um dem Gesetzesvorbehalt des Grundrechts auf informationelle Selbstbestimmung Genüge zu tun. Diese Kritik läuft aber ins Leere, wenn ein Gesetz mit entsprechenden Eingriffsbefugnissen geschaffen wird.

Gerade die derzeitigen Datenschutzregelungen sind ein beredtes Beispiel dafür, wie sich gesetzliche Regelungen, die als Begrenzungen staatlicher Macht gedacht waren, in Legitimationsnormen für staatliches Eingriffshandeln verwandeln können.[643] Sollten sie ursprünglich staatliche und private Datensammlungen begrenzen, existieren mittlerweile umfangreiche Datenerhebungsregelungen, die so weich und kompliziert formuliert sind, dass sie für den Betroffenen nicht mehr nachvollziehbar sind, für denjenigen, der die Daten erheben und verarbeiten will, aber eine umfangreiche Verwendung ermöglichen.[644] So enthält der Kabinettsentwurf für ein Arbeitnehmerdatenschutzgesetz vorwiegend Eingriffs-

643 Siehe zum Strafverfahren *Singelnstein* 2008, 892 f.

644 Dazu *Petri* 2007, Rn. 60 ff., 357, 430.

befugnisse für den Arbeitgeber und nicht Schutznormen für Arbeitnehmer.[645] Die Regelungen genügen damit zwar dem Vorbehalt des Gesetzes; eine übermäßige Erhebung und Verarbeitung von personenbezogenen Daten verhindern sie aber nur zum Teil.[646]

Somit können unter Verweis auf das Rechtsstaatsprinzip zwar die Forderungen nach einer Beachtung des Gesetzesvorbehalts und der Einhaltung des Verhältnismäßigkeits- und Bestimmtheitsgrundsatzes gegenüber staatlichem Handeln stark gemacht werden. Jedoch verschafft dies dem Ziel individueller Freiheit und eines sozialen Interessenausgleichs nur bedingt Geltung, sondern stellt ein primär defensives Vorgehen dar. Rechtliche Schutzmechanismen reagieren vorrangig auf soziale Prozesse und initiieren sie weniger selbst. Die Beeinflussung und Analyse langfristiger Entwicklungen bedürfen aber einer aktiven Perspektive, denn grundlegende gesellschaftliche Prozesse erfahren meist erst dann eine rechtliche Kodifizierung, wenn sie schon längst Bestandteil der gesellschaftlichen Verhältnisse und des gesellschaftlichen Verständnisses sind. Für eine frühzeitige Analyse und Intervention ist eine rein juristische Auseinandersetzung daher zu begrenzt.

Weiterhin kann eine rechtsstaatliche Argumentation keine inhaltliche Kritik ersetzen. Die Frage der Macht- und Herrschaftsförmigkeit sozialer Kontrolle etwa wird ausgeblendet, wenn der Staat als neutraler Sachwalter divergierender Interessen und nicht als Verdichtung von gesellschaftlichen Machtverhältnissen verstanden wird. Der Rechtsstaat wird dann als ein ideales Modell propagiert, den es so aber in der Realität nicht geben kann. Darüber hinaus schützt das Recht nicht nur das Individuum vor staatlichen Eingriffen, sondern schreibt auch Ungleichheit fest. Das Rechtsstaatsargument steht somit vor allem für eine Förmlichkeit und Berechenbarkeit staatlichen Handelns und gegen Willkür und unbegrenzte Eingriffsbefugnisse. Daraus kann jedoch keine inhaltliche Begründung für eine Kritik am Abbau von Grund- und Bürgerrechten an sich hergeleitet werden. Rechtsstaatliches Handeln kann daher auch eine Entmündigung des Bürgers zur Folge haben und emanzipativen Bestrebungen entgegengerichtet sein.

Angesichts dessen ist es nicht verwunderlich, dass sich in den vergangenen Jahren das gesellschaftliche und juristische Verständnis von Rechtsstaatlichkeit massiv verändert hat. Während beispielsweise in den 1990er Jahren die Überwachung des öffentlichen Raumes durch Videokameras noch als Sinnbild eines Überwachungsstaates angesehen wurde, ist sie heute zu einem gängigen Mittel polizeilicher und privater Sozialkontrolle geworden. Viele Elemente, die in der

645 Siehe dazu die Stellungnahme der Deutschen Vereinigung für Datenschutz vom 17.05.2011, http://www.bundestag.de/bundestag/ausschuesse17/a04/Anhoerungen/Anhoerung08/Stellungnahmen_SV/Stellungnahme_07.pdf.

646 Siehe *Puschke/Singelnstein* 2005, 3538 bezüglich heimlicher Überwachungsmaßnahmen.

derzeitigen juristischen und rechtspolitischen Diskussion als Elemente eines Feind(straf)rechts identifiziert werden, sind mitunter schon seit Jahrzehnten Teil der „rechtsstaatlichen" Wirklichkeit. Der Rechtsstaat ist demnach nicht am Verschwinden, sondern unterliegt – ähnlich wie der Sozialstaat – einem schleichenden Bedeutungswandel. Er wird nicht mehr ausschließlich als Prinzip der Einhegung und Formalisierung staatlicher Macht angesehen, sondern als Institution, die ihre rechtlichen Möglichkeiten dazu einsetzt, Sicherheit zu gewährleisten.[647] Dieser Wandel lässt sich zum Beispiel daran ablesen, dass die Grundrechte mittlerweile soweit beschränkt sind, dass in verfassungsrechtlichen Auseinandersetzungen über die Berechtigung staatlicher Eingriffe immer öfter auf die Menschenwürdegarantie aus Art. 1 Abs. 1 Grundgesetz als der zentralen Grundnorm der Verfassung zurückgegriffen wird. Weitere Beispiele sind der 1993 neu geschaffene Artikel 16a des Grundgesetzes, der das Asylrecht bis zur Unkenntlichkeit verwässert hat, und der mittlerweile sieben Absätze umfassende Artikel 13 Grundgesetz, der vorwiegend staatliche Eingriffsermächtigungen in das Grundrecht auf Unverletzlichkeit der Wohnung beinhaltet.

Schließlich werden gerade im Bereich der – sich zunehmend verschränkenden – inneren und äußeren Sicherheit die Grenzen staatlichen Handelns oft von der Praxis bestimmt. Dem Recht kommt dann nur die Funktion der nachträglichen Legitimierung des Vorgehens der Exekutive zu.[648] So werden insbesondere durch die Polizei Methoden oder technische Mittel angewandt, deren Einsatz (zunächst) gesetzlich gar nicht vorgesehen ist. Dies galt bzw. gilt beispielsweise für die „stille SMS", den IMSI-Catcher, die „Online-Durchsuchung" oder die Nutzung von Mobiltelefonen zum Abhören von Raumgesprächen.[649] Ebenso können Bürger auch durch faktisches polizeiliches Handeln an der Ausübung von Grundrechten gehindert werden. Dies gilt zum Beispiel für die Versammlungsfreiheit. Die Möglichkeit der vorherigen Identitätsfeststellung von Versammlungsteilnehmern oder die faktische Vereitelung des mit der Versammlung verfolgten Anliegens durch einen überzogenen Polizeieinsatz stellen massive, aber gesetzlich legitimierte Eingriffe in das Grundrecht auf Versammlungsfreiheit dar.

Eine Dominanz des Faktischen ist auch bei (eigentlich) grundrechtsschützenden Vorkehrungen, wie der Befristung oder Evaluation von staatlichen Eingriffsbefugnissen, zu beobachten. Diese entfalten in der Praxis kaum die gewünschte Wirkung, sondern mutieren regelmäßig zum Feigenblatt für die Ausdehnung von Grundrechtseingriffen oder fungieren als beschwichtigendes Argument in der politischen Auseinandersetzung. Zunächst befristet erlassene Ge-

647 Zum Feindstrafrecht und zur Neubestimmung und Reichweite des Rechts siehe schon 4.3.3.
648 Zu diesem Problem im Strafprozessrecht vgl. *Hefendehl* 2001a.
649 Der IMSI-Catcher und die „Online-Durchsuchung" sind mittlerweile gesetzlich geregelt.

setze werden einfach verlängert, ohne dass eine erneute öffentliche Diskussion erfolgt wäre. Evaluationen von Eingriffsmaßnahmen werden – unabhängig von ihrem Ergebnis – dem politischen Willen untergeordnet und dienen in der Öffentlichkeit lediglich als Bestätigung des eigenen „maßvollen" politischen Vorgehens, obwohl sie nicht selten zu ganz anderen Ergebnissen kommen. So wurde beispielsweise die Studie des Freiburger Max-Planck-Instituts zur Telekommunikationsüberwachung von der Bundesregierung als Bestätigung interpretiert, obwohl sie extreme Steigerungsraten bei der Überwachung und teilweise gravierende Mängel bei grundrechtsschützenden Mechanismen offenbarte, wie zum Beispiel beim Richtervorbehalt und bei der Benachrichtigung der Betroffenen.[650]

6.1.2 Kosten, Effizienz und Missbrauch

Weiterhin werden oft die mangelnde Effizienz und die hohen Kosten von Techniken sozialer Kontrolle angeprangert, wie beispielsweise bei der Einführung von biometrischen Daten in Reisepässen. Diese Argumentation ist zweischneidig. Sie kann zwar die Öffentlichkeit gegen die „Verschwendung von Steuergeldern" mobilisieren, da angesichts knapper öffentlicher Kassen die Forderung nach Sparsamkeit breite Zustimmung erfährt. Allerdings werden damit nicht die konkreten Maßnahmen, sondern nur die Form ihrer Umsetzung und deren Begleitumstände thematisiert. Darüber hinaus kann das Argument auch gegen diejenigen eingesetzt werden, die zum Ziel staatlicher Sozialkontrolle geworden sind. So werden bei Demonstrationen oft die hohen Kosten für den Polizeieinsatz bemängelt. Diese Kritik richtet sich aber nicht nur an die Polizei, sondern auch an die Demonstranten – immer wieder verbunden mit der Forderung nach einer Kostentragungspflicht.

Eine solche Argumentation läuft Gefahr, statt einer inhaltlich fundierten Kritik bloß auf Schwachstellen und Unzulänglichkeiten von staatlichen Sicherheitsstrategien hinzuweisen. Dies kann schnell dazu führen, dass man als Wegbereiter für eine effizienter funktionierende Sozialkontrolle fungiert.[651] Gleichzeitig versagt die Argumentation dann, wenn es sich um eine hoch effiziente und kostengünstige Maßnahme handelt. Angesichts dessen ist es notwendig, das Feststellen mangelnder Effizienz nur als Ausgangspunkt für die Suche nach den eigentlichen Intentionen anzusehen, die hinter der Einführung der Maßnahme stecken.

---

650 Siehe nur die Zusammenfassung bei *H.-J. Albrecht/Dorsch/Krüpe* 2003, 441 ff.

651 Ähnlich für eine kritisch-kriminologische Strategie des Appells an einen vernünftigen, humanen Staat bereits *Kreissl* 1996, 26.

Vergleichbares lässt sich für die Argumentation feststellen, der Staat könne seine Macht missbrauchen. Zwar sind die Möglichkeiten und die Alltäglichkeit des Missbrauchs von exekutiven Befugnissen durchaus ernstzunehmende Probleme und können nicht als Einzelfälle abgetan werden. Gleichwohl ist eine solche Argumentation kaum in der Lage, eine weitergehende inhaltliche Kritik zu formulieren und zu transportieren.

6.1.3 Der Staat als „Big Brother"

Als dritter zentraler Argumentationsstrang wird schließlich das Bild eines „Big Brother" oder von Zuständen wie in „1984" bemüht, um Überwachungsbefugnisse des Staates zu kritisieren. Diese Parallele zu dem Werk von *George Orwell* ist zwar insoweit zutreffend, als dass damit der immer umfassendere Charakter von Kontrolle und Überwachung deutlich gemacht wird. Allerdings erweckt eine undifferenzierte Rezeption der Metapher den Eindruck von einem Staat, der sich totalitär formiert und jegliche oppositionelle Regung unterbindet.

Sozialkontrolle der Gegenwart ist aber – ebenso wie ihre gesellschaftlichen Grundlagen – wesentlich vielschichtiger und komplexer. Insbesondere der Charakter der neuen Techniken sozialer Kontrolle gerät damit aus dem Blick. Techniken der Selbstführung und der Kontrolle kommen ohne zentrale Vorgaben aus bzw. werden aufgrund ihrer Subtilität und Informalität oft gar nicht als Fremdsteuerungen begriffen.[652] Ebenso werden mit diesem Begriff die privaten Sicherheitsanbieter nicht erfasst, die zwar teilweise im staatlichen Auftrag tätig werden, zum großen Teil aber private Interessen bedienen. Unberücksichtigt bleiben auch Wirtschaftsunternehmen, private Organisationen und auch der Bürger selbst als Nachfrager von Kontroll- und Sicherheitstechniken. Soziale Kontrolle – insbesondere durch Überwachungs- und Kontrolltechniken – findet nicht alleine durch den Staat als zentraler Instanz statt, sondern durchzieht als Netz auf verschiedenen Ebenen die gesamte Gesellschaft.[653] Wer demgegenüber nur den Staat in den Blick nimmt und gar als rein intentionalen Akteur begreift, der übersieht wesentliche Entwicklungen. Den „großen Bruder" wird es so nicht geben; stattdessen haben wir es mit einer Vielzahl von kleineren und größeren Geschwistern zu tun, die sich gegenseitig kontrollieren und zu denen wir am Ende selbst gehören. Dies meint nicht, die Bedeutung des Staates als zentraler Instanz professioneller Sozialkontrolle zu negieren. Die alleinige Fokussierung auf ihn verstellt aber den Blick für die Vielschichtigkeit sozialer Kontrolle in der Gegenwart. Nötig scheint somit ein analytischer Blick, der zwischen einem „machtorientierten

652 Vgl. *Krasmann* 2003, 330 ff.
653 Vgl. *Nogala* 2000, 120 f.

Steuerungsoptimismus auf der einen und einem Komplexitätspessimismus auf der anderen Seite"[654] angesiedelt ist.

6.2 Alternative Ansatzpunkte

Angesichts dieser Befunde stellt sich die Frage, wie eine nachhaltigere rechts- und gesellschaftspolitische Antwort auf die Sicherheitsgesellschaft und ihre Grundlagen aussehen kann. Hierfür wollen wir im Folgenden einige Ansatzpunkte vorschlagen, wobei wir uns an unserer bisherigen Analyse orientieren, wonach die Entwicklung sozialer Kontrolle maßgeblich von den gesellschaftlichen Bedingungen abhängig ist. Eine solche Kritik der Sicherheitsgesellschaft muss zwei zentrale Schwächen zu vermeiden suchen. Sie sollte sich nicht auf einzelne Techniken sozialer Kontrolle beschränken, sondern die gesamte Entwicklung sozialer Kontrolle in den Blick nehmen. Darüber hinaus muss sie inhaltlich fundiert sein, anstatt nur formal zu argumentieren, um eigene Akzente in der öffentlichen Diskussion setzen zu können. Eine alleinige Orientierung am Rechtsstaat und seinen Maßstäben reicht für eine derartige Kritik nicht aus.[655]

6.2.1 Ausgangspunkte

Die Abhängigkeit sozialer Kontrolle von den jeweils bestehenden gesellschaftlichen Bedingungen sowie ihre Komplexität führen zu einem Dilemma. Eine grundsätzliche Kritik, die auch eine Kritik der gesellschaftlichen Bedingungen der Sicherheitsgesellschaft beinhaltet, läuft Gefahr, abstrakt zu bleiben und keine konkreten Handlungsmöglichkeiten anzubieten. Eine Kritik an einzelnen Maßnahmen kann dagegen nur schwer eine Auseinandersetzung mit der gesamten Entwicklung integrieren. Selbst wenn sie auf diesem Weg einzelne Maßnahmen verhindern oder abschwächen kann, gelingt es ihr kaum, der grundsätzlichen Entwicklung etwas entgegenzusetzen.

Daher erscheint eine Position sinnvoll, von der aus zwar konkrete Strategien und Vorhaben thematisiert werden, der es dabei aber zugleich gelingt, grundsätzliche Fragen über den derzeitigen Zustand sozialer Kontrolle in die öffentliche Diskussion zu transportieren. Eine solche Vorgehensweise könnte die gesellschaftlichen Bedingungen von sozialer Kontrolle thematisieren, ohne dabei auf eine kritische Auseinandersetzung mit konkreten Maßnahmen, Techniken und Institutionen der Sicherheitsgesellschaft zu verzichten, und so greifbare Alterna-

---

654 *Kreissl* 1996, 42.
655 Siehe auch *Zedner* 2007, 270 f.

tiven in der öffentlichen Auseinandersetzung sichtbar machen. Die Thematisierung der gesellschaftlichen Bedingungen sozialer Kontrolle soll also nicht den Blick verstellen für Reformansätze. Diese sind auch innerhalb eines solchen Ansatzes möglich und können zu Veränderungen führen, sollten sich aber an den Eckpfeilern einer grundlegenden Perspektive orientieren.

Ausgangspunkt einer derartigen rechts- und gesellschaftspolitischen Antwort auf die Sicherheitsgesellschaft wären somit deren gesellschaftliche Grundlagen in Form von soziokulturellen und wirtschaftlichen Bedingungen, Diskursen sowie Protagonisten. Nimmt man zunächst letztere in den Blick, wird schnell deutlich, dass diese sich als Ansatzpunkte einer Kritik nur eingeschränkt eignen, da die Akteure und Ideologien auch lediglich im Rahmen der jeweils bestehenden gesellschaftlichen Strukturen agieren bzw. hegemonial werden. Eine Kritik beispielsweise an der neoliberalen Ideologie ist zwar wichtig; sie muss aber nicht zu tatsächlichen Veränderungen führen. So ist zwar der Neoliberalismus in der öffentlichen Diskussion vor allem durch die Wirtschafts- und Finanzkrise seit 2008 stark diskreditiert. Trotzdem wird im Wesentlichen an der bisherigen Politik festgehalten. Die Bewältigung der Folgen der Krise wird sogar zu einer Zuspitzung in der ungleichen Verteilung von gesellschaftlichen Ressourcen führen. Notwendig scheint ein Ansatz, der über eine Kritik der Protagonisten der Sicherheitsgesellschaft und der sie tragenden Ideologien hinausgeht und die weiteren Bedingungen sozialer Kontrolle mit in den Blick nimmt.

Denkbar wäre demnach zum einen ein Vorgehen, das bei den diskursiven Grundlagen der Sicherheitsgesellschaft ansetzt und das wir in den ersten beiden Auflagen dieses Buches alleine in den Mittelpunkt gestellt hatten. Den derzeitigen Sicherheitsdiskursen, der bestehenden Risikowirklichkeit sowie der damit in Verbindung stehenden allgemeinen Verunsicherung kommen als Grundlage der Sicherheitsgesellschaft sowie für die Einführung von neuen Techniken und Institutionen sozialer Kontrolle zentrale Bedeutung zu.[656] Angesichts dessen erscheint es viel versprechend, auf dieser diskursiven Ebene anzusetzen. Hier lässt sich der Sicherheitsgesellschaft vergleichsweise einfach eine fundierte Kritik entgegensetzen, die deren gesellschaftliche Grundlagen einbezieht, indem sie zu den scheinbar notwendigen sozialen Handlungsroutinen auf Distanz geht, um diese aus der Ferne betrachten und hinterfragen zu können.[657] Auf diesem Weg ließen sich die Kontingenz und Willkürlichkeit des gegenwärtigen Verständnisses von Abweichung sowie der bestehenden Formation sozialer Kontrolle deutlich machen. Damit würde der Weg frei gemacht werden, um andere Interpretationen und Möglichkeiten des Umgangs denk- und sichtbar zu machen.

656 Siehe dazu auch *Krasmann/Wehrheim* 2006, 274.
657 *Lemke* 1997, 341.

Zum anderen könnte man einen Ansatz verfolgen, der die gesellschaftlichen Strukturen ins Zentrum rückt und beispielsweise die gesellschaftliche Verteilung von Ressourcen und Partizipationsmöglichkeiten thematisiert. Dies legen nicht nur konflikt-, hegemonietheoretische und Etikettierungsansätze nahe, sondern auch die durch die gegenwärtige Wirtschafts- und Finanzkrise zu Tage tretenden Brüche. Handelte es sich hierbei bis vor wenigen Jahren noch um ein sehr fest gefügtes und weites Feld, dessen Veränderung sich kaum thematisieren ließ, ist es heute wieder stärker Gegenstand gesellschaftlicher Debatten. Dies lässt sich auch für eine Kritik sozialer Kontrolle fruchtbar machen, wenn es gelingt, die soziokulturellen und ökonomischen Bedingungen als deren Grundlage zu thematisieren. Schließlich ist etwa gerade die gestiegene soziale Verunsicherung eine wesentliche Grundlage der gegenwärtigen Entwicklungen.[658]

Für ein solches Vorgehen wollen wir im Folgenden Ansatzpunkte sowohl auf einer rechts- als auch einer gesellschaftspolitischen Ebene vorschlagen. Dabei scheint es uns bedeutsam, eine eigenständige inhaltliche Fundierung zu erreichen, die sich nicht mehr (alleine) auf das (bestehende) Recht stützt. Denn ein Wandel sozialer Kontrolle oder auch nur die Einleitung von Reformprozessen bedürfen einer wahrnehmbaren eigenständigen Position in der öffentlichen Diskussion, die alternative Perspektiven sichtbar macht. Gleichwohl wird ein solches Vorgehen im Wesentlichen auf eine negative Kritik der Sicherheitsgesellschaft beschränkt bleiben müssen. Denn unter den gegenwärtigen gesellschaftlichen Bedingungen lässt sich kein alternatives Konzept sozialer Kontrolle entwerfen, das nicht auf Machtförmigkeit und Ungleichheit aufbaut. Aufgabe einer Kritik wird es daher weniger sein, der Sicherheitsgesellschaft ein besseres Konzept sozialer Kontrolle entgegenzuhalten. Vielmehr geht es um eine Kritik als Haltung, die stetig hinterfragt, statt universelle Regeln aufzustellen.[659]

6.2.2 Ein alternatives Verständnis von Recht

Welche Prinzipien und Werte in einer Gesellschaft hegemonial sind und wie diese inhaltlich definiert werden, bestimmt sich nach den jeweiligen gesellschaftlichen Bedingungen.[660] Das derzeitige Verständnis von Wohlfahrtsstaat und Rechtsstaat ist damit Ausdruck der gegenwärtigen politischen, wirtschaftlichen und gesellschaftlichen Verhältnisse. Was die Gesellschaft inhaltlich unter wohlfahrts- und rechtsstaatlich versteht, ist also nicht feststehend, sondern stellt lediglich ein Gerüst aus kodifizierten Werten dar, das in ständiger Wechselbeziehung

658 *Wacquant* 2009, 285 f.
659 *Lemke* 1997, 354 f.
660 Vgl. schon *Hirsch* 1998, 87, 92.

mit seiner Umwelt steht und vor dem Hintergrund gesellschaftlichen Wandels selbst einer Transformation unterliegt. Der Rechtsstaat verändert sein Gesicht daher in dem Maße, in dem beispielsweise das Primat der Sicherheit an Bedeutung gewinnt. Ebenso unterliegt die inhaltliche Bestimmung und Reichweite der Grund- und Menschenrechte einem Wandel, die somit nur eine relative Grenze für staatliche Eingriffe darstellen.

Die schrittweisen Verschiebungen in dem Verständnis dessen, was als rechtsstaatlich anzusehen ist, zeigen sich beispielhaft in der Legitimierung von immer neuen Techniken staatlicher Überwachung. So werden von der Exekutive Maximalforderungen nach weit reichenden Eingriffsbefugnissen zum Zwecke der Sicherheit in die öffentliche Diskussion eingebracht.[661] Diese Vorschläge werden – mitunter in abgeschwächter Form – durch den Gesetzgeber regelmäßig abgesegnet. Exemplarisch hierfür stehen Maßnahmen wie der „große Lauschangriff", die Vorratsspeicherung von Telekommunikationsdaten oder die präventive Telekommunikationsüberwachung, die im klaren Widerspruch zum bisherigen Grundrechts- und Rechtsstaatsverständnis stehen. Zwar erfolgen durch die Rechtsprechung vor allem des Bundesverfassungsgerichts nicht zu unterschätzende Korrekturen an einzelnen Sicherheitsgesetzen.[662] Aber auch in der Judikative spiegeln sich die veränderten gesellschaftlichen Bedingungen wider mit der Folge einer Beeinflussung der Rechtsprechung durch die herrschenden Sicherheitsdiskurse.[663]

Ein alleiniges Rekurrieren auf das Recht und den Rechtsstaat ist daher für eine kritische Position nicht ausreichend. Vielmehr macht diese Entwicklung deutlich, wie die aus der Aufklärung stammende Funktion des Rechts – die Begrenzung staatlicher Macht und Herrschaft – in ihr Gegenteil verkehrt wird. Recht wird heute zunehmend als Mittel zur Erweiterung staatlicher Möglichkeiten und zur Begrenzung der Rechtssphäre des Bürgers eingesetzt. Gegen diesen Trend reichen Argumente wie Ineffizienz, Missbrauchsgefahr und Verfassungswidrigkeit nicht aus.

Stattdessen bedarf es einer inhaltlichen Debatte über die Funktion und die Reichweite des Rechts. Dies wird etwa an der Diskussion um ein so genanntes „Feindrecht" deutlich.[664] In der Auseinandersetzung hierüber schwingt implizit

---

661 So beispielsweise die vom damaligen Bundesinnenminister Schäuble im Sommer 2007 vorgebrachte Forderung nach einer Zulassung von extralegalen Tötungen von Terrorverdächtigen.

662 Siehe zum „großen Lauschangriff" BVerfGE 109, 279 ff.; zur präventiven Telekommunikationsüberwachung nach dem niedersächsischen Polizeigesetz BVerfG NJW 2005, 2603 ff. Allgemein bezüglich heimlicher Informationsbeschaffungsmaßnahmen *Puschke/Singelnstein* 2005.

663 So aus Sicht der Richterschaft *Mackenroth/Reinhard* 2003, 25.

664 Mit dem Begriff „Feindrecht" wird darauf rekurriert, dass nicht nur im Strafrecht feindrechtliche Elemente zu finden sind, sondern vermehrt auch das Polizei- und Kriegsrecht zur Bekämpfung von „Feinden" der Gesellschaft eingesetzt werden, vgl. *Kaleck* 2007, 16.

die Annahme mit, dass klare Kriterien existieren würden, anhand derer ein rechtsstaatliches Strafrecht von einem „Feindstrafrecht“ abgegrenzt werden könne. Dabei gerät in den Hintergrund, dass die Grenzen fließend sind und das Strafrecht bereits seit Jahrzehnten mit „feindstrafrechtlichen“ Elementen durchzogen ist.[665] „Feindstrafrecht“ und Ausnahmezustand werden nicht offiziell eingeführt oder verkündet, sondern finden schleichend Eingang in die bestehenden Praktiken und die gegenwärtige Rechtsordnung. Das dramatische an dieser Entwicklung ist nicht die einzelne Verschärfung, sondern deren Summe und die dieser grundlegenden Entwicklung innewohnende Richtung. Insofern dient die Bezugnahme auf den Rechtsstaat dazu, die Illusion aufrechtzuerhalten, dass es sich beim „Feindstrafrecht“ um eine Ausnahme handele. Sie legitimiert somit den Status quo und rechtfertigt weitere Grundrechtseingriffe.

Damit soll keineswegs gesagt sein, dass der Rechtsstaat mit seinen Grundsätzen und Ausprägungen abzulehnen sei. Das Rechtsstaatsprinzip ist von wesentlicher Bedeutung für eine Garantie grundrechtlicher Standards und einer gleichförmigen Durchsetzung von Rechten. Es zieht dem staatlichen Zugriff auf die Rechtssphären der Bürger gewisse Grenzen, verhindert die vollumfängliche Wirksamkeit der Macht des Stärkeren und eröffnet Möglichkeiten, innerhalb des herrschenden Paradigmas konkrete Ziele umzusetzen.

Gleichwohl ist es notwendig, sich zu vergegenwärtigen, dass das Recht und insbesondere die .Grund- und Menschenrechte keine neutralen Vermittlungsmedien sind, sondern immer auch Ergebnis und Instrument von Macht. Es handelt sich um ein dynamisches System, das „von einer Multitude von Akteuren, Apparaten und Systemen in der gesellschaftlichen Auseinandersetzung um dessen Bedeutung permanent aufs Neue produziert“[666] wird. Das Recht ist also ein umkämpftes Medium, dessen konkrete Ausgestaltung ganz wesentlich von den gesellschaftlichen Machtverhältnissen abhängig ist.

Kritische rechtspolitische Ansätze könnten vor diesem Hintergrund das Recht wieder mehr als Mittel zur Begrenzung staatlicher Macht verstehen und stark machen.[667] Dies gilt insbesondere für das Strafrecht. Zu dessen Begrenzung werden neben der Verfassung beispielsweise ein alteuropäisches Prinzipiendenken[668] und das Prinzip des Rechtsgüterschutzes[669] mobilisiert. *Barrata* schlägt vor, das *Strafrecht* instrumentell zu verwenden und sich damit zugleich von der Illusion des instrumentellen Charakters *der Strafe* zu befreien, um das Recht für

665 Verwiesen sei hier nur auf die Kommunistenverfolgung in den 1950er Jahren, die Zeit der Anti-Terror-Gesetze in den 1970er Jahren und die Bekämpfung der „Organisierten Kriminalität“ in den 1990er Jahren.

666 *Buckel/Christensen/Fischer-Lescano* 2009, XIII f.

667 Zu Ansätzen für Flüchtlingsrechte *Löhr/Pelzer* 2008, 307 ff.

668 *P.-A. Albrecht* 2006.

669 *Frehsee* 2003, 260; *Scheerer* 1993, 82; vgl. auch *Hefendehl* 2002.

eine rigorose politische und technische Begrenzung der unnützen Gewalt der Strafe einzusetzen.[670] Danach könnte das Recht als Mittel zur Beschränkung staatlicher Macht und zur Bekämpfung von Ungerechtigkeit, Ungleichheit und Unfreiheit dienen. Das Strafrecht im Speziellen wäre demnach „Verbrechensbekämpfungs-Begrenzungsrecht" (*Naucke* und *Kunz*) und als Instrument einsetzbar, um die negativen Folgen zu begrenzen, die durch das staatliche Strafen hervorgerufen werden.[671] Angesichts der machtvollen Position und dem fortgeschrittenen Stadium des heutigen Strafrechts dringen Reform- und Begrenzungsforderungen allerdings kaum noch durch.[672] Vor diesem Hintergrund wird als kritische Strategie auch eine „absolute Strafrechtskritik" vertreten, die als permanenter Widerspruch kompromisslos und prinzipiell gegen die gegenwärtige Strafrechtsentwicklung gerichtet ist.[673]

Dieses instrumentelle Verständnis von (Straf-)Recht lässt sich auf andere Bereiche übertragen, wie etwa den Datenschutz, dessen Normen sich zunehmend zu einer Umkehrung des Grundrechts auf informationelle Selbstbestimmung entwickeln. Dieser Tendenz ließe sich bei einem instrumentellen Verständnis von Recht entgegenwirken und so dem Datenschutz zu der ihm zugedachten Funktion verhelfen: dem Schutz vor der weit reichenden Erhebung und Verarbeitung von personenbezogenen Daten.

6.2.3 Bruch mit den Sicherheitsdiskursen und der Risikowirklichkeit

Auf der gesellschaftspolitischen Ebene sollte die Auseinandersetzung mit der Sicherheitsgesellschaft zum einen eine Kritik der Sicherheitsdiskurse umfassen. Deren Bedeutung wird zum Beispiel daran deutlich, dass heute bereits eine (angebliche) Steigerung des „subjektiven Sicherheitsempfindens" als Begründung für Eingriffe und sicherheitspolitische Verschärfungen ausreicht.[674] Es geht nicht mehr (alleine) um eine tatsächliche Sicherheitslage, sondern um ein diffuses Bedrohungsgefühl in der Bevölkerung. Die auf Einzelfälle von besonders spektakulären Straftaten fokussierte, emotionale Berichterstattung bildet eine wichtige Grundlage für sicherheitspolitische Debatten und zieht geradezu zwangsläufig rechtspolitische Verschärfungsforderungen nach sich. Versuche, diesem Diskurs Fragen nach gesellschaftlichen und individuellen Entstehungszusammenhängen

670 Zurückhaltend hinsichtlich der Machbarkeit *Naucke* 1999, 354.
671 *Baratta* 1993, 398 f., 415. So auch *Kunz* 2004, 78.
672 Generell skeptisch gegenüber den Versuchen einer rechtsstaatlichen Einhegung des Strafrechts *Sack* 2010, 70 ff.
673 So *Naucke* 1993, 162.
674 *Scheerer* 1993, 85.

von Delinquenz entgegenzuhalten, dringen kaum durch und werden nicht selten als Täterschutz diffamiert. Dabei wird von der Politik und dem Großteil der Medien der Eindruck suggeriert, dass die Mehrheit der Bürger dem weitgehend unkritisch gegenüberstehe und in der Regel eine – tatsächlich nicht der Realität entsprechende – „ich habe ja nichts zu verbergen"-Haltung vor sich her trüge. Kritische Positionen sind in der öffentlichen Debatte zumeist marginalisiert.

In diesem Sinne wird eine über einzelne, konkrete Fragen hinausgehende Veränderung erst thematisierbar, wenn sich das gesellschaftliche Bild von Abweichung und Kontrolle, Sicherheit und Freiheit, Risiko und sozialen Problemen wandelt und damit den hier wirkenden Akteuren und Politiken die Grundlage entzogen wird. So lange einer scheinbar breiten Mehrheit, die ein unbedingtes Streben nach umfassender Sicherheit favorisiert und als notwendig ansieht, keine alternative Perspektive entgegengestellt wird, so lange kein Problembewusstsein beispielsweise gegenüber einer weitgehenden, auch freiwilligen Preisgabe von individuellen Freiräumen und Freiheitsrechten existiert, und so lange das derzeit dominierende Bild von Abweichung und Kriminalität als zu bekämpfender Bedrohung dominieren, wird sich die bisherige Entwicklung fortsetzen.

Angesichts dessen sollte es zentrales Anliegen einer Kritik der Sicherheitsgesellschaft sein, die herrschenden Sicherheits- und Risikodiskurse zu dekonstruieren. Sicherheit muss als Inszenierung, als Fiktion entlarvt und dementsprechend behandelt werden.[675] Die derzeit zu erlebende Entwicklung von Sicherheitsstrategien ist keine zwangsläufige Notwendigkeit, sondern Ausdruck eines herrschenden Denk- und Wertesystems, das als selbstverständlich angesehen wird, aber auch nur eine mögliche Interpretation von Wirklichkeit darstellt. Diesem gesellschaftlichen Verständnis von Abweichung und Kontrolle, von Risiko und Sicherheit ist wäre ein alternatives Verständnis entgegenzusetzen. Hierfür könnten zunächst zum Beispiel die vielfältigen empirischen Erkenntnisse zur Zwecklosigkeit von (Freiheits-)Strafe, des zum fehlenden Zusammenhangs zwischen Kriminalitätsfurcht und tatsächlicher Kriminalitätslage und sowie dieer sozialen Konstruktion eines „Sicherheitsgefühls" in die politische Diskussion getragen werden, um damit die derzeitige Sicherheitspolitik als Populismus und Symbolik zu entlarven. Nachdem es Vor dem Hintergrund, dass es entgegen weitläufiger verbreiteter Annahmen in Kontinentaleuropa und speziell in Deutschland nicht zu einem rapiden Anstieg punitiver Einstellungen in der Bevölkerung gekommen ist[676], erscheint es zudem von zentraler Bedeutung, nichtpunitiven Einstellungen in der öffentlichen Diskussion verstärkt Gehör zu verschaffen.

---

675 *Holert* 2004, 249.
676 *Kury/Brandstein/Yoshida* 2009.

Für einen solchen Ansatz kommt es darauf an, die in Rede stehenden Sachverhalte neu zu beschreiben und so die Szenarien herrschender Sozialkontrolle zu dekonstruieren, wie es der Kritischen Kriminologie der 1960er und 1970er Jahre zum Teil gelungen ist. Dabei geht es nicht darum, den bestehenden Vorstellung eine eigene kausale Wahrheit entgegensetzen, sondern eine Praxis stark zu machen, die sich nicht auf eine wahre Erkenntnis beruft, sondern kontinuierlich experimentiert und einen Raum der Freiheit für Kritik zu öffnen versucht, der sich nicht dem Zwang des Notwendigen und Bestehenden unterwirft.[677]

6.2.4 Erste Schritte

Als Ansatzpunkt für ein solches Vorgehen bietet sich zunächst eine Neudefinition der Begriffe *Freiheit* und *Sicherheit* an. Der herrschenden Interpretation, dass sich der Bürger nur dann in Freiheit individuell entwickeln könne, wenn er – durch den Staat und seine Sicherheitsagenturen – vor Kriminalität, Unordnung und sonstigen Bedrohungen geschützt wird, kann eine Perspektive entgegengehalten werden, die den Blick wieder auf den Staat und private Kontrolleure als Bedrohung von Freiheit und individuellen Rechten richtet.

In einer Gesellschaft, in der der Staat das Gewaltmonopol innehat, ist es von zentraler Bedeutung für die Freiheit und Autonomie der Bürger, dass der staatliche Eingriff in Grund- und Menschenrechte begrenzt wird. Ein Staat, dem quasi sämtliche (technischen und rechtlichen) Möglichkeiten offen stehen, seine Bürger zu überwachen, zu kontrollieren und eventuell auch zu sanktionieren, stellt eine wesentlich größere Bedrohung für den Einzelnen dar, als sozial schädigendes Verhalten von Privaten. Dies gilt insbesondere angesichts des derzeit zu beobachtenden Staatsumbaus, der durch einen Abbau demokratischer Rechte und rechtsstaatlicher Grundsätze gekennzeichnet ist.

Die *Sicherheit* und die *Freiheit* des Einzelnen werden somit vor allem durch unkontrollierte, unbegrenzte und willkürliche staatliche Kontrolle bedroht. Vor diesem Hintergrund geht es nicht um Sicherheit *oder* Freiheit bzw. um ein Austarieren des Verhältnisses zueinander. Vielmehr gilt es, deutlich zu machen, dass Freiheit die Abwesenheit von Kontrolle und Zwang bedeutet, dass Sicherheit vor allem den Schutz vor staatlicher Willkür und vor einem ungebändigten Staatsapparat und dessen Gewalt erfordert. Dies betrifft keineswegs nur Minderheiten, gesellschaftliche „Randgruppen“ oder Einzelne, die zufällig Betroffene dieser Gewalt werden. Vielmehr ist jede und jeder potentiell von heimlicher Überwachung und Kontrolle betroffen. Darüber hinaus kann ein Verständnis von einer

677 *Lemke* 1997, 358, 369.

solidarischen Form sozialer Sicherheit als Grundlage für eine freie Entfaltung jedes Einzelnen stark gemacht werden.

Des Weiteren zeigen sich die Notwendigkeit aber auch die Möglichkeiten einer Kritik auf der diskursiven Ebene geradezu dramatisch in dem gesellschaftlichen Verständnis von sozialen Konflikten und den daraus herrührenden Sicherheitsbedürfnissen.[678] Die allgemeine gesellschaftliche Verunsicherung ist kaum Ausdruck einer besonders gefährlichen Realität, als vielmehr Ergebnis entsprechender Diskurse und Wahrnehmungen. Dabei sind es – neben der sozialen Verunsicherung – gerade die Maßnahmen und Akteure sozialer Kontrolle selbst, ihre Techniken und die sie begleitenden Diskurse, die Unsicherheit produzieren und Abweichung als gesellschaftliches Konstrukt hervorbringen. Das kollusive Zusammenwirken von denjenigen, die Sicherheitsbedürfnisse erzeugen, und denjenigen, die sie erfüllen, lässt einen Nachweis für die Notwendigkeit von immer neuen Sicherheitstechnologien entbehrlich erscheinen. Der reale Schutz vor Bedrohungen und Gefahren weicht der Illusion von Sicherheit.[679]

Eine alternative Perspektive muss daher die skizzierten Bedrohungslagen entdramatisieren und die weit verbreitete Verunsicherung und Angst als produziert entlarven. An dieser Stelle ließen sich beispielsweise die falschen Kriminalitäts- und Risiko-Bilder in Medien und Bevölkerung ebenso wie die Vorstellungen gesellschaftlicher Unerwünschtheit dekonstruieren.[680] Es gibt keine heile Welt. Abweichendes Verhalten ist ein normaler Bestandteil jeder von sozialen Regeln geprägten Gesellschaft und für diese gesellschaftlich funktional. Maßnahmen der Inneren Sicherheit und Kriminalitätskontrolle können hieran wenig ändern, sondern stellen stattdessen selbst eine Bedrohung dar. Wer soziale Probleme wirklich angehen will, der muss die Vorstellungen über Abweichung und Strafe als das entlarven, was sie sind: Als kontingente, produzierte soziale Kategorien, die in ihrer derzeitigen Form den Raum für eine Lösung sozialer Konflikte verstellen. Vergleichbares gilt für das Ideal einer umfassenden Sicherheit, die weder möglich noch politisch gewollt ist. Wer hingegen die Zielvorgaben der Bekämpfung des „Terrorismus", der „Organisierten Kriminalität" oder von „Intensivtätern" übernimmt, kann sich den Bedürfnissen der Praxis nicht entziehen.[681]

---

678 Zur Erzeugung und Perpetuierung des Strafbedürfnisses durch das Strafrecht *Frehsee* 2003, 29 f.

679 *Baratta* 1993, 413.

680 Siehe oben 3.3.2. – Inwieweit es sich dabei um ein Produkt handelt, macht beispielsweise die „Raubkopierer sind Verbrecher"-Kampagne der Filmindustrie deutlich, in der zwei Drittel aller Jugendlichen mit langjährigem Einsperren und Vergewaltigung im Gefängnis bedroht werden. Die vollkommen undifferenzierte Argumentation mit langjährigen Freiheitsstrafen wirkt dabei nicht vorwiegend abschreckend, sondern produziert eine allgemeine Punitivität, die sich an den Interessen einer Lobby orientiert und den Werten der meisten Zuschauer entgegenläuft.

681 *Busch* 2006a.

Auf der damit skizzierten diskursiven Ebene hat sich in den zurück liegenden Jahren bereits einiges getan, sich der Diskurs merklich verschoben. Eine Kritik an der herrschenden Sicherheitspolitik hat nicht unerhebliche Teile der Bevölkerung erreicht. Die Überwachung von Arbeitnehmern am Arbeitsplatz („Lidl-Skandal"), die „Terrorismus-Verfahren" gegen vermeintliche Mitglieder der „militanten gruppe", die öffentliche Diskussion um die Verfassungsbeschwerden gegen die Vorratsdatenspeicherung, die „Online-Durchsuchung", das BKA-Gesetz und ELENA haben gezeigt, dass der herrschende Sicherheitsdiskurs Risse zeigt und in Teilen der Bevölkerung kritisch gesehen wird. Die seit 2006 jährlich stattfindenden „Freiheit statt Angst"-Demonstrationen in Berlin machen deutlich, dass viele Menschen auch bereit sind, sich gegen die herrschende Sicherheitslogik zu engagieren.

Sind damit bei den *diskursiven* Grundlagen der Sicherheitsgesellschaft die ersten Schritte bereits getan, zeigen sich zugleich neue Ansatzpunkte für gesellschaftspolitische Interventionen. Dies gilt insbesondere für die Brüche, die bei den ökonomischen und soziokulturellen Grundlagen gegenwärtiger Sozialkontrolle angesichts der Wirtschafts- und Finanzkrise zu Tage treten und eine Intervention auch auf dieser Ebene nahe legen.[682] Dies könnte etwa bedeuten, verstärkt Verschärfungen und neue Praktiken in der Sicherheitspolitik in den Blick zu nehmen, die im Zusammenhang mit dem Abbau sozialer und ökonomischer Rechte bzw. der weiter zunehmenden Ungleichverteilung von gesellschaftlichen Ressourcen stehen. Dazu gehört zum einen die umfassende Kontrolle derjenigen, die als Desintegrierte etikettiert werden, etwa durch die Jobcenter aber auch durch situative Kontrolltechniken. Zum anderen lassen sich auch Maßnahmen der Überwachung am Arbeitsplatz und die Speicherung von Daten von abhängig Beschäftigten zu diesem Bereich zählen. Auf diesem Weg wäre es sowohl möglich, die Funktionalität von sozialer Kontrolle in der Gesellschaft und einer neoliberal geprägten Wirtschaft deutlicher zu thematisieren, als auch die konkrete Betroffenheit einer Vielzahl von Menschen sichtbar zu machen.

6.3 Zusammenschau

Eine Kritik der Sicherheitsgesellschaft darf sich nicht auf eine Kritik einzelner Maßnahmen und Strategien beschränken, sondern muss auch die sie tragenden gesellschaftlichen Bedingungen einbeziehen. Hierbei ist es zum einen notwendig, das Recht als Mittel zur Begrenzung staatlicher Macht und zum Abbau von Strukturen einzusetzen, die Ungleichheit produzieren. Zum anderen ist es von

682 S. oben 6.2.1.

zentraler Bedeutung, den herrschenden Risiko- und Sicherheitsdiskurs zu dekonstruieren, um so eine eigenständige kritische Position wieder (stärker) in der öffentlichen und wissenschaftlichen Auseinandersetzung etablieren zu können.

Eine Kritik sozialer Kontrolle bedeutet somit zweierlei. Die konkrete Auseinandersetzung mit der existierenden Sicherheitsarchitektur und dem herrschenden Rechtsverständnis auf der einen Seite, sowie die Thematisierung von deren gesellschaftlichen Grundlagen in Form von Diskursen und den bestehenden gesellschaftlichen Verhältnissen auf der anderen Seite.[683] Auf diesem Weg ließe sich – über die Skandalisierung einzelner Verschärfungen hinaus – gegenwärtige Sozialkontrolle insgesamt analysieren, um so mittelfristig eine eigenständige kritische Position dauerhaft in der Sicherheitsdebatte etablieren zu können.

683 So bereits *Bast u. a.* 1999, 317 ff., die dieses Vorgehen als „radikalen Reformismus im Recht" bezeichnet haben.

7 Fazit

Seit der zweiten Hälfte des 20. Jahrhunderts sind tief greifende gesellschaftliche Transformationsprozesse zu beobachten, die einen grundlegenden Wandel der gesellschaftlichen Bedingungen für soziale Kontrolle mit sich gebracht haben. Die alten Strukturen gerieten in die Krise, während Individualisierung, Pluralisierung sowie eine aufkommende Verunsicherung und Risikowirklichkeit neue Vorgaben schufen. Innerhalb dieses Rahmens gesellschaftlicher Bedingungen verfolgen Ideologien und Akteure ihre Ziele und beeinflussen so die Vorgaben für soziale Kontrolle. Die sich auf dieser Grundlage herausbildende Formation sozialer Kontrolle lässt sich analytisch mit dem Begriff der Sicherheitsgesellschaft fassen, in dem sich die massiv gestiegene gesellschaftliche Bedeutung von individueller Sicherheit gegenüber einem Verständnis von sozialer Sicherheit widerspiegelt. Dies führt zu einem Bedeutungsverlust von vormals zentralen gesellschaftlichen Prinzipien wie Demokratie, sozialer Gleichheit, individueller Freiheit und Selbstbestimmung.

Diese Veränderungen, die in Deutschland besonders seit den 1990er Jahren zu konstatieren sind, können als grundlegender Wandel sozialer Kontrolle qualifiziert werden. Sozialkontrolle wird heute weniger durch ein gesamtgesellschaftlich gültiges, umfassendes Normen- und Moralgefüge begründet, das disziplinierend durchgesetzt wird, sondern besteht zunehmend in der Verwaltung von Devianz und dem Managen von als allgegenwärtig verstandenen Risiken. Statt der Proklamation von sozialer Integration als Ziel sind neue Mechanismen und Techniken auf Kontrolle und Ausschluss gerichtet. Sie greifen wesentlich früher und umfassender in Bürgerrechte ein, um eine möglichst effektive Verwaltung der bestehenden Normalität unter dem Diktum der Sicherheit zu gewährleisten. Ebenso differenzieren sich die Institutionen sozialer Kontrolle aus und passen sich den neuen Bedingungen an.

Diese Formation sozialer Kontrolle findet deutliche Kritik, unabhängig davon, ob ein solcher Blick aus rechtsstaatlicher, integrationsorientierter, konstruktivistischer, konflikttheoretischer, marxistisch inspirierter oder gouvernementaler Perspektive erfolgt. Partizipation, Demokratisierung, soziale Gleichberechtigung, individuelle Freiheit und Selbstbestimmung können die Grundprinzipien eines hierzu alternativen Konzeptes darstellen. Eine sich an diesen Prinzipien orientierende Position muss bewusst das herrschende Sicherheits-, Kontroll- und Strafparadigma verlassen, das die eigenen Positionen gefangen nimmt und eine grundlegende Kritik unmöglich macht. Sie sollte sich nicht darauf beschränken, den Bestand eines rechtsstaatlich gezähmten Leviathans zu beschwören, sondern den disziplinierenden und damit ebenfalls freiheitsbeschränkenden Charakter eines Penal-Welfarism ebenso in die Kritik einbeziehen, wie gegenwärtige Sozialkontrolle. Ein Beharren auf den im Wandel befindlichen Grundlagen des fordistischen Wohlfahrts- und Rechtsstaats eröffnet insofern keine Perspektive.

Das Recht kann vor diesem Hintergrund vor allem instrumentell in seiner Funktion als Macht- und Herrschaftsbegrenzung verstanden und eingesetzt werden. Kriminalpolitische Vorstellungen in dem Sinne, dass ein „realistisches" Konzept sozialer Kontrolle zu entwerfen versucht wird, das in der Lage sei, die angesichts der gesellschaftlichen Entwicklungen zu beobachtenden sozialen Verwerfungen zu minimieren und dabei gleichzeitig liberal-rechtsstaatliche Elemente berücksichtigen will, ist unter dem derzeitigen Paradigma zum Scheitern verurteilt. Will man nicht – wie die so genannten „Left Realists" unter der New-Labour-Regierung in Großbritannien – als Feigenblatt für eine punitive und kontrollintensive Kriminalpolitik herhalten,[684] ist es vielmehr notwendig, einen deutlichen Gegenpol zum herrschenden Paradigma der Sicherheitsgesellschaft in der öffentlichen Auseinandersetzung zu entwickeln.

Für eine solche kritische Position müssen auch die gesellschaftlichen Bedingungen sozialer Kontrolle einbezogen werden. Dies gilt für die herrschenden Sicherheitsdiskurse und Unsicherheitskonstruktionen als Basis gegenwärtiger Sozialkontrolle ebenso wie für deren ökonomische und soziokulturelle Grundlagen, die angesichts der Wirtschafts- und Finanzkrise anders thematisierbar geworden sind. Wie die Kritische Kriminologie vormals den Blick von der Kriminalität auf eine Kritik der Kriminalisierungsprozesse lenkte,[685] muss eine aus der Kritik gegenwärtiger Sozialkontrolle entwickelte rechts- und gesellschaftspolitische Praxis den Diskursen der Verunsicherung eine alternative Perspektive entgegensetzen und die gesellschaftliche Funktionalität sozialer Kontrolle in der Sicherheitsgesellschaft sichtbar machen.

684 Vgl. dazu *Bode/Lutz* 2003, 205 ff.
685 Vgl. hierzu *Kreissl* 1996, 26.

Literaturverzeichnis

Agamben, Giorgio (2004): Ausnahmezustand. Homo Sacer Teil II. Band 1. Frankfurt a. M.

Albrecht, Hans-Jörg; Dorsch, Claudia; Krüpe, Christiane (2003): Rechtswirklichkeit und Effizienz der Überwachung der Telekommunikation nach den §§ 100a, 100b StPO und anderer verdeckter Ermittlungsmaßnahmen. Freiburg i. Br.

Albrecht, Peter-Alexis (2000): Jugendstrafrecht. 3. Aufl., München.

Albrecht, Peter-Alexis (2006): Die vergessene Freiheit. 2. Aufl., Berlin.

Albrecht, Peter-Alexis (2007): Abschied vom Recht. Das nach-präventive Strafrecht. In: vorgänge – Zeitschrift für Bürgerrechte und Gesellschaftspolitik 2007, Heft 2, S. 27-43.

Albrecht, Peter-Alexis (2010): Kriminologie. 4. Aufl., München.

Albrecht, Peter-Alexis (2010a): Der Weg in die Sicherheitsgesellschaft. Auf der Suche nach staatskritischen Absolutheitsregeln. Studienausgabe. Berlin.

Albrecht, Peter-Alexis; Hassemer, Winfried; Voß, Michael (Hrsg.) (1992): Rechtsgüterschutz durch Entkriminalisierung. Vorschläge der Hessischen Kommission zur Reform des Strafrechts. Baden-Baden.

Albrecht, Peter-Alexis u. a. (1992): Strafrecht – ultima ratio. Empfehlungen der Niedersächsischen Kommission zur Reform des Strafrechts und des Strafverfahrensrechts. Baden-Baden.

Alex, Michael (2010): Nachträgliche Sicherungsverwahrung – ein rechtsstaatliches und kriminalpolitisches Debakel. Holzkirchen.

Aden, Hartmut (1998): Polizeipolitik in Europa. Wiesbaden.

Arnold, Jörg (2005): Karl Marx und das Holzdiebstahlsgesetz. In: Arnold, Jörg u. a. (Hrsg.): Menschengerechtes Strafrecht. Festschrift für Albin Eser zum 70. Geburtstag. München. S. 25-48.

Arzt, Clemens (2005): Voraussetzungen und Grenzen der automatisierten Kennzeichenerkennung. In: Die Öffentliche Verwaltung 2005, S. 56-64.

Asbrock, Bernd (1997): Zum Mythos des Richtervorbehalts als wirksames Kontrollinstrument im Zusammenhang mit besonderen polizeilichen Eingriffsbefugnissen. In: Kritische Vierteljahresschrift für Gesetzgebung und Rechtswissenschaft 1997, S. 255-262.

Azzellini, Dario; Kanzleiter, Boris (Hrsg.) (2003): Das Unternehmen Krieg. Berlin/Hamburg/Göttingen.

Backes, Otto; Gusy, Christoph (2003): Wer kontrolliert die Telefonüberwachung? Frankfurt a. M.

Baratta, Alessandro (1993): Jenseits der Strafe – Rechtsgüterschutz in der Risikogesellschaft. Zur Neubewertung der Funktionen des Strafrechts. In: Haft, Fritjof u. a. (Hrsg.): Strafgerechtigkeit. Festschrift für Arthur Kaufmann zum 70. Geburtstag. Heidelberg. S. 393-416.

Bast, Jürgen u. a. (1999): Kritische Rechtswissenschaft und Kritische Justiz. In: Kritische Justiz 1999, S. 313-323.

Bauer, Patricia (2004): Die politische Entgrenzung von Innerer und Äußerer Sicherheit nach dem 11. September 2001. In: Elsbergen, Gisbert van (Hrsg.): Wachen, kontrollieren, patrouillieren – Kustodialisierung der Inneren Sicherheit. Wiesbaden. S. 49-73.

Bauman, Zygmunt (2005): Verworfenes Leben. Die Ausgegrenzten der Moderne. Hamburg.

Bauman, Zygmunt (2008): Flüchtige Zeiten. Leben in der Ungewissheit. Hamburg.

Beck, Ulrich (1986): Risikogesellschaft. Auf dem Weg in eine andere Moderne. Frankfurt a. M.

Becker, Alfred (2005): Neue Technik unter altem Recht. In: Bürgerrechte & Polizei/CILIP 3/2005, S. 32-38.

Becker, Gary S. (1993): Der ökonomische Ansatz zur Erklärung menschlichen Verhaltens. 2. Aufl., Tübingen.

Beckett, Katherine; Herbert, Steve (2008): Dealing with disorder. Social control in the post-industrial city. In: Theoretical Criminology 2008, S. 5-30.

Belina, Bernd (2003): Fighting Crime als Lebensaufgabe. Culture War und Kontrolle der Überflüssigen. Anmerkungen zur Kriminalpolitik in den USA. In: Kritische Justiz 2003, S. 342-354.

Belina, Bernd (2006): Ordnung im städtischen Raum. Obdachlosenvertreibung und Verhinderung politischen Protests in US-Städten. In: Fantômas 2006, Heft 9, S. 24-26.

Belina, Bernd (2008): Governing/crime/space. Zur Verräumlichung staatlicher Kontrolle. In: Forum Wissenschaft 1/2008, S. 18-20.

Bennett, Trevor (1994): Police Strategies and Tactics for Controlling Crime and Disorder in England and Wales. In: Studies on Crime and Crime Prevention 1994, S. 146-167.

Bergmann, Sven (2004): Training des bürgerlichen Normalzustandes – Ethnografie zum Projekt Elektronische Fußfessel. Online-Veröffentlichung.

Beste, Hubert (1996): Kontrollpolitik zwischen Privatisierung und staatlicher Herrschaftssicherung. In: Bussmann, Kai-D.; Kreissl, Reinhard (Hrsg.): Kritische Kriminologie in der Diskussion. Opladen. S. 311-332.

Beste, Hubert (2002): Vom schlanken Staat zum neuen Polizieren. In: Neue Kriminalpolitik 1/2002, S. 6-7.

Beste, Hubert (2009): Zur Privatisierung verloren geglaubter Sicherheit in der Kontrollgesellschaft. In: Lange, Hans-Jürgen; Ohly, H. Peter; Reichertz, Jo (Hrsg.): Auf der Suche nach neuer Sicherheit. Fakten, Theorien und Folgen. 2. Aufl., Wiesbaden. S. 183-202.

Bidlo, Oliver; Englert, Carina Jasmin; Reichertz, Jo (2011): Securitainment. Medien als Akteure der Inneren Sicherheit. Wiesbaden.

Bielefeldt, Heiner (2004): Freiheit und Sicherheit im demokratischen Rechtsstaat. Berlin.

Blackmore, John; Welsh, Jane (1983): Selective Incapacitation: Sentencing According to Risk. In: Crime & Delinquency 1983, S. 504-528.

Blinkert, Baldo (2010): Unsicherheitsbefindlichkeit als „sozialer Tatbestand". Kriminalitätsfurcht und die Wahrnehmung von Sicherheit und Unsicherheit in Europa. In: Monatsschrift für Kriminologie und Strafrechtsreform 2010, S. 106-125.

Bloy, René (2003): Möglichkeiten und Grenzen der Gewährleistung von Sicherheit durch Strafrecht. In: Momsen, Carsten; Bloy, René; Rackow, Peter (Hrsg.): Fragmentarisches Strafrecht. Beiträge zum Strafrecht, Strafprozessrecht und zur Strafrechtsvergleichung. Frankfurt a. M. u. a. S. 9-27.

Bode, Britta; Tilman, Lutz (2001): Kriminalpolitik gegen sozialen Ausschluss? In: Kriminologisches Journal 2001, S. 205-215.

Böhm, María Laura (2007): Komplementäre Kriminalpolitiken. In: Hess, Henner; Ostermeier, Lars; Paul, Bettina (Hrsg.): Kontrollkulturen. 9. Beiheft des Kriminologischen Journals. S. 168-183.

Böhnisch, Lothar (2010): Abweichendes Verhalten. Eine pädagogisch-soziologische Einführung. 4. Aufl., Weinheim/München.

Boers, Klaus (1993): Kriminalitätsfurcht. Ein Beitrag zum Verständnis eines sozialen Problems. In: Monatsschrift für Kriminologie und Strafrechtsreform 1993, S. 65-82.

Boers, Klaus; Walburg, Christian; Reinecke, Jost (2006): Jugendkriminalität – Keine Zunahme im Dunkelfeld, kaum Unterschiede zwischen Einheimischen und Migranten. Befunde aus Duisburger und Münsteraner Längsschnittstudien. In: Monatsschrift für Kriminologie und Strafrechtsreform 2006, S. 63-87.

Bourdieu, Pierre (1998): Gegenfeuer. Wortmeldungen im Dienste des Widerstands gegen die neoliberale Invasion. Konstanz.

Brandt, Karsten; Mittag, Matthias (2005): Grenzen polizeilichen Handelns. Kriminalpolitische und rechtliche Beurteilung sog. Graffiti-Verordnungen. In: Kritische Justiz 2005, S. 177-187.

Braum, Stefan (2003): Vom Schuldprinzip im nach-präventiven Strafrecht. In: Kritische Vierteljahresschrift für Gesetzgebung und Rechtswissenschaft 2003, S. 22-30.

Briken, Kendra; Eick, Volker (2011): Recht und billig? Wachschutz zwischen Niedriglohn und Ein-Euro-Jobs. In: Kritische Justiz 2011, S. 34-42.

Brugger, Winfried (2000): Vom unbedingten Verbot der Folter zum bedingten Recht auf Folter? In: Juristen-Zeitung 2000, S. 165-173.

Bublitz, Hannelore (1999): Diskursanalyse als Gesellschafts-„Theorie". In: Bublitz, Hannelore u. a. (Hrsg.): Das Wuchern der Diskurse. Perspektiven der Diskursanalyse Foucaults. Frankfurt a. M./New York. S. 22-48.

Buckel, Sonja (2009): Neo-Materialistische Rechtstheorie. In: Buckel, Sonja; Christensen, Ralph; Fischer-Lescano, Andreas (Hrsg.): Neue Theorien des Rechts. 2. Aufl., Stuttgart. S. 113-133.

Buckel, Sonja; Christensen, Ralph; Fischer-Lescano, Andreas (2009): Einleitung: Neue Theoriepraxis des Rechts. In: Buckel, Sonja; Christensen, Ralph; Fischer-Lescano, Andreas (Hrsg.): Neue Theorien des Rechts. 2. Aufl., Stuttgart. S. IX-XIX.

Buckel, Sonja; Fischer-Lescano, Andreas; Oberndorfer, Lukas (2010): Postneoliberale Rechtsordnung? – Suchprozesse in der Krise. In: Kritische Justiz 2010, S. 375-383.

Buckel, Sonja; Kannankulam, John (2002): Zur Kritik der Anti-Terror-Gesetze nach dem ‚11. September'. „Sicherheit" im postfordistischen Präventionsstaat. In: Das Argument 244/2002, S. 34-50.

Bührmann, Andrea D. (2005): Das Auftauchen des unternehmerischen Selbst und seine gegenwärtige Hegemonialität. Einige grundlegende Anmerkungen zur Analyse des (Trans-) Formierungsgeschehens moderner Subjektivierungsweisen. In: Forum Qualitative Sozialforschung / Forum: Qualitative Social Research (Online Journal) 2005, Vol. 6, No. 1, Art. 16.

Bundeskriminalamt (Hrsg.) (1976): Polizei und Prävention. Wiesbaden.

Bundesministerium der Verteidigung (2006): Weißbuch 2006 zur Sicherheitspolitik Deutschlands und zur Zukunft der Bundeswehr. Berlin.

Bunyan, Tony (2006): „Verfügbarkeit": Binnenmarkt für Polizeidaten. In: Bürgerrechte & Polizei/CILIP 2/2006, S. 21-28.

Busch, Heiner (1999): Polizeiliche Drogenbekämpfung – eine internationale Verstrickung. Münster.

Busch, Heiner (2004): Verpolizeilichung des Strafverfahrens. Eine Gesetzgebungsbilanz. In: Bürgerrechte & Polizei/CILIP 3/2004, S. 6-21.

Busch, Heiner (2006): EU-Informationssysteme: Stand und Planung. In: Bürgerrechte & Polizei/CILIP 2/2006, S. 29-43.

Busch, Heiner (2006a): Hilfloser Datenschutz. Verrechtlichung, Individualisierung, Entpolitisierung. In: Bürgerrechte & Polizei/CILIP 3/2006, S. 3-9.

Busch, Heiner; Pütter, Norbert (2007): Staatsgewalt jenseits des Rechts. Der transatlantische Kampf gegen die Menschenrechte. In: Bürgerrechte & Polizei/CILIP 2/2007, S. 3-8.

Busch, Heiner; Tohidipur, Timo (2011): Mehr als die Summe der Einzelteile: Europäische Union als sicherheitspolitischer Akteur. In: Kritische Justiz 2011, S. 50-62.

Butterwegge, Christoph (2006): Krise und Zukunft des Sozialstaates. 3. Aufl., Wiesbaden.

Callies, Rolf-Peter; Müller-Dietz, Heinz (2008): Strafvollzugsgesetz. 11. Aufl., München.

Candeias, Mario (2009): Neoliberalismus – Hochtechnologie – Hegemonie. Grundrisse einer transnationalen kapitalistischen Produktions- und Lebensweise – eine Kritik. 2. Aufl., Hamburg.

Castel, Robert (1991): From Dangerousness to Risk. In: Burchell, Graham; Gordon, Colin; Miller, Peter (Hrsg.): The Foucault Effect. Studies in Governmentality. London. S. 281-298.

Castel, Robert (2005): Die Stärkung des Sozialen. Leben im neuen Wohlfahrtsstaat. Hamburg.

Cattaneo, Mario A. (1998): Aufklärung und Strafrecht. Baden-Baden.

Cavadino, Michael; Dignan, James (2006): Penal Systems. A Comparative Approach. London/Thousand Oaks/New Delhi.

Christie, Nils (2005): Wieviel Kriminalität braucht die Gesellschaft? München.

Clarke, John (2004): Changing Welfare – Changing States. New Directions in Social Policy. London/Thousand Oaks/New Delhi.

Clarke, Ronald V. (1993): Fare Evasion and Automatic Ticket Collection on the London Underground. In: Clarke, Ronald V. (Hrsg.): Crime Prevention Studies. Vol. 1. New York. S. 135-146.

Clarke, Ronald V. (1997): Introduction. In: Clarke, Ronald V. (Hrsg.): Situational Crime Prevention. Successful Case Studies. 2. Aufl., New York. S. 1-43.

Cohen, Stanley (1993): Soziale Kontrolle und die Politik der Rekonstruktion. In: Frehsee, Detlev; Löschper, Gabi; Schumann, Karl F. (Hrsg.): Strafrecht, soziale Kontrolle, soziale Disziplinierung. Jahrbuch für Rechtssoziologie und Rechtstheorie. Band 15. Opladen. S. 209-237.

Cremer-Schäfer, Helga (1993): Normklärung ohne Strafe. Über die gesellschaftlichen Bedingungen der Verzichtbarkeit von „Kriminalität" und Strafe für das Darstellen herrschender Moral. In: Peters, Helge (Hrsg.): Muss Strafe sein? Zur Analyse und Kritik strafrechtlicher Praxis. Opladen. S. 91-113.

Cremer-Schäfer, Helga; Steinert, Heinz (1998): Straflust und Repression. Zur Kritik der populistischen Kriminologie. Münster.

Degenhardt, Kerstin (2003): EUROPOL und Strafprozess. Die Europäisierung des Ermittlungsverfahrens. Frankfurt a. M.

Deleuze, Gilles (1992): Das elektronische Halsband. Innenansichten einer kontrollierten Gesellschaft. In: Kriminologisches Journal 1992, S. 181-186.

Deleuze, Gilles (1993): Unterhandlungen 1972-1990. Frankfurt a. M.

Demirović, Alex (2008): Liberale Freiheit und das Sicherheitsdispositiv. In: Purtschert, Patricia; Meyer, Katrin; Winter, Yves (Hrsg.): Gouvernementalität und Sicherheit. Zeitdiagnostische Beiträge im Anschluss an Foucault. Bielefeld. S. 229-250.

Depenheuer, Otto (2007): Selbstbehauptung des Rechtsstaats. Paderborn u. a.

Diefenbach, Katja (2006): Die Ankunft der Polizei. Anmerkungen über Ausnahmezustand und Prekarität. In: Fantômas 2006, Heft 9, S. 54-57.

Duclos, Denis (2005): Alle unter Kontrolle. Neues von der Bewirtschaftung der Angst. In: Le Monde Diplomatique August 2005, S. 4-5.

Dünkel, Frieder (2010): Gefangenenraten im internationalen und nationalen Vergleich. In: Neue Kriminalpolitik 2010, S. 3-11.

Dünkel, Frieder; Kunkat, Angela (2001): Nachträgliche Sicherungsverwahrung. Der Staat als Sicherheitsrisiko. In: Neue Kriminalpolitik 3/2001, S. 16-18.

DVJJ (Hrsg.) (2007): Gemeinsam mit verteilten Rollen. Position zur Jugendkriminalprävention. Hannover.

Eick, Volker (2004): Am Rande der Stadt – und des Rechtsstaats. Sicherheitsdienste schaffen eigenes Recht und eigene Ordnung. In: Berliner MieterEcho April 2004, S. 21-22.

Eick, Volker; Sambale, Jens; Töpfer, Eric (Hrsg.) (2007): Kontrollierte Urbanität. Zur Neoliberalisierung städtischer Sicherheitspolitik. Bielefeld.

Eifler, Stefanie (2002): Kriminalsoziologie. Bielefeld.

Eisenberg, Ulrich (1993): Straf(verfahrens-)rechtliche Maßnahmen gegenüber „Organisiertem Verbrechen". In: Neue Juristische Wochenschrift 1993, S. 1033-1039.

Eisenberg, Ulrich (2005): Kriminologie. 6. Aufl., München.

Eisenberg, Ulrich (2011): Beweisrecht der StPO. 7. Aufl., München.

Eisenberg, Ulrich; Puschke, Jens; Singelnstein, Tobias (2005): Ubiquitäres Computing = ubiquitäre Kontrolle? – Zum Potential der RFID-Technologie für Überwachung und Kontrolle. In: Kriminologisches Journal 2005, S. 93-108.

Eisenberg, Ulrich; Singelnstein, Tobias (2005): Zur Unzulässigkeit der heimlichen Ortung per „stiller SMS“. In: Neue Zeitschrift für Strafrecht 2005, S. 62-67.

Eisenberg, Ulrich; Singelnstein, Tobias (2007): Zum Referentenentwurf eines Jugendstrafvollzugsgesetzes vom 19. Januar 2007. In: Zeitschrift für Kindschaftsrecht und Jugendhilfe 2007, S. 184-188.

Erb, Volker (2005): Nothilfe durch Folter. In: Juristische Ausbildung 2005, S. 24-30.

Feeley, Malcolm; Simon, Jonathan (1992): The New Penology. Notes on the Emerging Stratgey of Corrections and its Implications. In: Criminology 1992, S. 449-474.

Feeley, Malcolm; Simon, Jonathan (1994): Actuarial Justice: The Emerging New Criminal Law. In: Nelken, David (Hrsg.): The Futures of Criminology. London. S. 173-201.

Fisahn, Andreas (2008): Repressive Toleranz und der „Pluralismus“ der Oligarchien. In: PROKLA 2008, S. 355-376.

Foucault, Michel (1976): Überwachen und Strafen. Die Geburt des Gefängnisses. Frankfurt a. M.

Foucault, Michel (1994): Das Subjekt und die Macht. In: Dreyfus, Hubert L.; Rabinow, Paul (Hrsg.): Michel Foucault. Jenseits von Strukturalismus und Hermeneutik. 2. Aufl., Weinheim. S. 243-261.

Foucault, Michel (2000): Die „Gouvernementalität“. In: Bröckling, Ulrich; Krasmann, Susanne; Lemke, Thomas (Hrsg.): Gouvernementalität der Gegenwart. Studien zur Ökonomisierung des Sozialen. Frankfurt a. M. S. 41-67.

Foucault, Michel (2001): Bio-Macht. In: Mazumdar, Pravu (Hrsg.): Foucault. München. S. 371-381.

Foucault, Michel (2004): Geschichte der Gouvernementalität II. Die Geburt der Biopolitik. Frankfurt a. M.

Frankenberg, Günter (2010): Staatstechnik. Perspektiven auf Rechtsstaat und Ausnahmezustand. Berlin.

Frehsee, Detlev (2000): Gefahren und Nutzen von Prävention. Fragen an den Deutschen Präventionstag. In: DVJJ-Journal 2000, S. 65-73.

Frehsee, Detlev (2003): Der Rechtsstaat verschwindet. Strafrechtliche Kontrolle im gesellschaftlichen Wandel von der Moderne zur Postmoderne. Gesammelte Aufsätze. Herausgegeben von Wolfgang Schild. Berlin.

Funk, Albrecht (2007): Risiko- und Sicherheitsmanagement. Von den Gefahren einer neuen Sicherheitslogik. In: Bürgerrechte & Polizei/Cilip 1/2007, S. 16-24.

Garland, David (1996): The Limits of The Sovereign State. Strategies of Crime Control in Contemporary Society. In: British Journal of Criminology 1996, S. 445-471.

Garland, David (1997): „Governmentality“ and the problem of crime: Foucault, criminology, sociology. In: Theoretical Criminology 1997, S. 173-214.

Garland, David (2001): The Culture of Control. Oxford.

Garland, David (2004): Die Kultur der „High Crime Societies“. In: Oberwittler, Dietrich; Karstedt, Susanne (Hrsg.): Soziologie der Kriminalität. Wiesbaden. S. 36-68.

Gaycken, Sandro; Kurz, Constanze (Hrsg.) (2008): 1984.exe. Gesellschaftliche, politische und juristische Aspekte moderner Überwachungstechnologien. Bielefeld.

Gebhardt, Thomas; Heinz, Andreas; Knöbl, Wolfgang (1996): Die gefährliche Wiederkehr der „gefährlichen Klassen“: Der IQ als Indikator sozialer Devianz in der neueren amerikanischen Kriminalitätsdiskussion. In: Kriminologisches Journal 1996, S. 82-106.

Gercke, Björn (2006): Telekommunikationsüberwachung (TKÜ): Lückenlose Kontrolle von Datennetzen? In: Roggan, Fredrik; Kutscha, Martin (Hrsg.): Handbuch zum Recht der Inneren Sicherheit. 2. Aufl., Berlin. S. 146-182.

Geißler, Rainer (1994): Soziale Schichtung und Kriminalität. In: Geißler, Rainer (Hrsg.): Soziale Schichtung und Lebenschancen in Deutschland. 2. Aufl., Stuttgart. S. 160-187.

Geißler, Rainer (2004): „Nichtdeutsche" in der Polizeistatistik. In: Bürgerrechte und Polizei/CILIP 1/2004, S. 21-28.

Gleß, Sabine (2001): Regionalisierung oder Zentralisierung justitieller Kontrolle der europäischen Polizei(zusammenarbeit)? – „Europäisches Justitielles Netz" und „Eurojust". In: Fehérváry, János; Stangl, Wolfgang (Hrsg.): Polizei zwischen Europa und den Regionen. Analysen disparater Entwicklungen. Wien. S. 85-99.

Goebel, Jan; Gornig, Martin; Häußermann, Hartmut (2010): Polarisierung der Einkommen: Die Mittelschicht verliert. Wochenbericht des DIW Berlin Nr. 24/2010. Berlin.

Göres, Ulrich (2004): Rechtmäßigkeit des Zugriffs der Strafverfolgungsbehörden auf die Daten der Mauterfassung. In: Neue Juristische Wochenschrift 2004, S. 195-198.

Götz, Heinrich (2005): Das Urteil gegen Daschner im Lichte der Werteordnung des Grundgesetzes. In: Neue Juristische Wochenschrift 2005, S. 953-957.

Gramsci, Antonio (1971): Selection from the Prison Notebooks of Antonio Gramsci. New York.

Groenemeyer, Axel (2003): Punitivität im Kontext – Konstruktionen abweichenden Verhaltens und Erklärungen der Kriminalpolitik im internationalen Vergleich. In: Menzel, Birgit; Ratzke, Kerstin (Hrsg.): Grenzenlose Konstruktivität? Standortbestimmung und Zukunftsperspektiven konstruktivistischer Theorien abweichenden Verhaltens. Opladen. S. 209-232.

Groenemeyer, Axel (2003a): Soziale Probleme und politische Diskurse – Konstruktion von Kriminalpolitik in sozialen Kontexten. Soziale Probleme, Gesundheit und Sozialpolitik – Materialien und Forschungsberichte Nr. 3. Bielefeld.

Groenemeyer, Axel (2007): Gibt es eigentlich noch abweichendes Verhalten? Krisendiagnosen in Soziologie und Kriminologie. In: Kriminologisches Journal 2007, S. 162-184.

Groenemeyer, Axel (2010): Wege der Sicherheitsgesellschaft. Transformationen der Konstruktion und Regulierung innerer Unsicherheiten. In: Groenemeyer, Axel (Hrsg.): Wege der Sicherheitsgesellschaft Gesellschaftliche Transformationen der Konstruktion und Regulierung innerer Unsicherheiten. Wiesbaden. S. 9-22.

Günther, Klaus (2010): Die Unordnung der Verantwortlichkeit. Kriminalpolitik im Zeichen einer Politik des Selbst. In: Kriminologisches Journal 2010, S. 90-101.

Hackner, Thomas u. a. (2006): Das 2. Europäische Haftbefehlsgesetz. In: Neue Zeitschrift für Strafrecht 2006, S. 663-669.

Hackworth, Jason (2005): Die „Reform" des öffentlichen Wohnungsbaus als „Rache" an den städtischen Armen. In: Eick, Volker; Sambale, Jens (Hrsg.): Sozialer Wohnungsbau, Arbeitsmarkt(re)integration und der neoliberale Wohlfahrtsstaat in der Bundesrepublik und Nordamerika. Berlin. S. 15-31.

Haffke, Bernhard (2005): Vom Rechtsstaat zum Sicherheitsstaat? In: Kritische Justiz 2005, S. 17-35.

Hansen, Ralf (1999): Eine Wiederkehr des „Leviathan“? Starker Staat und neue Sicherheitsgesellschaft – „Zero Tolerance“ als Paradigma „Innerer Sicherheit“? In: Kritische Justiz 1999, S. 231-253.

Hardt, Michael; Negri, Antonio (2002): Empire. Die neue Weltordnung. Frankfurt a. M./New York.

Hassemer, Winfried (2005): Sicherheitsbedürfnis und Grundrechtsschutz: Umbau des Rechtsstaats? In: Strafverteidiger-Forum 2005, S. 312-318.

Hayes, Ben (2006): Mehr Befugnisse und weniger Regeln. Eine nette kleine Debatte um „Europols Zukunft“. In: Bürgerrechte und Polizei/CILIP Heft 2/2006, S. 46-55.

Hayward, Keith J.; Young, Jock (2004): Cultural criminology: Some notes on the script. In: Theoretical Criminology 2004, S. 259-273.

Hebberecht, Patrick (2010): Kapitalismus, Staat, Zivilgesellschaft und Strafgesetzgebung in der Spätmoderne. In: Kriminologisches Journal 2010, S. 129-142.

Hecker, Wolfgang (2006): Aufenthalts- und Ausreiseverbote. In: Roggan, Fredrik; Kutscha, Martin (Hrsg.): Handbuch zum Recht der Inneren Sicherheit. 2. Aufl., Berlin. S. 332-377.

Hefendehl, Roland (2000): Wie steht es mit der Kriminalitätsfurcht und was hat der Staat damit zu tun? Zugleich ein Beitrag zur Tauglichkeit der Sicherheitswacht. In: Kritische Justiz 2000, S. 174-187.

Hefendehl, Roland (2001): Wird der Staat zu schlank? In: Neue Kriminalpolitik 3/2001, S. 10-14.

Hefendehl, Roland (2001a): Die neue Ermittlungsgeneralklausel der §§ 161, 163 StPO: Segen oder Fluch? In: Strafverteidiger 2001, S. 700-706.

Hefendehl, Roland (2002): Kollektive Rechtsgüter im Strafrecht. Köln u. a.

Hefendehl, Roland (2005): Organisierte Kriminalität als Begründung für ein Feind- oder Täterstrafrecht? In: Strafverteidiger 2005, S. 156-161.

Hefendehl, Roland (2011): Die Entfesselung des Strafverfahrens über Methoden der Nachrichtendienste. Bestandsaufnahme und Rückführungsversuch. In: Goltdammer's Archiv für Strafrecht 2011, S. 209-231.

Heinelt, Peer (2007): Heimatschutz. In: konkret 2007, Heft 9.

Hempel, Leon (2007): Zur Evaluation von Videoüberwachung. Methoden, Standards und Beispiele aus der Bewertungspraxis. In: Zurawski, Nils (Hrsg.): Surveillance Studies. Perspektiven eines Forschungsfeldes. Opladen/Farmington Hills. S. 117-147.

Hempel, Leon (2011): Das Versprechen der Suchmaschinen. Der europäische Sicherheitsraum als Sichtbarkeitsregime. In: Hempel, Leon; Krasmann, Susanne; Bröckling, Ulrich (Hrsg.): Sichtbarkeitsregime. Überwachung, Sicherheit und Privatheit im 21. Jahrhundert. Leviathan-Sonderheft 25/2010. Wiesbaden. S. 124-142.

Herdegen, Matthias (2010): Kommentierung von Art. 1 Abs. 1. In: Maunz, Theodor; Dürig, Günter (Hrsg.): Kommentar zum Grundgesetz. 57. Ergänzungslieferung, München.

Herrnstein, Richard J.; Murray, Charles (1994): The Bell Curve. Intelligence and Class Structure in American Life. New York u. a.

Hess, Henner; Scheerer, Sebastian (1997): Was ist Kriminalität? Skizze einer konstruktivistischen Kriminalitätstheorie. In: Kriminologisches Journal 1997, S. 83-155.

Hilgendorf, Eric (2007): Beobachtungen zur Entwicklung des deutschen Strafrechts 1975-2005. In: Hilgendorf, Eric; Weitzel, Jürgen (Hrsg.): Der Strafgedanke in seiner historischen Entwicklung: Ringvorlesung zur Strafrechtsgeschichte und Strafrechtsphilosophie. Berlin. S. 191-215.

Hillebrandt, Frank (1997): Disziplinargesellschaft. In: Kneer, Georg; Nassehi, Armin; Schroer, Markus (Hrsg.): Soziologische Gesellschaftsbegriffe. Konzepte moderner Zeitdiagnosen. München. S. 101-126.

Hillgruber, Christian: Der Staat des Grundgesetzes – nur „bedingt abwehrbereit"? In: Juristen-Zeitung 2007, S. 209-218.

Hirsch, Joachim (1998): Vom Sicherheitsstaat zum nationalen Wettbewerbsstaat. Berlin.

Hirsch, Joachim; Roth, Roland (1986): Das neue Gesicht des Kapitalismus. Vom Fordismus zum Post-Fordismus. Hamburg.

Hirtenlehner, Helmut (2006): Kriminalitätsfurcht – Ausdruck generalisierter Ängste und schwindender Gewissheiten? Untersuchung zur empirischen Bewährung der Generalisierungsthese in einer österreichischen Kommune. In: Kölner Zeitschrift für Soziologie und Sozialpsychologie 2006, S. 307-331.

Hirtenlehner, Helmut (2008): Unwirtlichkeit, Unterstützungserwartungen, Risikoantizipation und Kriminalitätsfurcht. Eine Prüfung der Disorder-Theorie mit österreichischen Befragungsdaten. In: Monatsschrift für Kriminologie und Strafrechtsreform 2008, S. 112-130.

Hirtenlehner, Helmut; Hummelsheim, Dina (2011): Schützt soziale Sicherheit vor Kriminalitätsfurcht? Eine empirische Untersuchung zum Einfluss wohlfahrtsstaatlicher Sicherungspolitik auf das kriminalitätsbezogene Sicherheitsbefinden. In: Monatsschrift für Kriminologie und Strafrechtsreform 2011, S. 178-198.

Hobsbawn, Eric (1999): Das Zeitalter der Extreme. 2. Aufl., München.

Hoffmann-Riem, Wolfgang (2005): Sozialwissenschaftlich belebte Rechtsanwendung. In: Damm, Reinhard; Heermann, Peter W.; Veil, Rüdiger (Hrsg.): Festschrift für Thomas Raiser zum 70. Geburtstag am 20. Februar 2005. Berlin. S. 516-537.

Hohmeyer, Christine (1999): Kommunale Kriminalpolitik in Deutschland. In: Bürgerrechte und Polizei/CILIP 3/1999, S. 60-67.

Hohmeyer, Christine; Kant, Martina; Pütter, Norbert (2001): Tendenzen der Sicherheitspolitik im lokalen Kontext. In: Fehérváry, János; Stangl, Wolfgang (Hrsg.): Polizei zwischen Europa und den Regionen. Analysen disparater Entwicklungen. Wien. S. 155-183.

Holert, Tom (2004): Sicherheit. In: Bröckling, Ulrich; Krasmann, Susanne; Lemke, Thomas (Hrsg.): Glossar der Gegenwart. Frankfurt a. M. S. 222-227.

Holzberger, Mark (2006): ...was nicht zusammen gehört. Polizei und Geheimdienste kooperieren gegen Ausländer. In: Bürgerrechte und Polizei/CILIP 3/2006, S. 60-65.

Hornung, Gerrit (2007): Reisepässe mit Biometrie und RFID-Chips – Bausteine einer neuen Identifizierungsinfrastruktur? In: Zurawski, Nils (Hrsg.): Sicherheitsdiskurse. Angst, Kontrolle und Sicherheit in einer „gefährlichen" Welt. Frankfurt a. M. u. a. S. 139-158.

Hornung, Gerrit (2011): Kontrollierte Vernetzung – vernetzte Kontrolle? Das Recht in Zeiten des Ubiquitous Computing. In: Hempel, Leon; Krasmann, Susanne; Bröckling, Ulrich (Hrsg.): Sichtbarkeitsregime. Überwachung, Sicherheit und Privatheit im 21. Jahrhundert. Leviathan-Sonderheft 25/2010. Wiesbaden. S. 245-262.

Hornung, Gerrit; Desoi, Monika (2011): „Smart Cameras" und automatische Verhaltensanalyse. Verfassungs- und datenschutzrechtlicher Probleme der nächsten Generation der Videoüberwachung. In: Kommunikation & Recht 2011, S. 153-158.

Isensee, Josef (1983): Das Grundrecht auf Sicherheit. Berlin u. a.

Jakobs, Günther (2004): Bürgerstrafrecht und Feindstrafrecht. In: Höchstrichterliche Rechtsprechung Strafrecht 2004, S. 88-102.

Jasch, Michael (2000): Zielvereinbarung der Polizei. Untauglicher Versuch mit Nebenwirkungen. In: Neue Kriminalpolitik 4/2000, S. 6-8.

Jasch, Michael (2003): Kommunale Kriminalprävention in der Krise. In: Monatsschrift für Kriminologie und Strafrechtsreform 2003, S. 411-420.

Jasch, Michael (2009): Das Strafrecht im Wohnzimmer: Zur Entwicklung symbolischer Strafgesetze. In: Estermann, Josef (Hrsg.): Interdisziplinäre Rechtsforschung zwischen Rechtswirklichkeit, Rechtsanalyse und Rechtsgestaltung. Beckenried. S. 82-98.

Jasch, Michael; Hefendehl, Roland (2001): Kriminalgeographie und Furcht in ostdeutschen Städten. In: Monatsschrift für Kriminologie und Strafrechtsreform 2001, S. 67-81.

Jehle, Jörg-Martin; Heinz, Wolfgang; Sutterer, Peter (2003): Legalbewährung nach strafrechtlichen Sanktionen. Eine kommentierte Rückfallstatistik. Berlin.

Jessop, Bob (1994): Veränderte Staatlichkeit. In: Grimm, Dieter (Hrsg.): Staatsaufgaben. Baden-Baden. S. 43-73.

Kaiser, Günther (1996): Kriminologie. 3. Aufl., Heidelberg.

Kaiser, Günther (2005): Moderne und postmoderne Kriminalpolitik als Probleme des Strukturvergleichs. In: Arnold, Jörg u. a. (Hrsg.): Menschengerechtes Strafrecht. Festschrift für Albin Eser zum 70. Geburtstag. München. S. 1355-1374.

Kaleck, Wolfgang (2007): Feindrecht in Theorie und Praxis. Mit Recht und Gesetz in den Bekämpfungsstaat. In: analyse & kritik 519, August 2007, S. 16.

Kaleck, Wolfgang (2010): Kampf gegen die Straflosigkeit. Argentiniens Militär vor Gericht. Berlin.

Kaleck, Wolfgang (2011): Terrorismus-Listen: Definitionsmacht und politische Gewalt der Exekutive. In: Kritische Justiz 2011, S. 63-70.

Kannankulam, John (2008): Konjunkturen der inneren Sicherheit – vom Fordismus zum Neoliberalismus. In: PROKLA 2008, S. 413-427.

Keller, Reiner (2008): Wissenssoziologische Diskursanalyse. Grundlegung eines Forschungsprogramms. 2. Aufl., Wiesbaden.

Keller, Reiner u. a. (Hrsg.) (2006): Handbuch Sozialwissenschaftliche Diskursanalyse. Band 1: Theorien und Methoden. 2. Aufl., Wiesbaden.

Kern, Horst; Schumann, Michael (1984): Das Ende der Arbeitsteilung? Rationalisierung der industriellen Produktion. München.

Kinzig, Jörg (1997): Die Praxis der Sicherungsverwahrung. In: Zeitschrift für die gesamte Strafrechtswissenschaft 1997, S. 122-163.

Kinzig, Jörg (2004): Die rechtliche Bewältigung von Erscheinungsformen Organisierter Kriminalität. Berlin.

Kirsch, Bruno (2002): Verbrechensbekämpfung durch private Sicherheitsdienste? In: Kritische Justiz 2002, S. 233-249.

Klimke, Daniela (2008): Wach- & Schließgesellschaft Deutschland. Sicherheitsmentalitäten in der Spätmoderne. Wiesbaden.

Koch, Martin (1995): Überwachung der Organisierten Kriminalität durch den bayerischen Verfassungsschutz. In: Zeitschrift für Rechtspolitik 1995, S. 24-28.

Kölbel, Ralf; Selter, Susanne (2010): Hostile Intent – the Terrorist's Achilles Heel? Observations on Pre-Crime Surveillance by Means of Thought Recognition. In: European Journal of Crime, Criminal Law and Criminal Justice 2010, S. 237-259.

Koriath, Heinz (2004): Zum Streit um die positive Generalprävention – Eine Skizze. In: Radtke, Henning u. a. (Hrsg.): Muss Strafe sein? Kolloquium zum 60. Geburtstag von Herrn Professor Dr. Dr. h.c. Heike Jung. Baden-Baden. S. 49-70.

Krasmann, Susanne (1999): Regieren über Freiheit. In: Kriminologisches Journal 1999, S. 107-121.

Krasmann, Susanne (2000): Gouvernementalität der Oberfläche. Aggressivität (ab)trainieren beispielsweise. In: Bröckling, Ulrich; Krasmann, Susanne; Lemke, Thomas (Hrsg.): Gouvernementalität der Gegenwart. Studien zur Ökonomisierung des Sozialen. Frankfurt a. M. S. 194-225.

Krasmann, Susanne (2003): Die Kriminalität der Gesellschaft. Zur Gouvernementalität der Gegenwart. Konstanz.

Krasmann, Susanne (2003a): Gefährdungsausweitung – Die Kriminologie und die Transformation des Sozialen. In: Pieper, Marianne; Guitiérez Rodríguez, Encarnación (Hrsg.): Gouvernementalität – Ein sozialwissenschaftliches Konzept in Anschluss an Foucault. Frankfurt a. M. S. 39-49.

Krasmann, Susanne (2003b): Verschwörung oder Begegnung. Plädoyer für eine Fortsetzung des Programms der Partisanenwissenschaft mit etwas anderen Mitteln. In: Menzel, Birgit; Ratzke, Kerstin (Hrsg.): Grenzenlose Konstruktivität? Standortbestimmung und Zukunftsperspektiven konstruktivistischer Theorien abweichenden Verhaltens. Opladen. S. 49-64.

Krasmann, Susanne (2003c): Kriminelle Elemente regieren – und produzieren. In: Honneth, Axel; Saar, Martin (Hrsg.): Michel Foucault. Zwischenbilanz einer Rezeption. Frankfurt a. M. S. 94-114

Krasmann, Susanne; Wehrheim, Jan (2006): Folter und die Grenzen des Rechtsstaats. In: Monatsschrift für Kriminologie und Strafrechtsreform 2006, S. 263-275.

Kräupl, Günther (2006): Alltagsvorstellungen von Strafrecht, Sanktionszwecken und Strafjustiz – Die rationalisierende Perspektive öffentlicher Kriminalitätswahrnehmung. In: Feltes, Thomas; Pfeiffer, Christian; Steinhilper, Gernot (Hrsg.): Kriminalpolitik und ihre wissenschaftlichen Grundlagen. Festschrift für Professor Dr. Hans-Dieter Schwind. Heidelberg. S. 87-101.

Kreissl, Reinhard (1996): Was ist kritisch an der kritischen Kriminologie. Eine neue Standortbestimmung. In: Bussmann, Kai-D.; Kreissl, Reinhard (Hrsg.): Kritische Kriminologie in der Diskussion. Opladen. S. 19-43.

Kreissl, Reinhard (1997): Die Fake-Guerilla im Cybermarxismus. Vorüberlegungen zur Transformation sozialer Kontrolle und ihrer Kritik. In: Frehsee, Detlev; Löschper, Gabi; Smaus, Gerlinda (Hrsg.): Konstruktion der Wirklichkeit durch Kriminalität und Strafe. Baden-Baden. S. 522-548.

Kreissl, Reinhard (2008): Öffentliche Inszenierung von Sicherheitsfragen. In: Kritische Vierteljahresschrift für Gesetzgebung und Rechtswissenschaft 2008, S. 322-332.

Kreissl, Reinhard; Ostermeier, Lars (2007): Globale Trends und lokale Differenzen. Kulturen der Kontrolle und politische Steuerung in Hamburg und München. In: Hess, Henner; Ostermeier, Lars; Paul, Bettina (Hrsg.): Kontrollkulturen. 9. Beiheft des Kriminologischen Journals. S. 137-151.

Kreuzer, Arthur (1993): Jugendkriminalität. In: Kaiser, Günther u. a. (Hrsg.): Kleines Kriminologisches Wörterbuch. 3. Aufl., Heidelberg. S. 182-191.

Kronauer, Martin (2010): Exklusion. Die Gefährdung des Sozialen im hoch entwickelten Kapitalismus. 2. Aufl., Frankfurt / New York.

Kubink, Michael (2002): Strafen und ihre Alternativen im zeitlichen Wandel. Berlin.

Kunz, Karl-Ludwig (2004): Muss Strafe wirklich sein? Einige Überlegungen zur Beantwortbarkeit der Frage und zu den Konsequenzen daraus. In: Radtke, Henning u. a. (Hrsg.): Muss Strafe sein? Kolloquium zum 60. Geburtstag von Herrn Professor Dr. Dr. h.c. Heike Jung. Baden-Baden. S. 71-83.

Kunz, Karl-Ludwig (2005): „Gefährliche Rechtsbrecher" und ihre Sanktionierung. In: Arnold, Jörg u. a. (Hrsg.): Menschengerechtes Strafrecht. Festschrift für Albin Eser zum 70. Geburtstag. München. S. 1375-1392.

Kunz, Karl-Ludwig (2010): Strafrechtsmodelle und Gesellschaftsstruktur. In: Kriminologisches Journal 2010, S. 9-23.

Kunz, Karl-Ludwig (2011): Kriminologie. 6. Aufl., Bern u. a.

Kury, Helmut; Brandenstein, Martin; Yoshida, Toshio (2009): Kriminalpräventive Wirksamkeit härterer Sanktionen – Zur neuen Punitivität im Ausland (USA, Finnland und Japan). In: Zeitschrift für die gesamte Strafrechtswissenschaft 2009, S. 190-238.

Kury, Helmut; Kania, Harald; Obergfell-Fuchs, Joachim (2004): Worüber sprechen wir, wenn wir über Punitivität sprechen? Versuch einer konzeptionellen und empirischen Begriffsbestimmung. In: Lautmann, Rüdiger; Klimke, Daniela; Sack, Fritz (Hrsg.): Punitivität. 8. Beiheft des Kriminologischen Journals. S. 51-88.

Kury, Helmut; Obergfell-Fuchs, Joachim (2006): Punitivität in Deutschland. Zur Diskussion um eine neue „Straflust". In: Feltes, Thomas; Pfeiffer, Christian; Steinhilper, Gernot (Hrsg.): Kriminalpolitik und ihre wissenschaftlichen Grundlagen. Festschrift für Professor Dr. Hans-Dieter Schwind. Heidelberg. S. 1021-1043.

Kutscha, Martin (2006): Innere Sicherheit und Verfassung. In: Roggan, Fredrik; Kutscha, Martin (Hrsg.): Handbuch zum Recht der Inneren Sicherheit. 2. Aufl., Berlin. S. 24-104.

Kutscha, Martin (2007): Verdeckte „Online-Durchsuchung" und Unverletzlichkeit der Wohnung. In: Neue Juristische Wochenschrift 2007, S. 1169-1172.

Lamnek, Siegfried (2008): Neue Theorien abweichenden Verhaltens. 3. Aufl., München.

Lederer, Anja; Busch, Heiner (2008): Neue europäische Grenzen: eine Einleitung. In: Bürgerrechte & Polizei/Cilip 1/2008, S. 3-8.

Legnaro, Aldo (1997): Konturen der Sicherheitsgesellschaft. Eine polemisch-futurologische Skizze. In: Leviathan 1997, S. 271-284.
Legnaro, Aldo (2000): Aus der neuen Welt: Freiheit, Furcht und Strafe als Trias der Regulation. In: Leviathan 2000, S. 202-220.
Lehne, Werner; Schlepper, Christina (2007): Die ‚präventive Wende' in Deutschland: Auf dem Weg zum rationalen Sicherheitsmanagement? In: Hess, Henner; Ostermeier, Lars; Paul, Bettina (Hrsg.): Kontrollkulturen. 9. Beiheft des Kriminologischen Journals. S. 119-136.
Lemke, Thomas (1997): Eine Kritik der politischen Vernunft. Foucaults Analyse der modernen Gouvernementalität. Hamburg/Berlin.
Lemke, Thomas (2000): Die Regierung der Risiken – Von der Eugenik zur genetischen Gouvernementalität. In: Bröckling, Ulrich; Krasmann, Susanne; Lemke, Thomas (Hrsg.): Gouvernementalität der Gegenwart. Studien zur Ökonomisierung des Sozialen. Frankfurt a. M. S. 227-265.
Lemke, Thomas (2004): „Eine Kultur der Gefahr" – Dispositive der Unsicherheit im Neoliberalismus. O. O.
Lemke, Thomas; Krasmann, Susanne; Bröckling, Ulrich (2000): Gouvernementalität, Neoliberalismus und Selbsttechnologien. Eine Einleitung. In: Bröckling, Ulrich; Krasmann, Susanne; Lemke, Thomas (Hrsg.): Gouvernementalität der Gegenwart. Studien zur Ökonomisierung des Sozialen. Frankfurt a. M. S. 7-40.
Lenze, Anne (2010): Abschied von der Solidargemeinschaft. In: Kritische Justiz 2010, S. 132-144.
Leopold, Nils (2007): Big Brother ist Privatmann. In: vorgänge – Zeitschrift für Bürgerrechte und Gesellschaftspolitik 2007, Heft 2, S. 82-91.
Lessenich, Stephan (2008): Die Neuerfindung des Sozialen. Der Sozialstaat im flexiblen Kapitalismus. Bielefeld.
Lindenberg, Michael; Schmidt-Semisch, Henning (1995): Sanktionsverzicht statt Herrschaftsverlust. Vom Übergang in die Kontrollgesellschaft. In: Kriminologisches Journal 1995, S. 2-17.
Lindenberg, Michael; Schmidt-Semisch, Henning (2000): Komplementäre Konkurrenz in der Sicherheitsgesellschaft. Überlegungen zum Zusammenwirken staatlicher und kommerzieller Sozialer Kontrolle. In: Monatsschrift für Kriminologie und Strafrechtsreform 2000, S. 306-319.
Link, Jürgen (1997): Versuch über den Normalismus. Wie Normalität produziert wird. Opladen.
Löhr, Tillmann; Pelzer, Marei (2008): Menschenrechtliches Niemandsland. Die Abschottung Europas unter Missachtung der Flüchtlings- und Menschenrechte. In: Kritische Justiz 2008, S. 303-310.
Lüderssen, Klaus (1993): Alternativen zum Strafen. In: Haft, Fritjof u. a. (Hrsg.): Strafgerechtigkeit. Festschrift für Arthur Kaufmann zum 70. Geburtstag. Heidelberg. S. 487-498.
Lüderssen, Klaus (1995): Das Strafrecht zwischen Funktionalismus und „alteuropäischem" Prinzipiendenken. In: Zeitschrift für die gesamte Strafrechtswissenschaft 1995, S. 877-906.

Lüderssen, Klaus (1999): Die Wiederkehr der „Befreiung des Strafrechts vom zivilistischen Denken“ – eine Warnung. In: Ebert, Udo u. a. (Hrsg.): Festschrift für Ernst-Walter Hanack zum 70. Geburtstag am 30. August 1999. Berlin/New York. S. 487-499.

Lüderssen, Klaus (2003): Europäisierung des Strafrechts und gubernative Rechtssetzung. In: Goltdammer's Archiv für Strafrecht 2003, S. 71-84.

Lutz, Tilman; Thane, Katja (2002): Alles Risiko - oder was? Sicherheitsdiskurse zwischen Rationalität und Moral. In: Widersprüche 2002, Heft 86, S. 9-20.

Lyon, David (1994): The Electronic Eye. The Rise of Surveillance Society. Minneapolis.

Mackenroth, Geert W.; Reinhard, Wolf (2003): Gezinkte Karten? Zur Rolle der Strafgerichtsbarkeit in der Sicherheitsgesellschaft. In: Deutsche Richter-Zeitung 2003, S. 21-26.

Maier, Julio (2005): Stellt die Wiedergutmachung eine dritte Spur des Strafrechts dar? In: Arnold, Jörg u. a. (Hrsg.): Menschengerechtes Strafrecht. Festschrift für Albin Eser zum 70. Geburtstag. München. S. 1409-1423.

Markantonatou, Maria (2004): Die Umsetzung des Neuen Öffentlichen Managements in der Kriminalpolitik. In: Kriminologisches Journal 2004, S. 162-177.

Marti, Urs (2008): Kapitalistische Macht und neoliberales Regieren. In: PROKLA 2008, S. 289-305.

Martinson, Robert (1974): What works? Questions and answers about prison reform. In: The Public Interest 1974, S. 22-54.

McKenzie, Richard B.; Tullock, Gordon (1984): Homo oeconomicus. Ökonomische Dimensionen des Alltags. Frankfurt a. M. u. a.

Meier, Bernd-Dieter (2009): Strafrechtliche Sanktionen. 3. Aufl., Berlin/Heidelberg.

Meister, Ulrich (2005): Ängste vor Jugendlichen in England. In: Neue Züricher Zeitung vom 24.5.2005.

Menzel, Birgit; Wehrheim, Jan (2010): Soziologie Sozialer Kontrolle. In: Kneer, Georg; Schroer, Markus (Hrsg.): Handbuch Spezielle Soziologien. Wiesbaden. S. 509-524.

Minssen, Heiner (1995): Spannungen in teilautonomen Fertigungsgruppen. Gruppensoziologische Befunde für einen arbeitssoziologischen Gegenstand. In: Kölner Zeitschrift für Soziologie und Sozialpsychologie 1995, S. 338-353.

Monahan, Torin (2009): Identity theft vulnerability. Neoliberal governance through crime construction. In: Theoretical Criminology 2009, S. 155-176.

Morel, Julius u. a. (2007): Soziologische Theorie. Abriss der Ansätze ihrer Hauptvertreter. 8. Aufl., München/Wien.

Murray, Charles (1984): Losing Ground. American Social Policy 1950-1980. New York.

Naplava, Thomas; Walter, Michael (2006): Entwicklung der Gewaltkriminalität: Reale Zunahme oder Aufhellung des Dunkelfeldes? In: Monatsschrift für Kriminologie und Strafrechtsreform 2006, S. 338-351.

Narr, Wolf-Dieter (2001): Probleme nationalstaatlich begrenzter „Innerer Sicherheit“ im Zeichen der Globalisierung unter besonderer Berücksichtigung bürgerlich-demokratischer Sicherung. In: Fehérváry, János; Stangl, Wolfgang (Hrsg.): Polizei zwischen Europa und den Regionen. Analysen disparater Entwicklungen. Wien. S. 17-35.

Naucke, Wolfgang (1993): Schwerpunktverlagerungen im Strafrecht. In: Kritische Vierteljahresschrift für Gesetzgebung und Rechtswissenschaft 1993, S. 135-162.

Naucke, Wolfgang (1999): Konturen eines nach-präventiven Strafrechts. In: Kritische Vierteljahresschrift für Gesetzgebung und Rechtswissenschaft 1999, S. 336-354.

Naucke, Wolfgang (2010): Die robuste Tradition des Sicherheitsstrafrechts. In: Kritische Vierteljahresschrift für Gesetzgebung und Rechtswissenschaft 2010, S. 129-136.

Nelles, Ursula (1980): Kompetenzen und Ausnahmekompetenzen in der Strafprozessordnung. Berlin.

Nogala, Detlef (2000): Erscheinungs- und Begriffwandel von Sozialkontrolle eingangs des 21. Jahrhunderts. In: Peters, Helge (Hrsg.): Soziale Kontrolle. Zum Problem der Nonkonformität in der Gesellschaft. Opladen. S. 111-131.

Nogala, Detlef (2000a): Gating the Rich – Barcoding the Poor: Konturen einer neoliberalen Sicherheitskonfiguration. In: Ludwig-Mayerhofer, Wolfgang (Hrsg.): Soziale Ungleichheit, Kriminalität und Kriminalisierung. Opladen. S. 49-83.

Nogala, Detlef (2001): Ordnungsarbeit in einer glokalisierten Welt – Die neue Mischökonomie des Polizierens und der Polizei. In: Fehérváry, János; Stangl, Wolfgang (Hrsg.): Polizei zwischen Europa und den Regionen. Analysen disparater Entwicklungen. Wien. S. 184-222.

Oberwittler, Dietrich (2008): Armut macht Angst – Ansätze einer sozialökologischen Interpretation der Kriminalitätsfurcht. In: Groenemeyer, Axel; Wieseler, Silvia (Hrsg.): Soziologie sozialer Probleme und sozialer Kontrolle. Realitäten, Repräsentationen und Politik. Festschrift für Günter Albrecht. Wiesbaden. S. 215-230.

Oberwittler, Dietrich; Reinecke, Jost (2009): Kriminalität. In: Lange, Hans-Jürgen; Ohly, H. Peter; Reichertz, Jo (Hrsg.): Auf der Suche nach neuer Sicherheit. Fakten, Theorien und Folgen. 2. Aufl., Wiesbaden. S. 49-62.

O'Malley, Pat (1996): Risk and Responsibility. In: Barry, Andrew; Osborne, Thomas; Rose, Nikolas (Hrsg.): Foucault and Political Reason. Liberalism, Neo-Liberalism and Rationalities of Government. Chicago/London. S. 189-207.

Opitz, Sven (2004): Gouvernementalität im Postfordismus. Macht, Wissen und Techniken des Selbst im Feld unternehmerischer Rationalität. Hamburg.

Opitz, Sven (2006): Jenseits von Gut und Böse. Foucault und die Dispositive der Sicherheit. In: Fantômas 2006, Heft 9, S. 49-53.

Ortner, Helmut; Pilgram, Arno; Steinert, Heinz (Hrsg.) (1998): Die Null-Lösung. Zero-Tolerance-Politik in New York. Das Ende der urbanen Toleranz? Baden-Baden.

Paeffgen, Hans-Ullrich (2002): „Vernachrichtendienstlichung" von Strafprozeß- (und Polizei)recht im Jahre 2001. In: Strafverteidiger 2002, S. 336-341.

Peters, Helge (1996): Als Partisanenwissenschaft ausgedient, als Theorie nicht sterblich: der labeling approach. In: Kriminologisches Journal 1996, S. 107-115.

Peters, Helge (2000): Sie nörgelt wider Willen. Zum Verhältnis von Soziologie und strafrechtlicher Praxis. In: Kriminologisches Journal 2000, S. 256-267.

Peters, Helge (2009): Devianz und soziale Kontrolle. Eine Einführung in die Soziologie abweichenden Verhaltens. 3. Aufl., Weinheim/München.

Petri, B. Thomas (2007): Informationsverarbeitung im Polizei- und Strafverfahrensrecht. In: Lisken, Hans; Denninger, Erhard (Hrsg.): Handbuch des Polizeirechts. 4. Aufl., München. S. 830-1012.

Pfeiffer, Christian; Windzio, Michael; Kleimann, Matthias (2004): Die Medien, das Böse und wir. Zu den Auswirkungen der Mediennutzung auf Kriminalitätswahrnehmung, Strafbedürfnisse und Kriminalpolitik. In: Monatsschrift für Kriminologie und Strafrechtsreform 2004, S. 415-435.

Pieper, Marianne; Guitiérez Rodríguez, Encarnación (2003): Einleitung. In: Pieper, Marianne; Guitiérez Rodríguez, Encarnación (Hrsg.): Gouvernementalität – Ein sozialwissenschaftliches Konzept in Anschluss an Foucault. Frankfurt a. M. S. 7-21.

Pierson, Paul (2001): Post-industrial Pressures on the Mature Welfare States. In: Pierson, Paul (Hrsg.): The new Politics of the Welfare State. Oxford. S. 80-104.

Pilgram, Arno; Steinert, Heinz (Hrsg.) (2000): Sozialer Ausschluss – Begriffe, Praktiken und Gegenwehr. Baden-Baden.

Piore, Michael; Sabel, Charles (1984): The Second Industrial Divide. New York.

Pollähne, Helmut (2010): Europäische Rechtssicherheit gegen deutsches Sicherheitsrecht? Zur EGMR-Entscheidung in Sachen nachträgliche (Verlängerung der) Sicherungsverwahrung. In: Kritische Justiz 2010, S. 255 – 269.

Popitz, Heinrich (1968): Über die Präventivwirkung des Nichtwissens – Dunkelziffer, Norm und Strafe. Tübingen.

Pratt, John u. a. (Hrsg.) (2005): The New Punitiveness. Trends, Theories, Perspectives. Cullompton.

Preuß, Ulrich K. (2007): Polizeiliche Strategien gegen politische Bewegungen. Die Realisierung des gesellschaftlich produzierten Feindbildes. In: Strafverteidigervereinigungen (Hrsg.): ...kein Grund zu feiern. 30 Jahre Strafverteidigertag. Berlin. S. 139-145.

Prittwitz, Cornelius (1993): Strafrecht und Risiko. Untersuchungen zur Krise von Strafrecht und Kriminalpolitik in der Risikogesellschaft. Frankfurt a. M.

Prömmel, Erdmann (2002): Kontrolle statt Disziplinierung oder Kontrolle durch Disziplinierung? Überlegungen zum Verhältnis von Kontrollgesellschaft und sozialer Disziplinierung. In: Kriminologisches Journal 2002, S. 242-256.

Prömmel, Erdmann (2006): Souveräne Ausnahme, nacktes Leben und modernes Strafrecht. In: Kriminologisches Journal 2006, S. 242-257.

Purtschert, Patricia; Meyer, Katrin; Winter, Yves (Hrsg.) (2008): Gouvernementalität und Sicherheit. Zeitdiagnostische Beiträge im Anschluss an Foucault. Bielefeld.

Puschke, Jens (2006): Die kumulative Anordnung von Informationsbeschaffungsmaßnahmen im Rahmen der Strafverfolgung. Eine Untersuchung unter rechtlichen, rechtstatsächlichen und kriminologischen Aspekten. Berlin.

Puschke, Jens (2007): „Intensivtäter". Neuartige Kontrolle mittels tradierter Zuschreibung. In: vorgänge – Zeitschrift für Bürgerrechte und Gesellschaftspolitik 2007, Heft 2 , S. 63-72.

Puschke, Jens (2009): Widerstand gegen Vollstreckungsbeamte gem. § 113 StGB – eine Privilegierung auch in der Praxis? In: Müller, Henning E.; Sander, Günther M.; Válková, Helena (Hrsg.): Festschrift für Ulrich Eisenberg zum 70. Geburtstag. München. S. 153-169.

Puschke, Jens (2010): Grund und Grenzen des Gefährdungsstrafrechts am Beispiel der Vorbereitungsdelikte. In: Hefendehl, Roland (Hrsg.): Grenzenlose Vorverlagerung des Strafrechts? Berlin. S. 9-39.

Puschke, Jens (2011): Strafvollzug in Deutschland – eine Bestandsaufnahme. In: Puschke, Jens (Hrsg.), Strafvollzug in Deutschland. Berlin. S. 15-36.

Puschke, Jens; Singelnstein, Tobias (2005): Verfassungsrechtliche Vorgaben für heimliche Informationsbeschaffungsmaßnahmen. In: Neue Juristische Wochenschrift 2005, S. 3534-3538.

Pütter, Norbert (2006): Polizei und kommunale Kriminalprävention. Formen und Folgen polizeilicher Präventionsarbeit in den Gemeinden. Frankfurt a. M.

Pütter, Norbert (2007): Prävention. Spielarten und Abgründe einer populären Überzeugung. In: Bürgerrechte & Polizei/Cilip 1/2007, S. 3-15.

Pütter, Norbert (2010): Halbe Wahrheiten, falsche Debatte – eine Einleitung. In: Bürgerrechte & Polizei/Cilip 1/2010, S. 3-14.

Pütter, Norbert (2010a): Private und staatliche Kriminalisten. Konvergenzen, Kooperationen, Gefahren. In: Bürgerrechte & Polizei/Cilip 3/2010, S. 3-16

Quensel, Stefan (2002): Gouvernementalität: Eine einführende Rezension. In: Kriminologisches Journal 2002, S. 47-58.

Rehbinder, Manfred (2009): Rechtssoziologie. 7. Aufl., München.

Rehmann, Jan (2003): Vom Gefängnis zur modernen Seele. Foucaults „Überwachen und Strafen“ neu besichtigt. In: Das Argument 249/2003, S. 63-81.

Reichert, Frank (2009): Straflust in Zeitungsmedien. Gibt es in der Presse eine „Punitivität im weiteren Sinn“? In: Kriminologisches Journal 2009, S. 100-114.

Reichertz, Jo (2007): Die Medien als selbständige Akteure. In: Aus Politik und Zeitgeschichte 12/2007, S. 25-31.

Reiter, Heiko (2007): Die neue Sicherheitsarchitektur der NATO. Vom Verteidigungsbündnis zur Interessengemeinschaft. In: Kritische Justiz 2007, S. 124-143.

Reuband, Karl-Heinz (1999): Stabilität und Wandel. In: Neue Kriminalpolitik 2/1999, S. 15-20.

Reuband, Karl-Heinz (2004): Konstanz und Wandel im Strafbedürfnis der Bundesbürger – 1970 bis 2003. In: Lautmann, Rüdiger; Klimke, Daniela; Sack, Fritz (Hrsg.): Punitivität. 8. Beiheft des Kriminologischen Journals. S. 89-103.

Reuband, Karl-Heinz (2009): Kriminalitätsfurcht. Erscheinungsformen, Trends und soziale Determinanten. In: Lange, Hans-Jürgen; Ohly, H. Peter; Reichertz, Jo (Hrsg.): Auf der Suche nach neuer Sicherheit. Fakten, Theorien und Folgen. 2. Aufl., Wiesbaden. S. 233-251.

Reuband, Karl-Heinz (2010): Dimensionen der Punitivität und sozialer Wandel. Eine Bestandsaufnahme bundesweiter Umfragen zur Frage steigender Punitivität in der Bevölkerung. In: Neue Kriminalpolitik 2010, S. 143-148.

Rinn, Moritz (2011): Politiken des Sozialen zwischen Selbstführung und Ausschluss. Aktivierende Arbeitsmarktpolitik und kommunale Kriminalprävention. In: Kritische Justiz 2011, S. 25-33.

Robert, Philippe (2005): Bürger, Kriminalität und Staat. Wiesbaden.

Roggan, Fredrik (2001): Die Videoüberwachung von öffentlichen Plätzen. Oder: Immer mehr gefährliche Orte für Freiheitsrechte. In: Neue Zeitschrift für Verwaltungsrecht 2001, S. 134-141.

Roggan, Fredrik (2006): Neue Aufgaben und Befugnisse im Geheimdienstrecht. In: Roggan, Fredrik; Kutscha, Martin (Hrsg.): Handbuch zum Recht der Inneren Sicherheit. 2. Aufl., Berlin. S. 412-446.

Roggan, Fredrik (2008): Rechtsprobleme von privatisierter Sicherheit. Überlegungen zu einem verdrängten Phänomen. In: Kritische Justiz 2008, S. 324-332.

Roggan, Fredrik; Bergemann, Nils (2007): Die „neue Sicherheitsarchitektur" der Bundesrepublik Deutschland – Anti-Terror-Datei, gemeinsame Projektdateien und Terrorismusbekämpfungsergänzungsgesetz. In: Neue Juristische Wochenschrift 2007, S. 876-881.

Rose, Nikolas (2000): Tod des Sozialen? Eine Neubestimmung der Grenzen des Regierens. In: Bröckling, Ulrich; Krasmann, Susanne; Lemke, Thomas (Hrsg.): Gouvernementalität der Gegenwart. Studien zur Ökonomisierung des Sozialen. Frankfurt a. M. S. 72-109.

Rössner, Dieter (1993): Bagatellkriminalität. In: Kaiser, Günther u. a. (Hrsg.): Kleines Kriminologisches Wörterbuch. 3. Aufl., Heidelberg. S. 48-53.

Röttger, Bernd (1997): Neoliberale Globalisierung und eurokapitalistische Regulation. Die politische Konstitution des Marktes. Münster.

Roxin, Claus (2006): Strafrecht Allgemeiner Teil, Teilband 1. 4. Aufl., München.

Rusche, Georg; Kirchheimer, Otto (1981): Sozialstruktur und Strafvollzug. 2. Aufl., Frankfurt a. M./Köln.

Rzepka, Dorothea (2003): Sicherheits- statt Rechtsstaat. Überblick und Anmerkungen zu bundes- und landesrechtlichen Konzepten einer nachträglichen Sicherungsverwahrung. Teil 1. In: Recht und Psychiatrie 2003, S. 127-144.

Sack, Fritz (1968): Neue Perspektiven in der Kriminologie. In: Sack, Fritz; König, René (Hrsg.): Kriminalsoziologie. Frankfurt a. M. S. 431-475.

Sack, Fritz (1972): Definition von Kriminalität als politisches Handeln: Der Labeling Approach. In: Kriminologisches Journal 1972, S. 3-31.

Sack, Fritz (1995): Prävention – ein alter Gedanke in neuem Gewand. In: Gössner, Rolf (Hrsg.): Mythos Sicherheit. Der hilflose Schrei nach dem starken Staat. Baden-Baden. S. 492-519.

Sack, Fritz (2004): Wie die Kriminalpolitik dem Staat aufhilft. Governing through Crime als neue politische Strategie. In: Lautmann, Rüdiger; Klimke, Daniela; Sack, Fritz (Hrsg.): Punitivität. 8. Beiheft des Kriminologischen Journals. S. 30-50.

Sack, Fritz (2010): Symbolische Kriminalpolitik und wachsende Punitivität. In: Dollinger, Bernd; Schmidt-Semisch, Henning (Hrsg.): Handbuch Jugendkriminalität. Kriminologie und Sozialpädagogik im Dialog. Wiesbaden. S. 63-90.

Sack, Fritz u. a. (Hrsg.) (1995): Privatisierung sozialer Kontrolle: Befunde, Konzepte, Theorien. Baden-Baden.

Schafranek, Frank P. (2002): Die strategische Aufklärung durch den BND nach dem neuen G 10. In: Die Öffentliche Verwaltung 2002, S. 846-851.

Scheerer, Sebastian (1978): Der politisch-publizistische Verstärkerkreislauf. Zur Beeinflussung der Massenmedien im Prozeß strafrechtlicher Normgenese. In: Kriminologisches Journal 1978, S. 223-227.

Scheerer, Sebastian (1993): Die soziale Aufgabe des Strafrechts. In: Peters, Helge (Hrsg.): Muss Strafe sein? Zur Analyse und Kritik strafrechtlicher Praxis. Opladen. S. 79-90.

Scheerer, Sebastian (2000): „Soziale Kontrolle“ – schöner Begriff für böse Dinge? In: Peters, Helge (Hrsg.): Soziale Kontrolle. Zum Problem der Nonkonformität in der Gesellschaft. Opladen. S. 153-169.

Schild, Wolfgang (2010): Anmerkungen zum Strafrecht in den vier Zeitenwenden. In: Klesczewski, Diethelm; Müller-Mezger, Steffi; Neuhaus, Frank (Hrsg.): Strafrecht in der Zeitenwende. Paderborn. S. 13-43.

Schimank, Uwe (2000): Gesellschaftliche Integrationsprobleme im Spiegel soziologischer Gegenwartsdiagnosen. In: Berliner Journal für Soziologie 2000, S. 449-469.

Schlepper, Christina (2011): Strategien der Legitimation restriktiver Sicherheitspolitik. Experteninterviews mit politischen Entscheidungsträgern und Vertretern von Bürgerrechtsorganisationen. In: Monatsschrift für Kriminologie und Strafrechtsreform 2011, S. 199-212.

Schlepper, Christina; Peter, Sascha; Lüdemann, Christian (2011): Self-Policing als Substitut formeller sozialer Kontrolle? In: Kriminologisches Journal 2011, S. 82-98.

Schmidt-Semisch, Henning (2004): Risiko. In: Bröckling, Ulrich; Krasmann, Susanne; Lemke, Thomas (Hrsg.): Glossar der Gegenwart. Frankfurt a. M. S. 222-227.

Schnabel, Christoph (2007): Das „Mikado-Prinzip“. Die mittelbare Rasterfahndung als Mittel zur Umgehung gesetzlicher Vorschriften? In: Datenschutz und Datensicherheit 2007, S. 426-430.

Schneider, Werner; Hirseland, Andreas (2005): Macht – Wissen – gesellschaftliche Praxis. Dispositivanalyse und Wissenssoziologie. In: Keller, Reiner u. a. (Hrsg.): Die diskursive Konstruktion von Wirklichkeit. Zum Verhältnis von Wissenssoziologie und Diskursforschung. Konstanz. S. 251-276.

Schubert, Herbert; Spieckermann, Holger; Veil, Katja (2007): Sicherheit durch präventive Stadtgestaltung – Deutschland und Großbritannien. In: Aus Politik und Zeitgeschichte 12/2007, S. 32-38.

Schulzki-Haddouti, Christiane (2004): Im Netz der inneren Sicherheit. Die neuen Methoden der Überwachung. Hamburg.

Schulzki-Haddouti, Christiane (2007): Gläserner Bürger 2.0. In: Zurawski, Nils (Hrsg.): Surveillance Studies. Perspektiven eines Forschungsfeldes. Opladen/Farmington Hills. S. 25-32.

Schünemann, Bernd (2003): Das Strafrecht im Zeichen der Globalisierung. In: Goltdammer's Archiv für Strafrecht 2003, S. 299-313.

Schünemann, Bernd (2003a): Die parlamentarische Gesetzgebung als Lakai von Brüssel? Zum Entwurf des Europäischen Haftbefehlsgesetzes. In: Strafverteidiger 2003, S. 531-533.

Schwind, Hans-Dieter (2010): Kriminologie. 20. Aufl., Heidelberg.

Schwind, Hans-Dieter; Berckhauer, Friedhelm; Steinhilper, Gernot (Hrsg.) (1980): Präventive Kriminalpolitik – Beiträge zur ressortübergreifenden Kriminalprävention aus Forschung, Praxis und Politik. Heidelberg.

Seelmann, Kurt (2004): Schwierigkeiten der Alternativendebatte im Strafrecht. In: Radtke, Henning u. a. (Hrsg.): Muss Strafe sein? Kolloquium zum 60. Geburtstag von Herrn Professor Dr. Dr. h.c. Heike Jung. Baden-Baden. S. 151-160.

Seibert, Thomas (2003): Die neue Kriegsordnung. Der globale Kapitalismus und seine barbarisierte Rückseite. In: Azzellini, Dario; Kanzleiter, Boris (Hrsg.): Das Unternehmen Krieg. Berlin/Hamburg/Göttingen. S. 13-28.

Sennett, Richard (1999): Der flexible Mensch. Die Kultur des neuen Kapitalismus. 9. Aufl., Berlin.

Sessar, Klaus (1997): Zu einer Kriminologie ohne Täter. Oder auch: Die kriminogene Tat. In: Monatsschrift für Kriminologie und Strafrechtsreform 1997, S. 1-24.

Sessar, Klaus (2010): Kriminalitätseinstellungen und sozialer Wandel. In: Monatsschrift für Kriminologie und Strafrechtsreform 2010, S. 361-381.

Shearing, Clifford (1995): Gewalt und die neue Kunst des Regierens und Herrschens. Privatisierung und ihre Implikationen. In: Trotha, Trutz von (Hrsg.): Soziologie der Gewalt. Opladen. S. 263-278.

Shearing, Clifford (2005): Die politische Produktion von Sicherheit. In: Kriminologisches Journal 2005, S. 82-92.

Simon, Jonathan (2007): Governing Through Crime. How the War on Crime Transformed American Democracy and Created a Culture of Fear. Oxford u. a.

Simon, Jonathan; Feeley, Malcolm M. (1995): True Crime. The New Penology and Public Discourse on Crime. In: Blomberg, Thomas G.; Cohen, Stanley (Hrsg.): Punishment and Social Control. Essays in Honor of Sheldon L. Messinger. New York. S. 147-180.

Singelnstein, Tobias (2007): Jeder ist verdächtig. Das neue gesellschaftliche Verständnis von Sicherheit und Bedrohung als Grundlage sozialer Kontrolle. In: vorgänge – Zeitschrift für Bürgerrechte und Gesellschaftspolitik 2007, Heft 2 , S. 118-126.

Singelnstein, Tobias (2008): Strafprozessuale Verwendungsregelungen zwischen Zweckbindungsgrundsatz und Verwertungsverboten. Voraussetzungen der Verwertung von Zufallsfunden und sonstiger zweckentfremdender Nutzung personenbezogener Daten im Strafverfahren seit dem 1. Januar 2008. In: Zeitschrift für die gesamte Strafrechtswissenschaft 2008, S. 854-893.

Singelnstein, Tobias (2009): Diskurs und Kriminalität. Außergesetzliche Anwendungsregeln als diskursive Praktiken im Wechselverhältnis zwischen Kriminalisierungsdiskursen und Strafrechtsanwendung. Berlin.

Singelnstein, Tobias (2011): Strafrecht und neoliberales Regieren. Entwicklungstendenzen des Strafrechts als Einschreibung von Regierungstechniken im Sinne der Gouvernementalität. In: Kritische Justiz 2011, S. 7-15.

Singelnstein, Tobias; Stolle, Peer (2007): Von der sozialen Integration zur Sicherheit durch Kontrolle und Ausschluss. Zum grundlegenden Wandel sozialer Kontrolle und seinen gesellschaftlichen Grundlagen. In: Zurawski, Nils (Hrsg.): Surveillance Studies. Perspektiven eines Forschungsfeldes. Opladen. S. 47-66.

Söllner, Sebastian (2011): Die Verpolizeilichung. Grenzen, Chancen und Risiken einer neuen Sicherheitsarchitektur. Köln.

Stehr, Johannes (1993): Konfliktregelung ohne Strafe. Weshalb Strafe in Alltagskonflikten keine Funktion hat. Und warum Gesellschaft nicht zusammenbricht, wenn staatliches Strafen verschwindet. In: Peters, Helge (Hrsg.): Muss Strafe sein? Zur Analyse und Kritik strafrechtlicher Praxis. Opladen. S. 114-134.

Steinert, Heinz (1995): Soziale Ausschließung – Das richtige Thema zur richtigen Zeit. In: Kriminologisches Journal 1995, S. 82-88.

Steinhauer, Fabian (2009): Gestaltung des Rechts: Agamben. In: Buckel, Sonja; Christensen, Ralph; Fischer-Lescano, Andreas (Hrsg.): Neue Theorien des Rechts. 2. Aufl., Stuttgart. S. 201-225.

Stenson, Kevin (1996): Communal Security as Government - The British Experience. In: Hammerschick, Walter; Karazman-Morawetz, Inge; Stangl, Wolfgang (Hrsg.): Die sichere Stadt. Prävention und kommunale Sicherheitspolitik. Baden-Baden. S. 103-123.

Stolle, Peer (2006): Das Strafrecht, seine Zwecke und seine Alternativen. In: Studentische Zeitschrift für Rechtswissenschaft 2006, S. 27-44.

Stolle, Peer (2011): Das (Un-)Sicherheitsgefühl – ein untauglicher Begründungszusammenhang für eine Politik der Inneren Sicherheit. In: Kritische Justiz 2011, S. 16-24.

Stolle, Peer; Brandt, Karsten (2004): Verwahrung als Zukunft des Strafvollzuges? – Anmerkung zu einer Gesetzesinitiative des Bundesrates. In: Zeitschrift für Strafvollzug und Straffälligenhilfe 2004, S. 67-69.

Stolle, Peer; Hefendehl, Roland (2002): Gefährliche Orte oder gefährliche Kameras? Die Videoüberwachung im öffentlichen Raum. In: Kriminologisches Journal 2002, S. 257-272.

Stolle, Peer; Singelnstein, Tobias (2006): Räumliche Konfigurationen als Strategie der Kriminalitätskontrolle. In: Krause, Britta u. a. (Hrsg.): Chronotopographien. Agency in ZeitRäumen. Frankfurt a. M. u. a. S. 149-159.

Stolle, Peer; Singelnstein, Tobias (2007): On the Aims and Actual Consequences of International Prosecution of Human Rights Crimes. In: Kaleck, Wolfgang u. a. (Hrsg.): International Prosecution of Human Rights Crimes. Berlin/Heidelberg/New York. S. 37-52.

Strasser, Peter (2005): Das neue Kontrolldenken in der Kriminologie. In: Kriminologisches Journal 2005, S. 39-52.

Streng, Franz (2002): Strafrechtliche Sanktionen. Die Strafzumessung und ihre Grundlagen. 2. Aufl., Stuttgart u. a.

Stümper, Alfred (1980): Die Wandlung der Polizei in Begriff und Aufgaben. In: Kriminalistik 1980, S. 242-245.

Suhling, Stefan; Schott, Tilmann (2001): Der Anstieg der Gefangenenzahlen in Deutschland – Folge der Kriminalitätsentwicklung oder wachsender Strafhärte? KFN-Forschungsberichte Nr. 84. Hannover.

Swaaningen, René Van (2005): Public safety and the management of fear. In: Theoretical Criminology 2005, S. 289-305.

Swoboda, Sabine (2010): Die Lehre vom Rechtsgut und ihre Alternativen. In: Zeitschrift für die gesamte Strafrechtswissenschaft 2010, S. 24-50.

Töpfer, Eric (2009): Videoüberwachung als Kriminalprävention? Plädoyer für einen Blickwechsel. In: Kriminologisches Journal 2009, S. 272-282.

Trotha, Trutz von (1979): Perspektiven der Strafvollzugsreform. Oder ein kritischer Bericht über die Errungenschaften des Landes Balnibarbi. In: Kritische Justiz 1979, S. 117-136.

Valverde, Mariana (2003): Law's Dream of a Common Knowledge. The Cultural Lives of Law. Princeton.

Wacquant, Loïc (2000): Elend hinter Gittern. Konstanz.

Wacquant, Loïc (2000a): Politik der Einsperrung: „Bequeme Feinde". In: Neue Kriminalpolitik 3/2000, S. 4-7.

Wacquant, Loïc (2009): Bestrafen der Armen. Zur neoliberalen Regierung der sozialen Unsicherheit. Durham/London.

Wacquant, Loïc (2010): Das Rassenstigma in der Produktion des amerikanischen Bestrafungsstaates. In: Kriminologisches Journal 2010, S. 102-114.

Wächtler, Hartmut (2007): Strafverteidigung und soziale Bewegungen. Die 1980er Jahre. In: Strafverteidigervereinigungen (Hrsg.): ...kein Grund zu feiern. 30 Jahre Strafverteidigertag. Berlin. S. 129-137.

Waechter, Kay (2005): Die Menschenrechte und der Schutz der Inneren Sicherheit im 21. Jahrhundert. Neue Tendenzen im Sicherheitsrecht – Spiegel eines sich wandelnden Werte- und Verfassungsverständnisses? In: Deutsches Institut für Menschenrechte (Hrsg.): Menschenrechte – Innere Sicherheit – Rechtsstaat. Dokumentation der Konferenz am 27. Juni 2005. Berlin. S. 6-20.

Weber, Hartmut-Michael; Reindl, Richard (2001): Argumente zur Abschaffung eines umstrittenen Rechtsinstituts. In: Neue Kriminalpolitik 1/2001, S. 16-21.

Wehrheim, Jan (2000): Kontrolle durch Abgrenzung – Gated Communities in den USA. In: Kriminologisches Journal 2000, S. 108-128.

Wehrheim, Jan (2006): Die überwachte Stadt – Sicherheit, Segregation und Ausgrenzung. 2. Aufl., Opladen.

Weichert, Thilo (2007): Kontodaten für die CIA. In: Müller-Heidelberg, Till u. a. (Hrsg.): Grundrechte-Report 2007. Zur Lage der Bürger- und Menschenrechte in Deutschland. Frankfurt a. M. S. 46-50.

Weigend, Thomas (1982): „Neoklassizismus" – Ein transatlantisches Missverständnis. In: Zeitschrift für die gesamte Strafrechtswissenschaft 1982, S. 801-814.

Weitekamp, Elmar G. M.; Herberger, Scania (1995): Amerikanische Strafrechtspolitik auf dem Weg in die Katastrophe. In: Neue Kriminalpolitik 2/1995, S. 16-22.

Wesel, Uwe (1997): Geschichte des Rechts. Von den Frühformen bis zum Vertrag von Maastricht. München.

Wolfgang, Marvin E.; Figlio, Robert M.; Sellin, Thorsten (1972): Delinquency in a birth cohort. Chicago.

Wolter, Jürgen (2004): Potential für eine Totalüberwachung im Strafprozess- und Polizeirecht. In: Rogall, Klaus (Hrsg.): Festschrift für Hans-Joachim Rudolphi zum 70. Geburtstag. Neuwied. S. 733-748.

Wurtzbacher, Jens (2008): Urbane Sicherheit und Partizipation. Stellenwert und Funktion bürgerschaftlicher Beteiligung an kommunaler Kriminalprävention. Wiesbaden.

Zedner, Lucia (2007): Pre-crime and post-criminology? In: Theoretical Criminology 2007, S. 261-281.

Ziegler, Holger (2001): Prävention – Vom Formen der Guten zum Lenken der Freien. In: Widersprüche 2001, S. 7-24.

Zinganel, Michael (2003): Real Crime. Architektur, Stadt und Verbrechen. Zur Produktivkraft des Verbrechens für die Entwicklung von Sicherheitstechnik, Architektur und Stadtplanung. Wien.

Zöller, Mark A. (2007): Vorratsdatenspeicherung zwischen nationaler und europäischer Strafverfolgung. In: Goltdammer's Archiv für Strafrecht 2007, S. 393-414.

Zöller, Mark A. (2010): Willkommen in Absurdistan. Neue Straftatbestände zur Bekämpfung des Terrorismus. In: Goltdammer's Archiv für Strafrecht 2010, S. 607-621.

Abkürzungsverzeichnis

Aufl.	Auflage
Az.	Aktenzeichen
BGBl.	Bundesgesetzblatt
BKA	Bundeskriminalamt
BR-Drs.	Bundesrats-Drucksache
BVerfG	Bundesverfassungsgericht
BVerfGE	Entscheidungssammlung des Bundesverfassungsgerichts (zitiert nach Band und Seite)
bzw.	beziehungsweise
f.; ff.	folgende
HessSOG	Hessisches Gesetz über die öffentliche Sicherheit und Ordnung
Hrsg.	Herausgeber
LKA	Landeskriminalamt
NdsSOG	Niedersächsisches Gesetz über die öffentliche Sicherheit und Ordnung
NJW	Neue Juristische Wochenschrift
NRW	Nordrhein-Westfalen
PKS	Bundeskriminalamt (Hrsg.): Polizeiliche Kriminalstatistik der Bundesrepublik Deutschland
PSB	Bundesministerium des Inneren; Bundesministerium der Justiz (Hrsg.): Zweiter Periodischer Sicherheitsbericht, Berlin 2006
Rn.	Randnummer
S.	Satz; Seite
SächsVerfGH	Verfassungsgerichtshof des Freistaates Sachsen
StPO	Strafprozessordnung
StrafVerfSt	Strafverfolgungsstatistik (Statistisches Bundesamt [Hrsg.]: Fachserie 10, Rechtspflege, Reihe 3, Strafverfolgung)
StVollzSt	Strafvollzugsstatistik (Statistisches Bundesamt [Hrsg.]: Fachserie 10, Rechtspflege, Reihe 4.1, Strafvollzug)
u. a.	und andere
vgl.	vergleiche

13434307R00112

Printed in Poland
by Amazon Fulfillment
Poland Sp. z o.o., Wrocław